숭실대학교 한국기독교박물관 소장

심리학교과서

이 자료총서는 2018년 대한민국 교육부와 한국연구재단의 지원을 받아 수행된
연구임(NRF-2018S1A6A3A01042723)

메타모포시스 자료총서 05

숭실대학교 한국기독교박물관 소장

심리학교과서

초판 1쇄 발행 2020년 12월 30일

역　술　ｌ　김하정(金夏鼎)
번　역　ｌ　심의용, 이승원
해　제　ｌ　심의용

펴낸이　ｌ　윤관백
펴낸곳　ｌ　도서출판선인

등　록　ｌ　제5-77호(1998.11.4)
주　소　ｌ　서울시 마포구 마포대로 4다길 4(마포동 324-1) 곳마루 B/D 1층
전　화　ｌ　02) 718-6252 / 6257
팩　스　ｌ　02) 718-6253
E-mail　ｌ　sunin72@chol.com

정가 26,000원

ISBN 979-11-6068-375-2 93180

·잘못된 책은 바꿔 드립니다.

메타모포시스 자료총서
05

숭실대학교 한국기독교박물관 소장

심리학교과서

김하정(金夏鼎) 역술
심의용 · 이승원 번역
심의용 해제

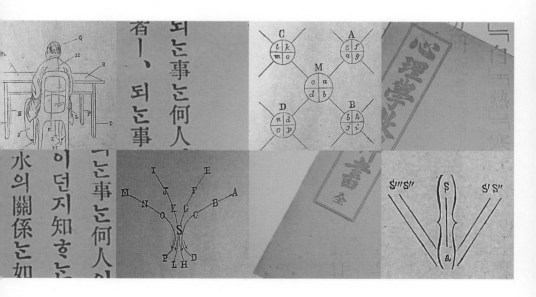

도서출판 선인

▎ 간행사 ▎

숭실대학교 한국기독교문화연구원은 1967년 설립된 한국기독교문화연구소를 모태로 하고 1986년 설립된 〈기독교사회연구소〉와 통합하여 확대 개편함으로써 명실공히 숭실대학교를 대표하는 인문학 연구원으로 발전하여 오늘에 이르렀다. 반세기가 넘는 역사 동안 다양한 학술행사 개최, 학술지 『기독문화연구』와 '불휘총서' 발간, 한국기독교박물관 소장 자료의 연구에 주력하면서, 인문학 연구원으로서의 내실을 다져왔다. 2018년 한국연구재단의 인문한국플러스(HK+) 사업 수행기관으로 선정되며 또 다른 도약의 발판을 마련하였다.

본 HK+사업단은 "근대전환공간의 인문학—문화의 메타모포시스"라는 아젠다로 문·사·철을 아우르는 다양한 연구자들이 학제간 연구를 진행하고 있다. 개항 이래 식민화와 분단이라는 역사적 격변 속에서 한국의 근대(성)가 형성되어온 과정을 문화의 층위에서 살펴보는 것이 본 사업단의 목표다. '문화의 메타모포시스'란 한국의 근대(성)가 외래문화의 일방적 수용으로도, 순수한 고유문화의 내재적 발현으로도 환원되지 않는, 이문화들의 접촉과 충돌, 융합과 절합, 굴절과 변용의 역동적 상호작용을 통해 형성되었음을 강조하려는 연구 시각이다.

본 HK+사업단은 아젠다 연구 성과를 집적하고 대외적 확산과 소통을 도모하기 위해 총 네 분야의 기획 총서를 발간하고 있다. 〈메타모포시스 인문학총서〉는 아젠다와 관련된 연구 성과를 종합한 저서나 단독 저서로 이뤄진다.

〈메타모포시스 번역총서〉는 아젠다와 관련하여 자료적 가치를 지닌 외국어 문헌이나 이론서들을 번역하여 소개한다. 〈메타모포시스 자료총서〉는 숭실대 한국기독교박물관에 소장된 한국 근대 관련 귀중 자료들을 영인하고, 해제나 현대어 번역을 덧붙여 출간한다. 〈메타모포시스 대중총서〉는 아젠다 연구 성과의 대중적 확산을 위해 기획한 것으로 대중 독자들을 위한 인문학 교양서이다.

동양과 서양, 전통과 근대, 아카데미즘 안팎의 장벽을 횡단하는 다채로운 자료와 연구 성과들을 집약한 메타모포시스 총서가 인문학의 지평을 넓히고 사유의 폭을 확장하는 데 기여할 수 있기를 바란다.

2020년 11월

숭실대학교 한국기독교문화연구원 HK+사업단장

장경남

┃ 목 차 ┃

일러두기 _____

1. 이 책은 김하정(金夏鼎)이 역술(譯述)한 『심리학교과서』(숭실대학교 한국
   기독교박물관 소장본)를 저본으로 번역하였다.
2. 국한문 혼용체를 현대문으로 번역하였다.
3. 되도록 저자의 문장 형식을 그대로 보존하면서 현대적 어법에 맞게 번역하
   였다.
4. 그 당시 사용된 심리학 관련 용어들은 현대적인 용어로 해석하지 않고 한
   문 그대로 노출시켰으며 필요할 경우 각주를 달았다.
5. 이승원이 1장부터 6장까지 번역했고 심의용이 7장부터 11장까지 번역했으
   며 심의용이 최종 정리와 감수를 했다.

『심리학교과서』 해제

심의용*

1. 『심리학교과서』 서지사항

『심리학교과서』는 이용익(李容翊)이 설립한 출판사 보성관(普成館)에서 광무(光武) 11년, 즉 1907년 7월 20일에 인쇄하고 7월 30일에 발행한 교육용 교과서이다. 보성관은 번역부를 두고 애국계몽의 일환으로 교육용 교과서를 다수 번역하여 발행했다. 『심리학교과서』는 보성관 번역원인 김하정(金夏鼎)이 번역했다.

국한문체로 쓰여 있다. 마지막 페이지에 역술(譯述)자는 보성관 번역원 김하정, 발행소는 경성(京城) 박동(磚洞) 보성관, 인쇄소는 보성사(普成社), 발태소(發兌所)는 보성관으로 되어 있다. 정가는 85전(錢)이다. 총 페이지는 142쪽이다.

또한 마지막에 보성관에서 새로 출간된 서적에 대한 광고가 있다. 예를 들면 『동국사략(東國史略)』, 『동서양역사(東西洋歷史)』, 『초등소학(初等小學)』, 『상업대요(商業大要)』, 『가정교육(家庭敎育)』, 『화폐론(貨幣論)』 등이 있다. 자료의 상태는 대단히 양호하며 김양선(金良善) 기증본이다.

근대 초기 문명개화론은 국권회복을 위한 교육을 강조했다. 1905년 이후로 민간 사학들이 세워지고 민간 출판사들도 생겨났다. 학교와 출판사들이 생겨

* 숭실대학교 HK+사업단 HK연구교수

나는 것은 교육을 통해 계몽 운동을 확산하기 위해서이다. 때문에 학교에서 사용할 교과서를 출판할 부설 기관으로 출판사들이 생겨났다.

대표적으로 이용익(李容翊)과 민영휘(閔泳徽)가 보성학원(普成學院)과 휘문의숙(徽文義塾)을 세웠다. 이때 보성관과 휘문관 같은 출판 인쇄를 맡은 기구를 함께 설치하여 교육활동을 보조했다. 교과서뿐만 아니라 신지식층을 대상으로 하는 서적을 발행하는 등 애국적 출판활동의 중요한 근거지였다.

보성관은 국채보상연합의 회의소나 잡지『야뢰』의 임시 사무실 등 각종 학회의 모임장소로 이용되었다. 이 시기 출판사들은 서적을 출판하는 일뿐만이 아니라 여러 사회운동의 근거지로 사용되었다.1) 여기서 출간된 책들은『은행론(銀行論)』,『사회법강요(社會法綱要)』등 전문적인 교과서에서부터『월남망국사(越南亡國史)』,『비율빈전사(比律賓戰史)』,『비사맥전(比斯麥傳)』등 교과목과 관련 없는 서적 분야까지 다양하다.

어떻게 이렇게 단기간에 다양한 영역을 출판할 수 있었을까. 보성관에는 편집부 및 번역부가 있어서 여기에 번역원을 비롯하여 교열자, 발행자, 인쇄자 등이 있었다. 보성관 출판에 관여한 인물은 현채(玄采)를 비롯하여 신해영(申海永), 여규형(呂圭亨), 안국선(安國善) 등 교재 편찬과 관련된 역술 활동뿐 아니라 사회 운동을 했던 인물들이다.

근대 초기 새로운 지식을 유입하는 가장 좋은 방법은 번역이었다. 보성관은 번역원을 두고 전문 인력인 번역인들을 고용하여 다양한 번역서를 출판했던 것이다. 보성관 출판 서적에는 역술(譯述)자가 명확하게 기재되어 있고 '보성관 번역원'이 표기되어 있다. 초기 역술자들은 '보성관 번역원'이라는 명칭이 부여된 사람은 없었다. 이후에 번역원으로 활동한 사람들이 따로 생겨났다.2)

---

1) 권두연, 「보성관(普成館)의 출판 활동 연구」, 『현대문학의 연구』 44, 한국문학연구회, 2011, 7~9쪽.
2) 권두연, 위의 글, 29~30쪽.

　김하정(金夏鼎)은 1904년 6월 23일 관립 한성중학교 심상과 1회 졸업생이고
대한제국관원으로 관립 한성고등학교 교관이었다. 경기학교 일어 · 산술 교사
및 기호흥학회월보 저술원을 지낸바 있고 『야뢰(夜雷)』(제3호 광무 11년 4월)
에 "부호의 자제와 빈궁한 청년"이란 글을 투고한 바 있다.[3] 김하정은 관립한
성중학교 졸업 후에 바로 주임관으로 채용되었는데 "이 학교 출신자 중에는
이례적인 일"로 "본인이 상당한 문벌출신이었기 때문"이라고 한다.[4]

　보성관 번역원들은 보성 학원의 교과서를 편찬하기 위해서 모였겠지만 이
들 모두 보성학원과 관련된 사람은 아니었다. 번역된 책이 교과서이기는 하
지만 다른 책들도 있었다. 이러한 책의 선택은 번역원들과 무관한 일은 아니
었을 것이다. 즉 "서적 생산의 주체와 관련해서 이 서적들이 전달하는 메시지
가 보다 '정치적'으로 읽혀질 가능성을 야기한다."[5]

　예를 들어 1906년 신해영이 편찬한 『윤리교과서』는 대한제국의 국민윤리
교본이다. 그러나 '대한제국의 국권 회복을 선동하는 불온교과서'라는 낙인이
찍혀 1909년 일제 통감부에 의해 금서목록에 들어간 대표적인 서적이다.[6]

　김하정의 『심리학교과서』에는 어떤 정치적 주장은 보이지 않는다. 아마도
심리학이라는 학문적 성격 때문일 것이다. 이 교과서는 아마도 일본에서 나
온 문헌을 번역했을 것으로 짐작된다. 하지만 어떤 하나의 문헌을 그대로 번
역했는지 아니면 여러 문헌을 근거로 편집 번역했는지는 확실하지 않다.

　왜냐하면 역술(譯述)이라는 표현에서 알 수 있듯이 단순한 번역은 아닌 것
같다. 이에 대한 자세한 연구가 진행되어야할 듯하다. 예를 들면 7장 정념(情

3) 康允浩, 「개화기의 교과용도서(2)」, 『한국문화연구원논총』 제11집, 이화여자대학교 한국문
　화연구원, 1967, 32쪽.
4) 후루카와 아키라(古川 昭), 李成鈺 옮김, 『구한말 근대학교의 형성』, 2006, 188쪽.(권두연,
　앞의 글, 31쪽 각주 58에서 재인용)
5) 권두연, 위의 글, 33쪽.
6) 보성80년사 편찬위원회, 『보성80년사』, 학교법인 동성학원, 1986, 77쪽.(권두연, 위의글, 44
　쪽 각주 69에서 재인용)

念)의 7절 정조(情操)를 설명하는 부분에서 한시를 예로 들고 있다. 당나라 두
목(杜牧), 조선조 정현(鄭礥), 정수동(鄭壽銅), 당나라 장구령, 두보, 고려시대
정지상(鄭知常), 일본 부손(蕪村), 바쇼(芭蕉)를 들고 있다.

또한 2장 감각을 설명하는 부분에 분도 氏와 예구스넬 氏를 거론하면서 설
명하고 있다. 분도는 실험심리학 창시자로 알려진 윌리엄 분트(Wilhelm Wundt)
를 의미하고 예구스넬은 누구인지 알 수 없다. 심리적 이론 내용을 설명하면
서 자신은 그렇게 생각하지 않는다 혹은 그 학설을 부당하다 생각한다고 하
면서 비판적 시각을 드러내는 경우도 있다. 이를 통해 보면 어떤 한 문헌을
그대로 번역했다기보다는 당시 일본에 소개된 서양의 심리학을 종합적으로
정리해서 번역 서술, 즉 역술(譯述)했다고 생각할 수 있다.

2. 『심리학교과서』의 구성과 내용

『심리학교과서』는 총 11장으로 구성되어 있다. 1장 서론, 2장 감각(感覺),
3장 지각(知覺), 4장 관념(觀念), 제5장 판단(判斷), 6장 추리(推理), 7장 정념
(情念), 8장 욕념(欲念), 9장 의지(意志), 10장 주의(注意), 11장 행동(行動)으로
구성되었다.

1장 서론에서는 먼저 의식(意識)이란 무엇인가를 다룬다. 의식을 감각, 지
각, 정념, 욕념, 관념으로 구분하여 간단하게 설명한다. 이어 과학을 관찰과
실험으로 이루어진 상호 연관된 계통적 지식이라 규정한다. 심리학의 의의는
의식을 연구하는 과학으로서 의식을 서술하고 설명하는 과학이라고 설명한다.

이어서 의식을 분류하고 있다. 감각, 지각, 정념, 욕념, 관념을 대표적과 원
물적, 객관적과 주관적, 독립적과 수반적, 단순적과 복잡적, 수동적과 자동적
등의 개념을 통해 분류하고 그 차이점들을 설명한다. 예를 들면 감각은 원물
적, 객관적, 독립적, 단순적인데 정념은 원물적, 주관적, 수반적 수동적이라는

것이다.

2장은 감각을 설명한다. 감각의 속성을 질(質), 강(强), 광대(廣大), 장(長), 동처(同處)로 구분하여 설명한다. 이어 감각 방잡(尨雜)에서는 감각은 고립적으로 발현하는 것이 아니라 복잡하게 동시에 발현하는 점을 설명한다.

3장은 지각이다. 지각은 관념의 도움을 통해 다양한 감각을 하나의 조직체로 변해 아는 것이라고 한다. 관념의 도움을 받지 못한 지각은 지각이 아니라 혼잡한 감각이다. 지각은 분해와 종합을 통해 이루어진다. 부분을 집합하여 일체로 보는 작용을 종합이라 하고 부분을 분리하여 개별 사물을 보는 작용을 분해라 한다. 지각은 분해와 종합을 함께 하면서 일어난다. 지각의 종류에는 정각(正覺), 착각(錯覺), 망각(妄覺)이 있다.

4장은 관념이다. 관념은 심상(心象)과 개념(概念)이 있다. 심상은 특수한 감각적 경험에 대한 감각이다. 개념은 다수 감각 또는 지각과 기타 관념의 유사점에 대한 관념이다. 심상에 대한 것은 실물로 외계에 존재한다. 개념은 오직 마음에 주관적 상태로 있을 뿐으로 이에 대한 실물은 없다.

심상과 개념의 구별은 이론적인 구분이고 일상생활에서는 대부분 심상과 개념이 상호 융합하여 발현한다. 개념 작용은 개념을 얻은 심상동작을 말한다. 개념 작용은 3종류가 있다. 추상(抽象), 비교(比較), 개괄(概括)이다.

이 장에서는 단일관념과 복합관념, 상상(想像)과 기억(記憶), 기억을 보존하는 작용인 파주(把住)와 어떤 자극 때문에 특정 방향으로 활동하여 관념이 발현하는 환상(喚想)을 다룬다. 환상의 종류에는 자발적 환상과 연상적 환상이 있다. 또 지각에 대하는 관념의 동작이나 파주성의 한계 그리고 기억법을 다룬다.

5장은 판단이다. 판단은 2개 사물(지각과 관념적)을 상호관계에 대하여 인지하는 일이다. 판단이 언사로 표현되는 것을 명제라고 한다. 판단의 문제에서는 판단과 개념을 다루고 판단을 서사적(敍事的) 판단과 예기적(豫期的) 판단으로 구분해서 다루고 있다. 서사적 판단은 과거부터 지금까지 있던 일과 현재 일에 관해 경험했던 것대로 판단하는 것이다. 예기적 판단은 경험하지 않은 것을 이렇다고 판단하는 것이다.

6장은 추리이다. 추리는 기존의 서사적 판단과 예기적 판단을 바탕으로 새로운 예기적 판단을 얻는 작용이다. 추리는 직감적 추리와 논증적 추리로 구분할 수 있다. 추리의 방식에 따라서 귀납추리, 연역추리와 사변추리로 구분하고 있다. 귀납추리의 목적과 방법, 연역추리의 목적과 방식 그리고 사변추리의 목적을 설명한다.

7장은 정념이다. 정념을 조화하는 것과 조화하지 못하는 것으로 구분한다. 정념은 단일한 것이 아니라 화학의 원소와 같이 혼합되어 있다고 하여 피차 부분적 차이를 인식하기 매우 어렵다고 한다. 상호 조화하지 못한 정념은 상호 경쟁하여 끊임없이 갈등하고 있다.

정념은 무수하지만 정념을 감정(感情), 정서(情緒), 정조(情操) 3가지 종류로 구분한다. 그러나 이것도 구분하기 힘들다. 감정은 맛있는 것을 먹을 때 쾌감과 악취를 맡을 때 불쾌감과 구토의 불쾌감과 휴식의 쾌감 같은 것이다. 정서는 희열, 분노, 애정, 투기, 비애 등의 감정이다. 정조는 합리의 느낌과 불합리의 느낌, 우미의 느낌과 고상한 느낌과 도덕적 선의 느낌과 도덕적 악의 느낌 등이다.

정서를 서술하는 부분에서는 희열(喜悅), 유쾌(愉快), 경악(驚愕), 공구(恐懼), 우수(憂愁), 비애(悲哀), 분노(忿怒), 원한(怨恨), 연민(憐憫), 우수(憂愁), 감은(感恩), 혐기(嫌忌), 증오(憎惡), 애호(愛好), 애정(愛情)을 구별하여 그 차이점의 의미를 상세하게 설명하고 있다.

정조는 미적인 것과 논리적인 것과 윤리적인 것으로 구별하여 설명한다. 미적 정조를 설명할 때는 한시를 예로 들고 있다. 예를 들어 당나라 두목(杜牧), 조선조 정현(鄭礥), 정수동(鄭壽銅), 당나라 장구령(張九齡), 두보(杜甫),

고려시대 정지상(鄭知常), 일본 부손(蕪村), 파쇼(芭蕉)를 들고 있다. 윤리적 정조는 선악과 의무와 책임과 만족에 대한 감정이다. 논리적 정조는 합리와 불합리의 감정이다.

8장은 욕념이다. 욕념은 역성(力性)과 아성(我性)으로 구분하여 설명한다. 역성은 욕념의 강도를 말한다. 아성은 자기가 욕념의 역(力)의 중심이 되어 활동하는 것을 자가활동(自家活動) 혹은 자율감이라고 하는데 자가활동 또는 자율감에 대한 성질을 아성이라고 한다. 욕념을 무의식 활동 혹은 잠재적 활동과 의식적 활동 혹은 현재적 활동으로 구분하여 설명하는 것이 주목할 만하다.

9장은 의지이다. 의지는 강한 욕망이 아니라 상호 경쟁하는 욕망 중에 아성(我性)이 가장 높은 욕망이다. 강도가 크더라도 아성이 낮은 욕념은 의지가 아니라 의지를 반항하는 강박력이다. 강박으로 감각되는 욕념을 욕심(欲心)으로 구분하여 설명한다. 또 의지를 충동적 의지와 숙려적 의지로 구분하여 설명한다.

의지는 이상과 관련된다. 때문에 가치나 의무와 연결해서 설명하고 있다. 가치를 느끼는 것은 욕념과 관련된다. 가치의 느낌은 욕념과 다르지만 욕념이 일으키지 않은 일에 대해서는 가치를 느끼지 않기 때문이다. 가치는 2가지로 구별할 수 있다. 필요(必要)의 느낌과 선(善)의 느낌이다. 선(善)은 자율적 활동, 즉 의지 목적의 가치이며 필요(必要)는 의지를 압도하는 강렬한 타율적 활동, 즉 욕심 목적의 가치이다.

의지와 관련해서 의무의 문제, 의지의 자유 문제, 책임의 문제를 이어서 다루고 있다. 의무는 선하다고 생각하여 선택한 아(我)의 목적을 실현하고자 하는 자율적 요구의 느낌이라고 정의한다. 때문에 의지의 자유는 선하다고 생각한 것을 선택한 것에 있는 것이 아니라 의지가 욕심의 저항을 배제하고 선택한 목적을 달성할 때 생각한 대로 했다는 것에 있다. 생각한 대로 하지 못

한 것이 바로 부자유이다. 이것은 선택의 자유가 아니라 실행 상의 자유와 부
자유로 구분한다.

　이러한 의지의 자유를 자아실현과 관련해서 설명한다. 자아실현이란 아
(我)의 저항과 격투하는 활동이다. 인생의 목적은 자아실현에 불과하고 의무
는 자아실현의 자각이다. 책임은 자아실현의 태만에 대한 자기견책이다. 자
유는 자아실현을 성공한 경계이다. 만족은 이 경계에 들어가 득한 심의(心意)
의 편안함일 뿐이다.

　자아실현과 관련해 인격의 의의를 설명한다. 의식계를 국가와 비교하여 설
명하는 것이 독특하다. 주권이 없는 사회가 혼잡하듯이 규율이 없는 의식계
는 혼잡하다. 통일된 사회를 국가라 하듯이 통일된 의식 상태를 인격이라고
한다. 주권이 강하면 난민(亂民)이 사라지고 주권이 약하면 난민이 일어나듯
이 아(我)가 강하면 욕심이 없어지고 약하면 욕심이 생겨난다.

　인격을 3가지로 분류하는데 회의적 인격, 약지적(弱志的) 인격, 강지적(强
志的) 인격이다. 강지적 인격에는 통상적(通常的) 인격도 있지만 위상적(違常
的) 인격이 있다. 위상적 인격에는 병적인 인격과 비범한 인격이 있다. 교육
상의 표준적 인격은 이 중에서 통상적 인격으로 상식을 가지고 의지가 강고
한 인격이다.

　10장 주의이다. 명료한 상태에 있을 때 이를 의식의 주의(注意) 상태라 하
고 명료한 부분을 주의된 부분이라 한다. 주의의 종류를 대상 방면으로부터
구별하고 작용 방면으로부터 구별하여 감각성과 관념성을 구별하고 무의적
(無意的)인 것과 유의적(有意的)인 것을 구별한다. 주의를 일으키는 조건을
객관적인 조건과 주관적인 조건으로 구분하여 설명한다. 주의의 교육적 가치
는 지식의 발달과 품성의 도야와 관계된다.

　마지막 11장은 행동이다. 행동을 생리적 운동과 심리적 운동으로 구별한다.
심리적 운동은 발달 방면과 동기의식으로 구분한다. 발달방면은 본능적 행동

과 습관적 행동으로 구분하고 동기의식은 관념운동과 정념운동과 욕념운동으로 구분한다.

일정한 의식과 일정한 운동은 생래적으로 상호연동하고 의식의 발현여부는 필연적으로 운동을 야기한다. 이런 운동을 본능적 운동이라 한다. 어떤 원인으로 일정한 의식에 따라 일정한 운동이 실현하는 일이 있을 때 그 후에 어떤 의식이 있으면 반드시 어떤 행위를 야기할 강한 경향을 발현하고 이 경향을 방해하는 것이 없어서 그 운동을 야기하는 것이 수회에 이를 때 의식은 필연적으로 그 운동을 야기하는 경향을 발현하는 데에 이르니 이러한 운동을 습관적 운동이라 한다.

관념 운동은 많은 관념이 일정한 운동을 습관적으로 야기할 수 있는 동기가 되는 것이다. 정념 운동은 본능적 운동이다. 정념이 발동하는 때에 신체의 변화는 일부분이 생리적 기초를 이룬다고 해도 다른 일부가 정념을 동기로 해서 생겨난 본능적 운동이다. 이를 정념운동이라 한다. 욕념은 목적을 달성할 수 있는 행동을 습관적으로 야기하는 동기이니 이 운동을 욕념 운동 또는 수단운동이라 한다.

행동과 관련해서 습관의 형성이 중요하다. 마지막으로 습관의 양성법(養成法)을 설명한다. 습관은 본능에 일정한 형태를 부여하고 욕념 운동을 간단 확실하게 하는 효과를 가진다. 본능에 맡기는 것이 불가능하면 선량한 욕념이 있더라도 이것으로 발하는 운동을 습관으로 행하지 않을 때 실제 효과가 없다. 그래서 좋은 습관의 양성은 교육상 매우 필요하다.

3. 『심리학교과서』의 의의

심리(心理)라는 말은 동아시아 문헌에서 사용되지 않은 말이다. 서양의 사이콜로지(psychology)를 심리학으로 번역한 사람은 니시 아마네(西周, 1829~

1897)이다. 니시 아마네는 필로소피(philosophy)를 철학(哲學)을 번역했듯이 사이콜로지를 심리학(心理學)으로 번역했다.

니시가 만든 번역어 즉 신조어(造語法)에 대해서는 그의 저작인『생성발온(生成發蘊)』(1873)의 주석에 설명한다. 사이콜로지는 원래 먼저 성리학(性理學)으로 번역되었다.[7]

성리(性理)는 전통 주자학에서 흔히 사용하는 말이다. 이는 전통 유학의 맥락 속에서 먼저 사이콜로지를 이해했다는 뜻이기도 하다. 사이콜로지는 먼저 성리학(性理學)으로 번역되었다가 최종적으로 심리학(心理學)으로 번역되었다. 니시 아마네는 물리(物理)와 심리(心理)를 대립적으로 사용하여 논의한다. 심리(心理)는 피직스(physics)의 물리(物理)처럼 마음의 객관적 원리가 있다는 의미를 드러낸 것이다.

『심리학교과서』에서도 흔히 사용되는 귀납(歸納), 연역(演繹), 총합(總合), 분해(分解)와 분석(分析) 등 학술 개념과 관념(觀念) 같은 용어는 모두 니시 아마네가 만들어 새로운 의미가 부여된 번역어이다. 심리학의 수용도 니시 아마네를 통해 이루어졌을 가능성이 많다.

1967년 도쿠가와 막부 시대가 끝나면서 일본은 서구화의 길로 들어선다. 19세기 후반 니시 아마네와 후쿠자와 유키지(福澤諭吉)는 일본에 과학적 심리학과 서구 사상을 도입했다. 유럽에서 돌아온 니시 아마네는 1875년에 해븐(H. Haven)의 『멘탈 필로소피(Mental philosophy)』를 번역하였다.[8]

『멘탈 필로소피(Mental Philosophy)』는 1857년 출간된 책으로 부제가 Including Intellect Sensibilities and Will이다. 이런 구분은 니시 아마네가 마음을 지·정·의(智·情·意)로 구분하는 것과 동일하다. 이런 구분은『심리학교과서』

---

7) 신현승,「西周의 번역어 창출과 중국의 유교」,『日本思想』제22호, 일본사상, 2012, 100쪽에서 재인용.
8) Takayoshi Kaneko,「일본에서의 심리학의 발전과 현 위상」,『한국심리학회 93연차대회 학술발표논문집』, 한국심리학회, 1993, 15쪽.

의 목차에도 유사하게 드러나고 있다.

후쿠자와 유키지는 게이오 대학을 설립하였는데 1881년 교과과정에 심리학이 도입되었다. 모토라 유우지로(元良勇次郎, 1858~1912)는 1877년에 설립된 최초의 국립대학인 동경대학에서 심리학을 강의하였다. 그는 1885년 홀(G. Stanley Hall)의 지도하에 미국의 존 홉킨스(Jonns Hopkins) 대학에서 박사학위(Ph.D)를 받았다.

모토라의 수제자인 마타타로 마쯔모토(松本亦太郎, 1865~1943)는 일본의 두 번째 국립대학인 교코 대학(1906년 설립)의 인문대학에서 심리학 주임교사직을 맡았다. 이 무렵 교사 양성 대학인 교토 사범학교와 히로시마 사범학교가 문을 열었는데 이는 일본의 심리학 발전에 또 다른 신기원을 이루는 일이었다.9)

아마도 『심리학교과서』는 일본 심리학 발전의 영향권 아래에 놓였을 것이다. 일본 심리학은 다른 분야들과 마찬가지로 서구의 주요 사조들에 영향을 받았다. 20세기 초반에는 윌리엄 분트(Wilhelm Wundt)의 실험심리학과 영국의 연합주의가 심리학의 주류를 이루었으며, 1930년대에는 게슈탈트 심리학이, 2차 세계 대전 이후에는 신행동주의가 일본 심리학계를 지배하였다. 소수의 심리학자들이 러시아의 유물론적 심리학이나 프랑스의 피아제 학파의 관점을 따르고 있었으며 선(禪)과 같은 동양의 철학과 과학적 심리학을 결합하는 데 관심을 가지고 있었다.10)

『심리학교과서』가 발행된 시기는 1907년이므로 주로 분트 심리학과 영국의 심리학이 발전하던 시기이다. 분트의 『생리학적 심리학』(*Grundzüge der physiologischen Psychologie*)이 출간된 해는 1873년이고 미국에서 제임스가 『심리학원리』(*Priniciples of Psychology*)를 출간한 해는 1878년이다.11)

---

9) Takayoshi Kaneko, 위의 글, 15~16쪽.
10) Takayoshi Kaneko, 위의 글, 15쪽.

　동아시아에서 일본은 가장 많은 심리학자가 있고 가장 오랜 실험심리학의 역사를 지니고 있다. 모토우 유우지로(元良勇次郎)는 이 분야의 개척자였다. 모토우 유우지로는 '동양철학에 있어서의 自我의 槪念'(The concept of Self in the Oriental Philosophy)이라는 논문을 1905년 로마에서 열린 제7회 국제심리학회에서 최초로 禪에 관한 심리학적 연구를 발표했다고 한다.[12] 일본에서 최초의 심리학지는 『심리학연구』(Japanese Journal of Psychology)로 1926년에 창간되었고 다음해에 일본심리학회는 결성되었다.[13]

　이를 통해 본다면 일본의 학자들은 서양의 심리학을 적극적으로 수용했지만 불교 심리학과 유교 심리학을 서양 심리학과 비교하면서 연구했다고 볼 수 있다. 『심리학교과서』는 그 당시 일본의 이런 연구 성과가 반영된 책일 것이다.

　『심리학교과서』는 번역책이지만 정확하게 어떤 서적을 번역했는지는 확실하지 않다. 아마도 그 당시 일본에서 연구된 서양 심리학의 성과들을 종합적으로 연구하여 김하정이 번역하고 정리하고 서술한 책일 가능성이 높다. 또한 당시 김하정의 시대적 문제의식이 투영되어 있다고 볼 수도 있다. 이와 관련하여 심도 깊은 연구가 필요하다.

---

11) 李義喆, 『心理學史』, 서울대학교출판부, 1971, 2쪽.
12) 李義喆, 위의 책, 485쪽.
13) 李義喆, 위의 책, 487쪽.

■ 참고문헌

康允浩, 「개화기의 교과용도서(2)」, 『한국문화연구원논총』 제11집, 이화여자
　　　대학교 한국문화연구원, 1967.

권두연, 「보성관(普成館)의 출판 활동 연구」, 『현대문학의 연구』 44, 한국문학
　　　연구학회, 2011.

신현승, 「西周의 번역어 창출과 중국의 유교」, 『日本思想』 제22호, 일본사상,
　　　2012.

李義喆, 『心理學史』, 서울대학교출판부, 1971.

Takayoshi Kaneko, 「일본에서의 심리학의 발전과 현 위상」, 『한국심리학회 93
　　　연차대회 학술발표논문집』, 한국심리학회, 1993.

심리학교과서

심리학교과서목차

심리학교과서목차 종(終)

심리학교과서

보성관번역원(普成館繙譯員) 김하정(金夏鼎) 역술(譯述)

제1장 서론

제1절 의식(意識)은 어떤 것인가

무릇 어떤 사람이든지 사탕을 입에 접할 때에는 '달다'함을 느끼며, 눈을 볼 때에는 '희다'함을 느끼고 신체를 불에 닿으면 '뜨겁다'함을 느끼며 물에 닿으면 '차갑다'함을 느끼니, 이에 '달다', '희다', '뜨겁다', '차갑다' 등의 느낌은 한 종류의 의식이라 할 수 있으나 이것들뿐만 의식에 한정되지 않는다. 어떤 사람이든지 천기(天氣)가 양호하고 온난한 봄날에 절친한 친구와 야외로 바람을 쐬러 갈 때에는 '유쾌한 심지(心志)'를 느끼고, 부패한 것의 악취를 맡을 때에는 '싫고 미워하는 심지'를 느끼며, 깊은 밤 적막한 골목에 개 무리가 갑자기 짖으면 '몹시 놀라'하고 학교시험에 우등성적을 얻은 학생은 '즐거워 기뻐'하게 생각하며 부모의 장례를 당한 사람은 '슬프고 가련'함을 느끼니, 이 '유쾌한 심지', '싫고 미워하는 심지', '놀람', '즐거워 기뻐함', '슬프고 가련함' 등의 감정도 역시 일종의 의식이다. 그러나 유독 이러한 것으로만 의식에 한정될 뿐 아니라 우리는 오늘날에 사탕을 입에 대지 않더라도 '사탕은 단 것'으로 능히 발상하고, 실제로 불에 닿지 않아도 '불은 뜨거운 것'으로 능히 발상하며, 오늘날에 눈을 보지 않아도 '눈은 하얀 것'으로 능히 발상하고, 또 오늘날에 '즐거워 기뻐'하게 느끼지 않아도 일찍이 '즐거워 기뻐한 일'을 능히 발상하며, 오늘날에 '슬프고 가련'함을 느끼지 않아도 옛날의 '슬프고 가련한 일'을 능히 발상하니, 이러한 각종의 '발상(發想)'도 일종의 의식이다. 또 그 의식은 이러한 것뿐 아니라 술을 즐기고 좋아하는 사람은 술을 볼 때라든지, 생각할 때에는 '마시기를 원함'을 느끼니 '마시기를 원함'과 '먹기를 원함'하는 등도 역시 일종의 의식이다. 또 그 의식은 유독 이러한 것뿐 아니니 '나는 내일 부산으로 출발할 요량이라', '나는 고등학교에 졸업한 후는 런던으로 행함을 희망이라', '나는 반드시 나의 소신을 단행할 결심이라' 운운하는 등의 '요량(料量)', '희망(希望)', '결심(決心)' 등도 역시 일종의 의식이다.

앞에 기술한 '달다', '희다', '뜨겁다', '차갑다', '유쾌한 심지', '싫고 미워하는 심지', '몹시 놀라는', '즐거워 기뻐하는', '슬프고 가련함', '마시길 원하는', '먹기를 원하는' 기타 각종의 '발상'은 모두 심리학상으로 의식이라 칭한다. 그러나 이 '유쾌한 심지', '싫고 미워하는 심지'로부터 혹은 '보기를 원하는', '듣기를 원하는' 등이 마음의 상태(狀態)되는 일은 누구든지 인정하니, 즉 그 '달다', '희다', '뜨겁다', '차갑다'도 역시 마음의 상태. 통상 세상 사람들은 이를 마음의 상태라 말하지 않으니 능히 충분히 연구할 때에는 이러한 것들도 역시 마음의 상태에 벗어나지 않는다. 가령 어떤 사탕을 입 가운데에 머금더라도 마음이 움직이지 않을 때에는 '달다'함으로 느끼는 일이 없을 것이니, 고로 '달다'함으로 느낌과 '희다'함으로 느낌과 '뜨겁다'함으로 느낌과 '차갑다'함으로 느낌은 다 마음이 사탕, 눈, 불, 물 등의 바깥 세계 사물에 접촉하여 동작한 때의 상태다. 이것으로 의식이라 이르는 것은 마음의 상태에 벗어나지 않는다.

제2절 과학의 의식

과학이라 함은 어떤 것인가

물은 액체로, 차가운 것이 되는 것은 어떤 사람이든지 아는 바이고, 눈이 하늘위에 떠다니다 혹 날아가고 혹 멈추며 갑자기 생기고 갑자기 없어지는 것은 어떤 사람이든지 아는 바이다. 눈은 흰색으로 사탕과 같아 하늘위에서 내려오는 것은 어떤 사람이든지 아는 바이며, 기타의 이슬과 서리, 싸라기 눈, 비 등에 대하여 각기 어떤 것이 되는 것은 어느 사람이든지 아는 바이다. 그러나 물과 구름의 관계는 어떠하며, 구름과 눈의 관계는 어떠하며, 눈과 물의 관계는 어떠하며, 기타 여러 가지 물, 구름, 비, 안개, 서리, 싸라기 눈, 이슬 등의 상호관계는 어떠한가에 이르면, 물리학의 소양이 없는 일반인은 이 질문에 대하여 대답하기 불가능하다. 그들은 물, 구름, 비, 안개, 서리, 싸라기 눈, 이슬의 각각에 대하여 어떤 것인가는 단편적으로는 알 수 있으나, 이들 간에 어떠한 상호관계가 있는지에 대하여는 어떠한 지식이든지 없다할 수 있다. 그러나 물리학을 학습함에 물, 구름, 비, 눈, 안개, 이슬, 서리, 싸라기 눈 등은 그 상태에만 각종 다름이 있고 실은 동일한 물이 차갑거나 뜨거운 작용으로 인하여 변태(變態)한 것에 다름이 아님을 알 것이다. 여기에 있어 기왕에 물, 구름, 비, 눈, 싸라기 눈, 안개, 서리, 이슬 등의 각각에 대한 단편적, 고립적 지식은 지금에 이르러 이들 간의 상호관계가 분명하고 뚜렷함으로 인하여 상호 연관하여 정돈한 일체의 지식을 이룬다.

　이러한 각종지식이 상호 연관하여 정돈한 일체가 되는 때에는 이를 계통적 지식이라 칭하며 우리들이 일상경험으로 인하여 얻는 지식은 계통적 지식이 아니고, 지리멸렬한 단편적, 고립적 지식이다. 그러나 실험관찰 및 관계법칙으로 발견되는 것은 이러한 단편적, 고립적 지식을 계통적 지식으로 진행하는 동작에 있는 것이니, 그 동작을 칭하여 연구(研究)라 이른다. 그 연구방법은 2종의 동작으로 성립하니 즉 1) 관찰실험으로 인하여 일상경험으로 알지 아니하고 겉으로 드러나지 않는 사실을 탐지하는 동작과 2) 탐지된 제반지식을 비교대조하여 그 사이에 대하여 관계법칙을 발견하고 이로 인하여 종래로 단편적, 고립적 지식을 계통적으로 귀결하는 동작이 그것이다. 전자의 동작을 서술(敍述)이라 이르며, 후자의 동작을 설명(說明)이라 이른다. 고로 연구는 서술과 설명으로 성립한 것이며 또, 이러한 연구로 조직된 계통적 지식을 칭하여 과학이라 이르니, 가령 물리학, 수학, 식물학, 동물학, 생리학과 같은 것이 모두 과학이다.

제3절 심리학의 의의

심리학이라 함은 어떤 것인가

우선 첫 번째로 심리학을 과학으로 알지니 모든 과학은 어떤 일이든지 연구하는 일이다. 즉 심리학은 어떤 일을 연구하는가. 말하자면 즉 의식이 이렇다 라든지, 어떤 사람들의 기억(記憶), 상상(想像), 사상(思想), 숙려(熟慮), 판단(判斷), 추리(推理), 분노(憤怒), 애정(愛情), 증오(憎惡), 비애(悲哀), 원망(願望), 결심(決心), 의지(意志) 등이 무엇이 되는가에 이르러 다소의 지식이 있을 것이다. 그러나 심리학 소양이 없는 사람은 이것에 관한 지식이 단편적, 고립적 지식이기 때문에 그들은 이러한 각각을 취함에 약간의 인식하는 바가 있으나 이러한 상호관계를 취하여 계통적으로 알지 못한다. 심리학이라 함은 이러한 관계법칙을 발견하여 제반지식에 관한 단편적, 고립적 지식을 정돈하는 계통적 지식으로 조직하고자 하는 것이다. 이를 한마디로 말하면

심리학은 의식을 연구하는 바 과학이다.

그러나 이미 언급한 바와 같이 연구는 서술과 설명으로 성립하기 때문에 앞의 정의는 다음과 같이 다시 일러 말할 수 있다.

심리학은 의식을 서술하고 설명하는 바 과학이다.

제4절 의식의 분류

의식은 감각(感覺), 지각(知覺), 정념(情念), 욕념(欲念), 관념(觀念)의 5종으로 크게 구별한다.

감각(感覺)이라 함은 어떤 것인가. 우리들은 사탕이 입에 닿을 때에는 '달다'고 느끼며, 눈을 볼 때는 '희다'고 느끼고 불에 닿을 때에는 '뜨겁다'고 느끼며 물에 닿을 때에는 '차갑다'고 느끼니, '달다', '희다', '뜨겁다', '차갑다' 등의 의식을 칭하여 감각이라 이른다.

정념(情念)이라 함은 어떤 것인가. 우리들은 타인에게 수모를 당할 때에 '분노'하며 타인에게 칭찬과 상을 받을 때에는 '기뻐'하고 부모가 돌아가시면 '슬퍼'하며 목적이 어긋난 때에는 낙담하고, 바람이 부드럽고 날씨가 따뜻하여 온갖 꽃이 다투어 피고, 수많은 새들이 서로 지저귈 때에는 '심지가 유쾌'하게 느끼고, 매끄럽고 익살스러운 담화를 들을 때에는 '우습게' 느끼며 '옛날에 품었던 청운의 뜻, 시기를 놓쳐 백발이 되어구나'[1]의 시를 읊을 때에는 '강개(慷慨)'의 감흥을 느낄 것이니, '분노', '기쁨', '슬픔', '낙담', '심지유쾌', '우스움', '강개의 감흥' 등의 의식을 칭하여 정념이라 이른다.

욕념(欲念)이라 함은 어떤 것인가. 꽃을 '보기를 바라'고, 음악을 '듣고자 바라'고, 많은 부를 '이루기를 바라'고, 군인을 '완성하기를 바라'고, 좋은 맛을 '먹기를 바라'며, 술을 '마시길 바라'는 등의 '보길 바라는', '듣길 바라는', '이루길 바라는', '완성하길 바라는', '먹길 바라는', '마시길 바라는' 등의 의식을 칭하여 욕념이라 이른다.

지각(知覺)이란 어떤 것인가. 겨울에 내려오는 흰색의 선과 같은 것을 볼 때에 우리들은 '이것에 닿으면 차갑고, 이것에 열을 가하면 물이 되는 것, 즉

---

[1] 장구령(張九齡, 673~740) '조경견백발(照鏡見白髮)'의 "宿昔青雲志, 蹉跎白髮年." 한 구절이다.

눈(雪)'으로 알며, 옥상에 내려앉은 검은색의 새를 볼 때에 우리들은 '이를 '까악, 까악'이라 우는 새, 즉 까마귀'로 알 것이다. 이러한 것을 보며 혹은 듣고, 무엇인지 아는 때의 의식을 칭하여 지각이라 이르며, 또 기타 일정한 음향을 듣고 그 물건을 알고, 일정한 향기를 맡고 무엇임을 알고, 일정한 것에 닿아 무엇임을 알고, 일정한 맛을 맛보고 무엇임을 아는 때의 의식도 역시 지각이다.

관념(觀念)이란 어떤 것인가. 감각과 지각은 실제상으로 외부 사물에 접하여 이를 보거나, 만지거나, 냄새 맡거나, 맛보거나 하여 나타나는 의식이다. 그러나 우리들은 오늘날에 사탕을 맛보고 그 단맛을 느끼지 않아도 일찍이 그 사탕을 맛볼 때의 '단맛'의 감각을 능히 생각해 내며, 또 눈앞에 눈을 보고 그 흰 빛을 느끼지 않아도 우리들은 일찍이 그 눈을 보았을 때의 '희다'는 감각을 능히 생각할 것이니, 이 때 생각한 '단맛', '희다'는 감각이라 이르지 않고 관념이 이른다. 또 우리들은 오늘날 눈앞에 눈이 내리는 것을 보지 않아도 과거의 경험으로 인하여 눈이 어떤 것임을 능히 생각하며, 또 오늘날 눈앞에 새를 보지 않아도 과거의 경험으로 인하여 새가 어떤 것임을 능히 생각하니, 이것이 오늘날 눈앞에 실물을 보지 않고도 생각한 눈과 새에 대한 의식은 이를 눈과 새의 지각이라 이르지 않고 관념이라 이른다. 우리들은 오늘날에 실제로 분노하지 않아도 옛날에 분노한 경험이 있어 '분노'가 어떤 것임을 능히 알고, 또 오늘날 실제로 슬프지 않아도 옛날에 슬픈 경험이 있어 '슬픔'이 어떤 것임을 능히 알고 있으니, 그때 생각한 '분노', '슬픔'은 감정이 아니고 관념이다. 또 우리들은 오늘날에 꽃을 '보기를 바라'지 않아도 옛날에 '꽃을 보기를 바라'던 경험이 있어 이 '보기를 바라'는 것이 어떤 것임을 능히 알고, 또 오늘날에 음악을 '듣고자 바라'지 않아도 옛날에 음악을 '듣고자 바라'던 경험이 있어 이 '듣고자 바라'는 의식이 어떤 것임을 아는 것이니, 이것이 다만 생각함에 머무르는 '보기를 바라는', '듣기를 바라는' 의식은 이를 욕망이라 이르지 않고 욕망의 관념이라 이른다.

이상에 우리들이 실제 예시로 인하여 감각, 정념, 욕념, 지각, 관념이 어떤 것인지 그 대체를 자세히 알렸다고 믿는다. 그러나 다시 이러한 것들의 상호 간 구별하는 관계를 자세히 밝히고자 다음을 약간 논술한다.

우리들이 이러한 것들을 비교대조할 때에 우선, 우리들이 주의를 야기해야 하는 것은 관념과 감각, 정념, 관념, 지각의 구별이다. 관념이 기타의식에 대하는 관계는 그림이 실물에 대하는 관계와 흡사하다. 실물은 그림에 대하여 그 원물(原物)이며 그림은 실물에 대하여 그 대표적 모방됨과 같이 감각, 정념, 욕망, 지각은 관념에 대하여 그 원물이며 관념은 감각, 정념, 욕념, 지각에 대하여 그 대표적 사상(寫像)인 것과 같다. 그러므로 관념은 대표적이며 감각, 정념, 욕념, 지각은 원물적(原物的)이니, 즉 다음과 같다.

관념 － 대표적
감각, 정념, 욕념, 지각 － 원물적

다음으로, 공간방면으로 볼 때는 의식 중에는 공간적 규정하에 생각하는 것과 그 규정으로부터 독립하여 생각하는 것이 있다. 가령, '붉다'고 감각할 경우에 그 의식은 항상 일정한 공간적 규정하에 발현되는 것이다. 즉, 일정한 광대(廣大), 즉 일정한 위치와 혹은 일정한 형상을 갖추고 있어 발현되는 것이다. 이러한 것들을 공간적 규정으로 추상(抽象)한 '붉다'하는 감각은 실제로는 감각이 아니고 감각의 관념이다. 이에 반하여 정념 및 욕념은 공간적 규정을 갖추지 않으니, 이러한 것들은 다만 존재할 뿐이고 어떠한 형상과 어떠한 광대라든지 공간상 위치를 갖추지 않는다. 앞에서와 같이 일정한 공간적 규정하에 발현하는 의식을 칭하여 주관적이라 이르고, 이로부터 독립함을 객관적이라 이른다. 즉, 다음과 같다.

감각, 지각 － 객관적

정념, 욕념, 관념 － 주관적

다음으로, 우리들은 감각, 지각, 관념과 정념, 욕념을 비교대조할 때는 그 사이에 구별이 있음을 볼 것이다. '분노'의 정념은 반드시 어떠한 지각, 또는 관념을 수반하여 발생하는 것으로 어떠한 지각이나 관념이든지 수반하는 일이 없이 고립적으로 발현하기 불가능하다. 또 '아름답다', '달다', '심지유쾌' 등의 정념은 어떠한 감각이든지 수반하여 발현하는 것으로 그 자신이 고립적으로 발현하기 불가능하다. 그러나 감각, 지각, 관념에 이르러서는 어떠한가. 우리들은 술을 마시고 맛이 좋다고 느끼는 일이 있으되 항상 '달다'함은 아니다. 술 맛의 감각은 불변하여도 혹 '맛이 달다'고 하는 정념이 수반하지 않는 일이 있다. 붉은색의 감각도 이와 같아 어느 때에는 이를 보고 '아름답고 곱다' 하고 느끼는 일이 있다. 이를 누차 반복하여 익숙하게 볼 때에는 '붉다'는 감각은 불변해도 우리들은 이를 '붉다'고 감각할 뿐이고 따로 '아름답고 곱다' 하고 느끼는 일이 없으며 기타감각도 또한 마찬가지다. 그러므로 감각은 정념을 동반하는 일 없이 오직 고립적으로 발현하는 일이 있다. 또 우리들은 타인에게 욕설을 당한 일을 지각하고, 또 관념한 때에는 분노함이 늘 있다. 항상 분노함으로 한정하는 것이 아니고, 누차 욕설을 당하여 이에 익숙해지는 때에는 타인이 우리에게 욕설하는 것을 지각하든지 혹은 관념하여도 언제나 대수롭지 않게 여겨 다시 분노하지 않는 경우에 이르는 일이 있다. 지각, 관념과 욕망의 관계도 이와 동일하다. 어떤 음식을 지각하고 혹은 관념한 때라든지 혹은 이를 '먹고자 바라'는 원함과 욕념하는 일이 있다. 혹은 이러한 것들에 대하여 어떠한 욕념이든지 느끼지 않는 일이 있으며 기타 욕념도 이와 동일하기 때문에 지각 및 관념은 어떠한 정념, 욕념을 동반하지 않고 오직 고립적으로 능히 발현하는 것이다. 그러므로 감각, 지각, 관념과 정념, 욕념 등이 구별되는 점은 전자는 후자를 동반하는 일이 없어 오직 고립적으로 능히 발현되며, 후자는 항상 전자와 수반하여 발현하며 고립적으로 발현하기 불가능하다. 즉, 다음과 같다.

감각, 지각, 관념 − 독립적
감정, 욕망 − 수반적

다음으로 감각과 지각의 구별을 논하건대 감각이라 함은 가령, 사탕을 맛보고 '달다'고 느끼고 눈을 보고 '희다'고 느낄 때의 '달다', '희다'는 극히 단순한 의식이다. 그러므로 우리가 입에 단맛을 맛보고 이를 사탕이라고 이르는 것이다. 토사(土砂)와 같이 '아삭아삭'하여 과자를 제조할 때 이용하는 것으로 지각할 때의 의식은 '달다' 하는 감각과, 토사와 같이 '아삭아삭'하다는 관념과, 과자를 제조할 때 이용하는 관념으로, 성립하기 때문에 심히 복잡한 상태이다. 기타의 지각도 이와 같은 고로 지각은 반드시 복잡한 상태의 의식이므로 감각과 지각의 구별은 그 단순함과 복잡함에 있다. 즉 다음과 같다.

감각 − 단순적
지각 − 복잡적

다음으로 정념과 욕념의 구별에 대하여 논하건대 가령, 우리가 손을 스스로 움직이고자 하여 이를 움직일 때의 운동과 우리가 손을 스스로 움직이고자 하는 일이 없어 타인이 손을 움직일 때의 운동은 전혀 같지 않다. 전자의 운동에는 자기가 힘의 원천이 되어 운동을 야기하는 느낌을 동반하고, 후자의 운동은 자기가 힘의 원천이 되어 손을 움직이는 것이 아니다. 다만 손이 움직이는 것을 방임하여 손을 방치하는 느낌을 동반하는 것이다. 전자와 같이 자기가 힘의 원천이 되어 활동하는 성질을 자동적이라 칭하고, 후자와 같이 자기가 힘의 원천이 되지 않고 오직 손의 움직임만 보는 상태를 수동적이라 칭한다. 욕망과 감정의 차별은 실로 자동적과 수동적의 구별이다. 우리가 슬퍼하는 때에는 자연적으로 발생하여 슬퍼하는 것이 아니고 슬픔이 자연히 오는 것을 느낀다. 즉 '슬프다'는 수동적이고 자동적이 아니다. 꽃을 '보기를 바라'는 때에는 '보기를 바라'는 욕념이 오는 것이 아니고 자기가 자동적으로 '보기를 바라'는 욕념이다. 그러므로 감각은 수동적이며 욕념은 자동적이다.

정념 - 수동적

욕념 - 자동적

이상에 대해 논한 바를 개괄하여 이를 표로 작성하면 다음과 같다.

감각	지각	정념	욕념	관념
원물적	원물적	원물적	원물적	대표적
객관적	객관적	주관적	주관적	주관적
독립적	독립적	수반적	수반적	독립적
단순적	복잡적	-	-	-
-	-	수동적	자동적	-

제2장 감각

제1절 감각의 속성

각개의 감각을 고립적으로 볼 때는 전혀 단순하고 복잡하지 않아 그 사이에 어떤 방면을 식별하기 불가능하다. 하지만 기타 각종 감각과 비교대조할 때는 각종 방면으로 구별할 수 있다. 그 구별적 방면을 감각의 속성(屬性)이라 이른다. 그 속성은 질(質), 강(强), 광(廣), 장(長), 국처(局處) 5종으로 나눈다.

1) 질(質)

'붉다'는 감각을 '붉다'는 감각으로 기타감각과 변별(辨別)하고, '달다'는 감각은 달다하는 감각으로 기타감각과 변별하는 등은 질적 구별이다.

감각의 질적 속성은 가장 용이하게 감지될 뿐만 아니라 실리(實利)상과 심미(審美)상 다른 속성보다 흥미가 많기 때문에 우리는 이를 자연히 중시하여 감각의 본질(本質), 본성(本性)이라 한다. 다른 속성으로써 우연적(偶然的) 성질이라 이른다.

감각의 질적 구별이 실로 무한하지만 분류하고자 하면 다음과 같이 분류할 수 있다.

(1) 시감각(視感覺)

백색, 흑색, 적색, 등색(橙色 : 붉은 듯 노란색), 황색, 녹색, 청색, 남색, 근색(菫色 : 황토색), 자색(紫色 : 자주색)과 이것들과 상호에 위치한 무수한 질(質)을 망라한다.

(2) 음감각(音感覺)

피리의 소리와 거문고의 소리와 종의 소리와 큰 북의 소리와 물결의 소리와 바람의 소리와 총의 소리와 기타 무수한 소리를 망라한다.

(3) 후감각(嗅感覺)

무수한 질적 구별을 망라하는 큰 종류이지만, 우리의 국어는 이 무수한 구별을 수집하고 정리한 개괄적 명칭은 있지 않다. 오직 향냄새와 비린 냄새와 불타는 냄새의 언사 등으로 소수의 후감각을 개괄할 뿐이다. 기타 다수는 각개 사물의 명칭에 의하여 술의 냄새와 기름의 냄새와 석유의 냄새와 페인트의 냄새와 귤 냄새 등이라 칭할 뿐이다.

(4) 미감각(味感覺)

역시 무수한 구별을 포함하나 이는 대체로 신맛과 단맛과 쓴맛과 짠맛의 4종류로 능히 정리할 수 있다.

(5) 온감각(溫感覺)

온감각은 한감각(寒感覺)과 열감각(熱感覺) 두 가지 질(質)을 포함한다.

(6) 운동감각(運動感覺)

감각의 부분적 이동으로부터 발생한 것과 경험자 자신이 신체적 부분의 운동으로부터 발생한 것을 포함한다.

(7) 근감각(筋感覺)

근육의 운동으로 인하여 발생하는 감각이다. 오직 그 하나의 질(質)로 이루어진다. 힘의 감각과 저항의 감각 등은 이 감각으로부터 정해진다.

(8) 보통감각(普通感覺)

일반감각 또는 유기감각(有機感覺)이라 칭하는 것이다. 굶주림, 목마름, 메스꺼움, 피로, 어지러움, 숨막힘, 변이 마려움, 졸림 등이 이에 속한다. 이러한 것은 통상 감각으로 분류되나 어떤 방면으로 보면 감정과 유사하다. 지금에는 일반적인 서술에 따라 이를 감각의 부류로 가려낸다.

2) 강(强 : 강도)

'붉다'는 감각과 '달다'는 감각의 관계는 '짙게 붉다'한 감각과 '옅게 붉다' 한 감각의 관계와 다른 것이다. 전자는 질적 구별이며 후자는 강도의 차이이다. 강도의 차이라 함은 동일한 질로 된 감각 가운데 강약의 차이이다.

3) 광대(廣大)[2]

따뜻한 탕에서 신체 전부를 씻을 때의 따뜻한 감각과 신체의 일부, 가령 손가락 하나를 동일한 온도의 따뜻함에 넣을 때의 따뜻한 감각에 대하여, 그 차이는 동일한 손가락을 온도가 다른 탕에 넣을 때 발생하는 따뜻한 감각의 차이와는 전혀 다른 것이다. 후자는 이미 언급한 강(强)의 구별이고, 전자는 광대(廣大)의 구별이다. 단 어떤 경우에서는 광대의 증가는 힘의 정도(力度) 증가에도 역시 영향을 미치는 일이 있는 것으로 알고 있다. 냄새를 맡는 감각은 넓이의 구별이 없으며, 보통감각의 넓이 차이도 역시 분명하지 못하다.

4) 장(長 : 길이)

감각은 또한 그 연속한 장(長)에 관하여 차이가 있다. 단, 우리가 능히 판별하는 이 차이에는 당연히 일정한 한계가 있기 때문에, 그 범위보다 긴 것이라든지, 짧은 것이든지 모두 우리들이 알 수 없는 것이다. 분도씨[3]의 설명에 의

---

2) 광대(廣大) : 넓이와 크기를 뜻한다.

하면 그 최장한계는 12초라 말하며, 예구스넬씨[4]의 말에 의하면 그 최단한계는 1초의 5백분의 1이라 말하기도 한다.

5) 국처(局處)

동일한 촉감각이라도 손 안에 있는 것과 손 바깥에 있는 것은 우리들이 명확하게 인지하니, 이 구별을 국처상의 구별이라 이른다. 후감각 및 보통감각은 이 구별이 부족하다.

제2절 감각혼잡

우리들은 각종 질(質)의 감각을 일일이 고립적으로 경험하여 얻은 것 같이 논하였다. 그러나 이는 오직 서술상 편의로 인하여 앞에서와 같이 논한 것이다. 일상의 실제경험으로는 각개의 감각이 일일이 고립적으로 발현하는 일이 거의 없어 다양한 종류의 감각이 혼잡하여 동시에 발현한다. 가령, 우리는 '붉다'는 감각이라 칭하여도 다른 감각과 동반하지 않고 고립적으로 발현하는 것이 아니다. 우리가 '붉다'고 감각하는 때에는 그 붉은 물건을 둘러싼 기타 각종의 색채감각도 발현한다. 여기에 다시 각종 음감각과 촉감각, 온감각 또는 신체 내부의 유기감각(有機感覺) 등도 동시에 발현하며, 또 우리의 지식이 진보함에 따라 이러한 것들이 동시적으로 발현한다. 모든 감각 중에 모종의 일정한 것에 주의하여 이를 발취하고, 혹은 그 모종과 모종을 동일 사물에 귀합하여 감각적 경험계의 질서가 있고, 규율이 있으며, 연결이 있어 계통적 세계로 보기에 이른다. 그러나 이는 유독 지식이 진보한 성인에 있어서 그럴 뿐이

---

3) 분도씨 : 빌헬름 분트(Wilhelm Max Wunt, 1832-1920), 독일의 심리학자. 심리학을 철학의 한 부분으로 존재하던 것을 분리시켜 하나의 독립된 학문으로 자리매김하는 역할을 하였다.

4) 예구스넬씨 : 미상.

고 지식이 전혀 진보하지 못한 영유아가 경험하는 감각계는 질서가 없고, 규율이 없고, 연결이 없다. 다만 그 혼잡한 무의식인 것이다. 이러한 감각적 경험을 칭하여 감각혼잡이라 이른다.

제3장 지각(知覺)

제1절 지각의 분석

독자는 다음의 그림을 보고 어떤 해석을 할까. A.B.C.D.E.F를 집합하여 동일 사물로 해석하고, G.H.I.J를 집합하여 동일 사물로 해석하며, K.L.M.N을 집합하여 동일 사물로 해석하며, 동시에 A.B.C.D.E.F를 집합한 것과 G.H.I.J를 집합한 것과 K.L.M.N을 집합한 것으로 구분한다고 능히 해석할 것이다. 그러나 오직 시감각상

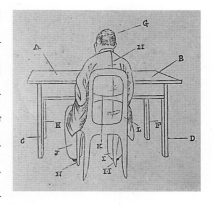

으로 말하면 그림의 모든 부분은 다 같은 것으로 그 중 어떤 것과 어떤 것이 집합하여 사물로 능히 해석될 일이 없으며, 그 중 어떤 것과 어떤 것을 구별하여 다른 사물로 해석될 일도 없고, 그림의 모든 부분으로부터 발생하는 감각은 오로지 뒤섞이고 규율이 없는 감각의 집합이다. 즉 감각혼잡이라 할 것이나 우리는 실제로 그림을 감각혼잡으로 보지 않고, 이를 조직적으로 보고 의의(意義)를 해석한다. 상세하게 말하면 어떤 종류와 어떤 잡종을 집합하여 하나의 사물로 해석함과 동시에 이를 다른 종류에서 분리하여 별도의 사물로 해석한다. 고로 이는 우리들이 그림을 봄으로써 과거 경험의 관념을 다시 불러오고 보충함으로써 그림을 지각하는 것이다. 가령 G.H.I.J는 사람 등쪽의 관념을 불러오고 그것을 보충하여 하나의 사물을 조직한다. K.L.M.N은 의자의 관념을 불러오고 그것을 보충하여 하나의 사물을 조직한다. 또 G.H.I.J 전체와 K.L.M.N 전체의 시각적 관계로 인하여 일정한 관념을 불러옴으로써 사람이 의자에 허리를 기대고 있는 것을 지각하며, 기타 어떤 사물의 지각이든

지 이와 같이 작용한다. 그러므로 지각이라 함은 관념을 보조함으로써 감각의 조직체로 변한 것이며 관념의 보조를 얻지 않은 감각은 지각이 아니고 감각혼잡이다.

제2절 분해와 종합

관념의 보조를 얻지 않고 앞의 그림을 보면 다만 감각혼잡한 것만 있고 지각이 없는 것이다. 그러나 우리는 이 그림을 보면 어떠한 관념이 떠올라 이를 보조하여, 우리들은 그림을 보고 혼잡한 감각혼잡을 이루지 않고, 그 중의 어떠한 부분과 어떠한 부분을 집합하여 하나로 지각한다. 가령 A.B.C.D.E.F를 집합하여 책상으로 지각하고, G.H.I.J를 집합하여 사람으로 지각하며, K.L.M.N을 집하하여 의자로 지각한다. 이러한 감각혼잡 중의 어떤 부분과 어떤 부분을 집합하여 하나로 보는 작용을 칭하여 종합이라 이른다.

그러나 지각에 대하여 우리들은 다만 종합할 뿐 아니라 이와 동시에 감각혼잡 중 어떤 부분과 어떤 부분을 분리한다. 가령 앞의 그림에 A.B.C.D.E.F와 G.H.I.J와 K.L.M.N을 분리하여 이를 3개의 다른 사물로 보는 것과 같이 감각혼잡 중에 어떤 것과 어떤 것을 분리하여 별도의 사물로 보는 작용을 칭하려 분해라 이른다.

지각은 분해와 종합의 공동으로 인하여 발생한다. 가령 앞의 그림에 G.H.I.J를 종합하여도 이를 다만 종합할 뿐이고, 이를 기타 부분과 분해하여 주위의 사물로부터 별도의 사물로 보지 않을 때는 G.H.I.J를 종합하는 일은 지각 상에 어떤 효용도 없다. 또 가령 A를 H로부터 분해하여도 이것에만 그칠 뿐이다. A와 B.C.D.E.F를 합하여 이를 하나로 보며, H를 G.I.J와 종합하여 일체로 보지 않으면 그 분해는 지각 상에 어떤 효용도 없다. 그러므로 분해와 종합은 분리할 수 없는 것으로 상호 공동함으로써 지각을 발생하는 것이다.

제3절 지각의 종류

감각은 어떤 관념을 환기하여 이와 융합하는가를 말하자면, 이는 종래의 경험과 그때에 대한 정신상태로 인하여 규정되는 것이다. 또 지각은 실제사물에 해당하는 일과 해당하지 않는 일이 있음으로써 지각의 종류를 다음의 3종으로 나눈다. (1) 정각(正覺), 즉 좁은 의미에 대한 지각, (2) 착각(錯覺), (3) 망각(妄覺)이 그것이다.

1) 정각(正覺)

외부 사물에 대하여 발생한 지각이 사물에 이르러 다른 방면으로부터 경험된 각종 감각적 사실과 충돌하지 않을 때에는 이를 정각, 즉 정당한 지각이라 이른다.

2) 착각(錯覺)

실제로는 평행선인 것은 평행하지 않은 것과 같이 지각하는 것이 있다고 가정하면 이는 지각이 감각적 사실과 충돌한 것이다. 이러한 지각을 칭하여 착각이라 이른다. 이와 같은 착각은 각종 경우에 일어나는 것이며, 또 실제생활상에도 이를 이용하는 것이 적지 않다.

3) 망각(妄覺)

외부로부터 어떤 자극을 받지 않고 신체 중에서 스스로 발생한 생리적 자극으로 인하여 어떤 감각이 발생할 때에 착오하여, 이를 외부로 무의식 중에 행동하여 외부로 투사하여 사물이 있는 것으로 지각하는 일이다. 이러한 지각을 칭하여 망각이라 이른다. 망각은 정신병에서 많이 보이는 것이지만 건강한 사람에게도 일시 특별한 사정이 있을 경우 망각을 경험할 수 있다.

제4장 관념(觀念)

제1절 관념의 종류

관념은 크게 심상(心想)과 개념(槪念) 2종류로 나눌 수 있다. 심상이라는 것은 일정의 특수한 감각적 경험에 대응하는 감각이며, 개념이라는 것은 다수의 감각 또는 지각과 기타 관념의 유사점에 대한 관념이다. 지금 다시 이 양자의 구별을 명료하게 하기 위해서 각종방면으로 상세히 설명하면 다음과 같다.

1) 심상은 일정의 특수한 사물에 대응하는 것이며, 개념은 다수 사물의 유사점에 대응하는 것이다.

2) 심상에 대응하는 것은 실물로 외부에 존재하여 조금이라도 이를 인위적으로 실물에 실현하려는 것이고, 개념은 오직 마음에 주관적 상태로 존재할 뿐이며 이에 대한 실물을 외부로 구하지 않는다.

3) 심상은 각개의 감각적 사물을 원물로 정한 사상(寫像)이며, 개념은 각종 심상과 그 원물로 된 감각적 사물을 포함하나 그 자신은 이러한 사물에 공통하는 유사점에 대한 것이다. 이러한 개념은 스스로 원물의 사상이 아니다. 그러므로 심상은 일정한 감각적 내용을 구비하여 감각적 실물로 표시할 수 있고, 개념은 어떠한 감각적 내용도 구비하지 않고 감각적 사물로 표시할 수 없다.

4) 앞에서와 같이 심상은 일정한 감각적 내용을 구비하고, 개념은 이를 구비하지 않음으로써 양자는 그 발현에 크게 서로 다른 점이 있다. 심상이 발현한 때에는 이에 대해 능히 발현되나 이러한 각개의 심상을 분리하여 그 자신이 고립적으로 발현하기는 불가능하다.

제2절 심상과 개념의 융합

우리들은 심상과 개념을 완전히 다른 것 같이 서술하였으나 이는 다만 서술상의 편의로 이렇게 서술할 뿐이다. 우리 일상 의식생활에 있어서는 앞서 정의하여 게재한 것 같이 순수한 심상과 또는 순수한 개념에 해당하는 것이 항상 발현하는 것이 아니라 대다수의 경우에는 심상과 개념이 상호 융합하여 발현한다. 가령 오늘날에 동물이라 이르는 것에 대해 사람은 어떻게 관념을 의식하나 이른다면, 이는 그 사람이 평상시에 사육하던 개의 순수한 구체적 심상이 아니며 또 동물학 정의와 같은 순수한 추상적 관념도 아니고, 바로 그 중간에 위치한 관념이다. 즉 동물이라 이르는 것에 대하여 다수의 사람이 의식하는 관념은 평상시에 습관적으로 생각하는 것이니, 그 일정 동물의 구체적 또는 추상적 심상을 중심으로 하여 동물 일반에 관하여 얻은 지식으로 개괄적 개념을 그 주위에 둘러싸는 것이다. 가령 그림에  서 보이는 것과 같다. 심상이라 함은 처음에 소화된 지식과 나의 사물에 대한 지식, 의의를 개괄적 개념이 주위를 둘러싸고 있는 것이다. 이러한 개념의 포용을 받지 않은 심상은 석회를 바르지 않은 벽돌과 같은 것으로 각각 혼잡하게 산재하고 소화되지 않아, 나의 사물로 완성되지 않고 의의가 없는 심상이 된다. 우리들이 일상적으로 의식하는 심상은 모두 이렇게 다소의 의의가 있는 것이며, 모두 이러한 다소의 개념과 융합하는 것이다. 어떠한 개념의 포용도 전혀 받지 않는 순수하고 의미가 없는 심상과 같은 것은 거의 우리들이 의식하지 않는다. 또 어떤 특수한 심상도 중심으로 하지 않는 순수개념과 같은 것은 추상적 판별에 능숙한 철학자 등이 의식하는 바이며, 통상적으로는 거의 전무한 일이다. 그러므로 우리들이 일상의 의식생활에서 발현하는 관념은 모두 이 심상과 개념의 융합으로 성립하는 것이라 보아도 된다.

제3절 개념작용(槪念作用)

개념을 얻음에 이르는 심적 동작(動作)을 개념작용이라 이른다. 이러한 작용은 3종의 작용이 공동으로 완성하는 것이다. 소위 3종작용은 추상(抽象)과 개괄(槪括)과 비교(比較)이다.

1) 추상(抽象)

복잡한 경험이 어떤 일부분에만 주의(注意)함을 칭하여 해당 부분을 추상이라 이른다. 오직 이점에 대해서는 주의와 추상이 동일하다. 그러나 우리들은 주의와 추상은 전부 동일한 작용이라 일컫지 않는다. 주의는 추상에 당연히 필요하지만 오직 주의하는 일로 인하여 추상은 행동하지 않는다. '차갑다'고 의식하고 다른 어떤 일도 인지하지 않는 때에 이는 오직 '차갑다'고 주의함에 그칠 뿐이고 '차가움'을 추상하였다 말하지 않는다. 복잡한 경험의 일부분으로 차가움에 주의하는 것을 칭하여 '차가움'을 추상한다고 이른다. 그러므로 '차가움'을 추상한다 하는 것은 오직 '차가움'만 의식하고 다른 것을 인지하지 않는다는 것이 아니고, 복잡한 경험 중에 특히 그 일부분인 '차가움'만이 주의의 중심점이 된 의식상태. 이에 지금 S가 A.B.C의 부분으로써 성립한 복잡의 경험 전체라고 할 때, 그중의 A를 추상한다 함은

$$S-B-C=A$$

즉, A만 의식하고 다른 것에 대해서는 인지한다고 이르는 것은 아니다.

{A}+B+C (단 { }는 주의의 중심점이 됨을 의미한다)

즉 A 외에 망연히 B와 C를 의식하지 않고 오직 A만 주의의 중심점이 되어 다른 것보다 명료하게 되는 것을 의미한다.

2) 비교(比較)

추상은 오직 하나의 사물에 대해서만 취하는 것이 아니다. 일정하게 불변하는 강도의 '달다'는 감각은 항상 일정하게 불변하는 강도의 쾌감(快感)을 부대(附帶)하고, 일정하게 불변하는 강도의 쾌감은 항상 일정하게 불변하는 강도의 '달다'하는 감각을 동반하여서 '달다'하는 감각이외에 쾌감을 부대하는 것이 없으며, 쾌감 이외에 '달다'하는 감각과 동반할 수 있는 정조(情調)가 있다. '달다'하는 감각과 쾌감은 혼연히 융합하여 단순하고 복잡하지 않은 의식상태를 이루고, 우리는 그것을 분해할 일을 생각지 못한다. 우리가 '달다'하는 감각과 쾌감의 혼합적 경험에 대하여 '달다'하는 감각과 또는 쾌감을 능히 추상하는 바가 되는 것은 '달다'하는 감각에서만 이와 유사하고 다른 점에서 이와 다른 다수의 경험을 상호 비교하는 것이다. 이 비교를 3종으로 나눌 수 있다. 가령 S를 A. B 2요소로 성립한 복합사물로 정하여도 만약 A. B가 항상 동반적으로 발현하며 1차도 분리하여 발현하는 일이 없으면, A. B가 융합하여 단순하고 복잡하지 않은 S의식이 될 뿐이라는 것이다.

(1) A, B 중에 B만 고립하여 발현하는 일이 있다고 가정하면, 즉 우리는 A와 S를 비교하는 일로 인하여 S 중에 A가 존재함을 인식하여 이를 능히 추상할 것이다.

(2) 또 가령 A 자신이 고립적으로 경험되는 일이 없어도 A가 B아닌 다른 사물, 가령 C와 D를 혼합하여 T(A와 C의 혼합) 또는 U(A와 D의 혼합)로 경험되는 일이 있으면 우리는 S, T, U를 비교하여 그 중에 A의 유사점을 인식하여 이를 능히 추상할 것이다.

(3) 또 가령 A는 고립적으로 경험되는 일도 없고, A가 B이외의 사물과 혼합하여 경험되는 일이 없어도 만약 A가 다른 경우에서 그 강도가 서로 다른 B, 가령 B', B"와 혼합하여 S'(A와B'의 혼합) 또는 S"(A와B"의 혼합)로 경험되는 때에 우리들이 이 S, S', S"를 비교하여 A의 유사점을 인식하여

이를 능히 추상할 것이다.

3) 개괄(槪括)

비교는 그 자신에 고유한 일종의 의식을 발생하고, 그 추상된 지식은 일정한 특종 경험의 일부분이 아니고, 비교된 다수의 경험에 공통적으로 속하는 의식이다. 그리고 이러한 의식을 칭하여 개괄이라 이른다. 그러므로 개념작용은 유독 {A}＋B가 아니고

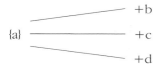

$$
\{a\}
\begin{cases}
+b \\
+c \\
+d
\end{cases}
$$

되는 도식으로 인하여 이를 대표한다.

제4절 단일관념(單一觀念)과 복합관념(複合觀念)

관념에는 단일(單一)과 복합(複合)이 있다. 복합관념은 다수의 단일관념을 내용으로 하는 것이고, 단일관념은 유일한 내용으로 다시 이를 분해하기 불가능한 것이다. 가령 중량(重量)의 관념과 황금(黃金)의 관념을 비교하면 후자는 황색, 광휘, 중량과 산화(酸化)하기 어려운 성질 등을 내용으로 포함한다. 전자는 유일한 내용으로 성립하고 다시 이를 단순한 2개 이상의 관념으로 나누기 불가능하다. 그러므로 전자는 단일관념이며 후자는 복합관념이다.

제5절 상상(想像)과 기억(記憶)

관념 중에는 그 관념으로 인하여 대표되는 원물(原物)의 현실적 의식을 일찍이 경험한 일이 있다는 자각이 수반하는 것과 그 자각이 수반하지 않는 것

2종류가 있다. 전자를 칭하여 기억이라 이르고, 후자를 칭하여 상상이라 한다. 그러므로 기억의 경우에는 일찍이 현실적으로 경험한 것을 지금에 재차 대표적으로 생각하는 자각이 있으니, 그 자각을 칭하여 다시 인식하는 느낌이라고 말한다. 이것으로 기억은 다시 인식하는 느낌을 수반하는 관념이라 할 것이다.

제6절 파주(把住)와 환상(喚想)

기억은 상상과 같이 이에 대한 현실적 의식을 경험한 일의 자각이 없는 관념이지만 실제로는 기억에 대한 어떤 현실적 의식의 경험이 관념 이전에 먼저 성립한다. 상상과 동일한 형식의 현실적 경험이 관념이전에 먼저 성립한다고 말하는 것은 아니다. 그러나 상상의 재료가 되는 것은 다 일찍이 현실적으로 경험된 것이다. 그렇다면 최초의 현실적 원물(原物)로 경험된 의식은 그후 대표적 관념으로 발현하기까지 어떠한 상태에 대해서도 보존될 것인데, 그보존작용을 칭하여 파주(把住)라 한다. 그리고 파주가 어떻게 행동하는지는 뇌의 신경세포에 대한 습관적 타성(惰性), 즉 경향으로 보는 것이 가능하며 이 경향은 어떤 자극으로 인하여 특정한 방향으로 활동하고 이에 관념을 발현한다. 이러한 관념을 발현하는 작용을 칭하여 환상(喚想)[5]이라 한다.

제7절 환상의 종류

환상은 이를 발현시키는 자극의 종류에 따라서 2종류로 나눌 수 있다. 첫번째는 무의식의 생리적 자극으로 인하여 발하는 환상이며, 두 번째는 의식적 자극으로 인하여 나오는 환상이다. 전자를 칭하여 자발적(自發的) 환상이라

---

[5] 환상(喚想) : 지난 생각을 불러일으키는 것으로 상기이다.

말하며, 후자를 칭하여 연상적(連想的) 환상이라 한다.

제8절 자발적(自發的) 관념

어떤 의식적 원인도 없이 관념이 갑작스럽게 자발하는 일이 있으니 이러한 환상은 통상적으로 희소하나, 전무한 것은 아니다. 심리학자의 다수는 이러한 환상을 모두 먼저 성립한 의식적 원인으로 설명하고자 하나 이는 대개 가정하는 것이며, 사실을 왜곡하는 것과 같다. 우리들이 볼 때는 무의식의 생리적 자극이 원인이 되어 자발적으로 환상하는 일도 있다.

제9절 연상적(連想的) 환상

일상의 의식생활에서 많이 볼 수 있는 환상은 이미 발현된 의식이 원인을 이루어 다음의 관념을 환기(喚起)하는 환상, 즉 연상적 환상이다.

하나의 A 관념은 다수의 다른 관념을 환기하는 경향이 있다. 가령 A의 관념은 B.C.D.E.F 등 다수의 관념을 환기할 경향이 있으나, A가 발현한 때에 B.C.D.E.F 등 일체의 가능성이 있는 관념을 1차에 모두 환기하지 않는다. 어떤 때에는 그중에 오직 2~3종, 가령 B.D를 환상하고 나머지를 환상하지 않고, 어떤 때에는 오직 D.E를 환상하고 나머지를 환상하지 않는다. 무슨 까닭에 일체의 관념을 1차에 모두 환상하지 않고 유독 그중의 어떤 2~3개만 환상하는지는 다음의 조건으로 규정된다.

1) 경험의 규정
경험의 규정을 다음의 여러 항으로 나누어 설명한다.

(1) 경험의 접근(接近)

A.B.C.D 사물이 접근적(동시적 또는 연속적)으로 경험된 때에는 이후에는 그 원인으로 이 중 1개의 관념, 가령 A관념이 환상될 때에 A관념은 다른 B.C.D 관념을 연상적으로 환상하는 경향이 있다.

(2) 경험의 반복

사물의 일부를 누차적으로 반복하여 접근적으로 경험할 때는 이러한 사물에 대한 관념 간의 환상하는 경향을 강하게 한다. 가령, 우리가 가,나,다,라,마,바 등을 순차적으로 환상하여 착오하지 않는 것은 전부 경험의 반복적 결과이다. 이 법칙의 결과로 다음의 법칙을 말할 수 있다.

다수의 사물 중에 여러 개가 누차적으로 반복하여 접근적으로 경험되나, 다른 사물이 접근적으로 경험되지 않는 때는 앞선 다수 사물의 관념만 그 상호간의 환상하는 경향을 강하게 하고 다른 사물은 그렇지 않다.

이상으로 경험의 접근 및 반복의 규정으로 인하여 발현하는 관념의 연상을 칭하여 통상접근연상(通常接近連想)이라 말한다.

(3) 경험의 신근(新近)

동일한 경험이라도 차례로 시일을 경과할수록 이를 망각하게 되니, 경험이 새로운 모든 사물의 관념은 다른 것을 상호 간에 환상하기 쉽다.

(4) 경험이 선명(鮮明)한 일

다른 사람의 이야기로 인하여, 또는 책으로 인하여 상상적으로 경험한 것은 기억에 유지하기가 어려우며, 사물에 접근하여 현실적으로 경험한 것은 환상하기 쉽다는 것은 어떤 사람이든지 아는 것이다.

(5) 경험에 흥미가 따르는 것

동일한 사물이라도 이를 경험하는 때에 흥미를 느끼는 부분과 느끼지 못하는 부분이 있다. 흥미를 느끼는 부분은 기억에 좋게 유지되어 이를 환상하기 쉽고, 흥미를 느끼지 못하는 부분은 기억에 유지가 어려워 이를 환상하는 일도 어렵다. 그러므로 동일한 접근으로 경험한 사물이라도 반드시 동일하게 환상하는 것은 아니다. 그중에서 흥미를 느끼는 부분은 다른 부분보다 환상하기 쉽다. 우리들이 과거의 일을 환상하는 때는 오직 흥미가 있는 부분만 관념에 발현되고 다른 부분은 그렇지 않다.

2) 자극 총화(總和)의 규정

일정한 관념 다음에 이러한 관념이 발현되는 것은 앞서 말한 경험적 규정으로 인하여 대체적으로 정해진다. 그러나 오직 경험으로만 말하면 일정한 관념과 경험적으로 연결이 가능한 관념은 많다. 가령 '사람'이라고 말하는 관념과 경험적으로 연결할 관념에는 '무사', '만물의 영장', '나폴레옹' 등의 있다. 그러나 실제로 '사람은' 다음에 다수의 관념 중에 어떤 것이 연상 되는가. 이는 오직 '사람'으로만 규정하기 불가능하니 이를 정하는 것은 전체자극의 규정이며, 해당하는 규정은 다음과 같다.

일정한 관념의 다음에 어떤 관념이 발현하는가는 오직 그 일정한 관념으로만 정해지지 않는다. 해당하는 관념과 이에 선행하는 다수의 관념이 일정한 순차로 배열된 관념분류로 인하여 정해진다.

이를 도식적으로 말하면 다음 그림과 같이 S관념은 D.H.L.P 4개의 관념 중 어떤 것으로든지 환상할 가능성이 갖추어 져있다. 그러나 실제로 그 다음에는 D.H.K.P 중 어떤 것이 발현하는가는 S와 이 S에 앞서 성립하는 관념의 단체 중 어떤 것으로 인하여 정해진다. 즉 A.B.C.S가 될 때는 D 로 연상되고, E.F.G.S가 될 때는 H를 연상 하며, I.J.K.S가 될 때는 L을 연상하고, M.N.O.S가 될 때는 P를 연상한다.

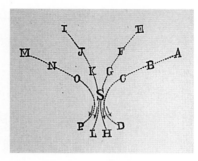

3) 관념의 상호 간 유사규정

관념은 각종의 내용이 갖추어지며 또 그 점에서 다른 관념과 유사한 바가 있다. 이러한 상호유사관념 등은 그 유사점에서 다른 상호관념을 환상하는 원인을 가진다. 가령 뱀의 관념이 뱀장어를 연상하며, 눈의 관념이 사탕을 연 상하는 것이 이것이다. 그러므로 관념 상호 간의 유사점은 다른 상호관념을 환상하게 하는 연쇄작용으로 동작한다. 이러한 유사점의 연상으로 인하여 발 생하는 연상을 칭하여 유사연상(類似連想)이라고 한다.

4) 흥미의 규정

흥미가 관념에 관계하는 일을 매우 크다.

(1) 흥미가 접근연상에 미치는 동작

가령 우리가 일찍이 경험한 A.B.C.D.E의 일을 순차적으로 환상할 수 있다. 가정하자면 이러한 관념은 일의 기억으로는 그 순차에 대하여 상호 단결하여 도, 각 관념이 접근적으로 연결할 수 있는 관념은 이뿐만이 아니라 다른 것도 매우 많다. 이것을 그림으로 설명하면 다음과 같다.

그림의 A.B.C.D.E는 1개의 경험에 기억이 연상이 되지만 그 관념은 또 다른

각종의 관념과 능히 연결된다. 그러나 통
상 과거의 일을 연상할 때는 A.B.C.D.E와
같이 연상하지만 만약 그중에 C 관념을
연상할 때 어떤 사정으로 우리가 해당 관
념에 대해서 다른 흥미를 느낀다면 그것
은 다른 것보다 비교적으로 길게 심적인
면에서 유지된다. 따라서 그 결과로 다만
D를 환상할 뿐이다. 그리고 C와 접근적으
로 연결이 가능한 다른 관념 N.O.P.Q도
환상한다. 그러나 이러한 모든 관념 중에

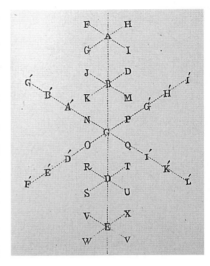

우리는 D에 대하여 흥미를 많이 가진다면 연상되는 C.D.E와 행동이 가능하
다. 만약 그렇지 않아 어떤 사정으로 인하여 우리들이 O에 대하여 흥미를 느
끼는 연상방향은 C.P.G.H.I로 행하지 않고 C.O.D.E.F로 행동하고, P에 대하여
흥미를 가지면 C.P.G.H.I로 행동한다. 그러므로 우리들이 일상에 대하는 실제
적 연상의 방향은 단지 과거에 대한 접근적 경험으로 인하는 것만이 아니라
연상이 되는 순간에 우리가 흥미를 가지는 방향으로 규정되는 일이 크다.

(2) 흥미가 유사연상에 미치지 않는 동작

관념은 각종 다수의 내용을 구비하고, 각
종의 방향에 대하여 다른 다수의 관념과 유
사한 연결이 있다. 가령 지금 관념은 4개의
내용으로 이루어져있다고 가정하고, 또 그
1개의 관념 M은 A.B.C.D 4개의 속성을 포
함한다고 가정한다면 그 관념은 속성을 따
라 각종 관념과 연결되는 형상이 그림과 같

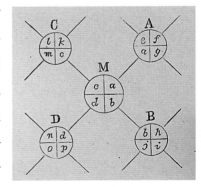

다. 그림에 표시된 것 같이 M은 A.B.C.D와 각각 유사한 연결이 있고, 오직 유사하다고 말하는 것만 말하면 M은 A.B.C.D의 어떤 것이든지 능히 환상할 수 있다. 그러나 실제로 A가 발현될 때에는 어떤 것을 환상하는가. 이는 유사한 관계로 인하여 능히 결정되는 것이 아니라 A 관념이 발현한 때에 어떤 것의 관념을 환상할 것인지는 유독 그때에 대한 흥미로 인하여 결정된다. 즉 우리들은 M관념이 A에 대하여 흥미가 있으면 M은 A관념을 환상할 것이며 B에 대해서 흥미가 있으면 M은 B관념을 환상할 것이다. 즉 M관념이 이와 유사한 연결이 있는 관념 중 어떤 것을 환상하는가는 실제로 그때에 대하여 우리가 M관념의 어떠한 내용에 대하여 최고로 많이 흥미를 느낀 일로 인해서 결정되는 것이다.

제10절 지각에 대하는 관념의 동작

외부 시각에 대한 관념은 2개 모양의 작용으로 정한다.

1) 외부자극의 선택

우리의 감각면(感覺面)이 외부로부터 받는 자극은 무수하지만 그 모든 자극에 대하여 1차적으로 의식하는 것이 아니다. 우리가 1차적으로 의식하는 감각은 실제로 외부자극 중에서 어떤 일부에 대한 것이다. 무슨 의미인가 하면 만일 우리의 심중에 어떠한 관념이 없으면 외부에서 오는 무수한 자극 중에 가장 강한 소수가 감각을 야기하겠지만, 만약 외부에서 오는 자극 중에 어떤 일정한 자극으로 인하여 발생할 일정한 관념이 우리 심중에 있어 활동한다고 정하면, 해당하는 자극은 다른 자극보다 약하더라도 우리가 이에 대하는 일정한 외각(外覺)은 능히 의식한다. 이는 우리의 심중에 이미 있는 관념이 외부에서 오는 자극 중으로부터 그 자신에 해당하는 것을 선택 취사하는 까닭이다.

2) 외부자극의 보충

종래로 자극으로 인하여 발생하는 의식은 오직 그 자극으로부터 발생하는 단순한 감각이 아니고 그 감각에 우리 스스로의 마음에서 부가하는 보충을 포함한다. 그 보충은 모두 관념동작에 속한다. 가령 사탕을 보고 그 맛을 생각하고, 평면그림을 보고 원근을 느끼고, 마른 버드나무를 보고 유령으로 잘못 생각하는 일 등은 오직 그 자극으로 인하여 발생하는 감각뿐이 아니라, 이를 감각하는 순간에 우리의 관념이 보충한 바로 기인하기 때문이다. 오직 그 보충이 정확한 때에는 정확한 지각을 발생시키고 정확하지 않을 때에는 착각을 발생할 뿐이다. 앞에서와 같이 외부사물은 동일하여도 이를 경험하는 사람이 같지 않기 때문에 그 지각하는 바와 기억하는 바에는 많고 적은 변화가 있다.

제11절 파주성(把住性)의 한계

파주성이라 함은 파주할 수 있는 성능(性能)이다. 그 성능은 각 개인이 일으킬 때에 갖춘 신경계 세포의 선천적 생리작용이다. 교육의 힘으로 인하여 좌지우지 못한다는 것은 일반심리학자가 확신하는 바다. 다만 각각 그 때에 대한 건강여부와 연령의 많고 적음과 영양의 충실여부와 정신의 활발 여부, 사물흥미의 유무 등으로 인하여 동일한 사람이라도 기억하기 좋은 것도 있으며, 혹은 기억하기 어려운 것도 있다. 그러나 이렇게 기억하기 적당한 사정하에 있어도 사람의 파주성에는 각기 일정한 한계가 있어 어떠한 교육이라도 그 이상으로 이것을 강하게 하기는 불가능하다.

제12절 기억법

파주성에 일정한 한계가 있다고 하면, 기억법은 파주성을 강하게 하는 방법이 아니라 오직 그 선천적으로 정해진 한계범위 내에서 파주성을 가장 동작가능하게 하는 것에서 벗어나지 않는다. 이를 다음의 3개의 종류로 구별한다.

1) 파주법

이는 기억하고자 하는 일의 관념으로써 재생하는 경향을 강하게 하는 방법이다. 그 주요한 방법은 다음과 같다.

(1) 반복

기억하고자 하는 것은 몇 회든지 이를 반복하여 익히고 숙달한다. 이는 파주를 가능하게 하는 최고 좋은 방법이다.

(2) 새로운 경험을 옛 지식과 연결하는 것

이는 인위적(人爲的)과 이론적(理論的) 2종류가 있다. 전자는 논리적 지식이 발달하지 않은 아동을 교육할 때에 응용된다. 그러나 이 방법을 지나치게 남용할 때에는 아동의 지식발달을 해친다. 후자는 이를 몇 회든지 응용하는 것이 가능하나 이를 아동에게 응용하기 어렵다는 것이 불편할 뿐이다.

(3) 시와 노래로 행동하는 것

기억할 것을 유창한 시라든지 노래로 행동할 때에는 이를 기억하기 용이하다.

(4) 심적 장부(帳簿)에 기재하는 것

이것은 각종 방법이 있다. 일종의 예시를 들면 '도박하는 것', '부자', '소풍' 등과 같이 그 사이에 어떤 관계도 없는 일을 순차로 기억하고자 하면 어렵지만 이를 '가나다'라는 심적 장부에 배치하면 기억하기가 편리해진다. 가령 '가'

를 도박하는 것은 가산(家産)을 탕진하는 것으로 기억하고, '나'를 나는 부자를 원한다고 생각하고, '다'를 소풍을 가면 다리가 아프다고 생각하여, 다만 '가나다' 3글자를 기억하게 하면 그 3글자를 기억하기 쉽다.

2) 환상법(喚想法)

이는 이미 파주한 관념을 필요에 따라 응용하여 환상하는 법이다. 대게 1차적으로 파주한 것이라도 이를 환상하고자 할 때에는 정신상태가 어떠하느냐에 따라 이를 환상하는 데에 어려움과 쉬움이 있다. 이는 파주법 외에 별도로 환상법의 경영을 요하는 바이다. 해당방법의 주요 내용은 다음과 같다.

(1) 자극 총화법(總和法)의 응용

'마'의 다음에는 무엇인가 갑자기 물었을 때 오직 마만 관념하고 있으면 '바'를 환상하기 어렵지만 '가나다라마'를 관념할 때는 '바'를 환상하기 쉽다. 이와 동일한 이유로 우리들이 지난 어느 날 점심 식사 후에 어떤 일을 했다는 것을 생각할 때 오직 점심식사만 열심히 관념하여도 이를 생각하기 어려우나, 아침에 침상에서 일어나 세수하고 신문을 읽고 아침밥을 먹고 어떤 일이라도 경험의 순차를 따라 그날의 일을 생각하다가 점심때에 갑작스럽게 우리가 필요한 바를 능히 생각할 수 있으니 이는 모두 자극 총화법(總和法)을 응용한 효과다.

(2) 반대의식을 제지하는 것

귀로 각종 음성을 듣고, 눈으로 각종 사물을 보고, 마음으로 각종 정감을 품을 때에 사물을 생각하려고 하는 것은 어렵다. 조용한 곳으로 가서 눈을 감고 시각적 사물을 없게 하고 각종 정감잡념을 물리칠 때는 망각한 일도 능히 생각할 수 있다. 그러므로 사물을 환상하고자 할 때에는 생각을 방해할 반대의식을 제지하고 마음을 공허하게 할 것이다.

(3) 전기법(轉氣法)

사물을 생각하고자 할 때 그 최초 시발점에 대하여 이를 환상하려고 하는
데 적절하지 않은 관념이 의식체계를 점령하여서 없어지지 않아 어떻게 생각
하고자 노력해도 그 관념의 방해가 더욱 커서 생각하기 불가능할 때가 있다.
이러한 때에는 생각하고자 할수록 번민하여서 생각하기 어려움으로, 일시 노
력을 중지하고 다른 것으로 마음을 돌려 마음의 번민이 없어질 때를 기다려
이를 재차 생각하려고 할 때 용이함을 얻는다.

3) 양생법(養生法)

영양의 부족과 피로 등은 파주성을 약하게 하는 요인임이기 때문에 영양물
을 섭취하고 운동을 하고 휴식과 수면을 취하여 신체정신을 보양한다.

제5장 판단(判斷)

제1절 판단의 정의

판단은 2개의 사물(지각적, 관념적)의 상호관계에 대하여 인지하는 것이다. 가령 '사람은 동물이다'라고 하는 것이다.

판단에는 항상 2개의 사물을 지각하거나 관념하는 것이 필요하다. 그러나 오직 이 2개 사물을 각별하게 인지할 뿐이고, 그 관계가 상호 간에 어떤가를 인식하지 못할 때는 오직 2개 사물의 인지로 판단하기 불가능하다. 가령 '사람과 동물은 2개의 사물을 인지하는 것이지 판단이 아니다. 또 그 2개 사물의 관계만 추상적으로 인지할 뿐이면 이는 오직 그 단일한 개념일 뿐이며 판단이 아니다. 가령 '사람은 동물이다' 말하지 않고 오직 '이다'라고 할 뿐이면 이를 판단이라 말하지 못할 것이다. 그러므로 판단은 2개사물의 상호관계에 대하여 인지하는 것이다. 즉 판단은 '인간과 동물'도 아니고 또 '이다'도 아니고 '사람은 동물이다' 하는 것이다.

앞에서와 같이 판단은 2개의 사물을 관계적으로 인지하는 것이다. 그 판단은 2개의 사물을 동등하게 바라보는 것이 아니고, 그 하나는 인지의 제목(題目)이고 하나는 그 제목의 성질(性質), 작용(作用), 상태(狀態), 소속(所屬) 등을 규정하는 것이다. 또 2개의 관계는 그 규정한 상태로 인하여 정하는 것이다. 가령 '사람은 동물이다'는 판단에 대하여 인간은 제목이며 동물은 그 규정이다. '이다'는 그 규정의 상태이다.

제2절 명제(命題)

판단이 말의 표제(表題)되는 것을 명제라고 한다. 명제 중에 판단의 제목에 해당하는 명사(名辭)를 주사(主辭)라고 하며, 규정하는 것에 해당하는 명사를 빈사(賓辭)라고 하고, 규정의 상태를 표제하는 명사를 계사(繫辭)라고 한다. 가령 '인간은 동물이다' 하는 명제에 대하여 '인간'은 주사고, '동물'은 빈사고 '이다'는 계사다. 그러나 계사는 항상 사용되는 것이 아니다. 가령 '사람이 보행한다' 말하는 명제에 있어 '보행한다'고 말하는 동사는 빈사이다. 이러한 경우에는 별도로 계사가 없으나 '사람'이라 하는 것과 '보행한다' 하는 관계는 명백하여 '보행한다'는 동사는 그 동작에 대하여 빈사이며 또 계사의 사용을 겸한다고 말할 수 있다. '꽃이 웃는다', '바람이 분다' 말하는 것이 이와 동일하다.

제3절 판단과 개념의 관계

명제의 주사는 구체적 사물로 지각되는 것이 있고, 심상(心想)되는 것이 있고, 또 개념되는 것도 있다. 명제의 빈사는 항상 개념이다. 대체로 1개의 주사적(主辭的) 사물을 어떻게 길게 고립적으로 관찰하여도 해당하는 사물의 성질, 작용, 상태와 또는 소속을 발견하기 불가능하다. 오직 그 사물과 상호유사하며 다른 점에서 상이한 다수의 사물과 비교함으로써 유사점의 있음과 없음을 개념하고, 여기에 해당하는 사물에 대하여 성질, 상태, 작용, 소속 등을 능히 규정한다. 그러므로 빈사는 개념이 된다. 이미 빈사가 개념이라고 정한다면 해당하는 개념과 주사의 관계된 의식도 당연히 개념이 된다. 그러므로 단일한 개념작용에는 다수의 재료적 사물에 공통으로 속하기 때문에 추상적 의식을 인지하는 일이 되지만, 판단은 추상적 의식과 거기에 공통으로 속하는 다수의 재료적 사물 일부를 관계적으로 인지하는 일이다. 그러므로 지금 S S' S'' S''' S''''가 A에서 상호유사한 사물로 정해지면 개념작용은

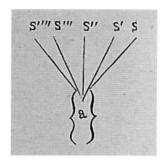

의 도식으로 인하여 이를 능히 대표하나 'S는 A다' 말하는 판단은

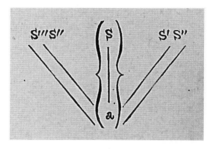

를 인하여 능히 대표된다. 단 도식중 { }는 주의(注意)의 중심을 의미한다.

제4절 서사적(敍事的) 판단과 예기적(豫期的) 판단

판단에는 각종 구별이 있으나 유독 그 중에서 가장 주의할 것은 서사적 판단과 예기적 판단의 구별이다. 서사적 판단이라는 것은 종래로부터 지금까지 있던 일, 또는 현재의 일에 관련되어 경험한 것으로 판단하는 것이다. 가령 '석존(釋尊)은 불교의 개조(開祖)다', '종래에서 지금까지 있던 사람은 다 죽는다', '비가 내린다' 말하는 것이 그것이다. 또 예기적 판단이라는 것은 실제로 경험한 사실을 '단지 이러하다' 하고 판단하는 것이 아니고 미경험한 것도 '이러할 것이다' 하여 예기(豫期)의 느낌으로 판단하는 것이다. 가령 '인간은 죽을 것이다' 하는 판단이 그것이다.

제5절 경험(經驗)과 예기(豫期)

사람은 다만 그 파주성으로 인하여 과거의 경험을 기억할 뿐만 아니라 과거경험의 기억으로 인하여 미경험의 일을 예기하는 것이다. 즉 과거에 대하여 갑(甲)의 사실을 경험한 다음에 을(乙)의 사실을 경험한 뒤에는 일종의 어떤 이유로 인하여 갑의 사실을 지각할 때에는 이를 따라 을의 사실을 생각한다. 이는 모두 연상 작용이다. 그러나 우리는 유독 갑의 사실을 지각하여 을의 사실을 연상할 뿐만 아니라 실로 그 연상된 을의 사실이 실제적으로 실현될 것임을 느낀다. 이것이 예기의 느낌이다. 단 이렇게 예기하는 일의 정확함과 부정확함을 묻는 것은 불가능하다. 그 정확함과 부정확함을 포함하지 않고 사람은 과거의 경험으로 인하여 유독 과거를 기억할 뿐만 아니라 그 미래를 예기하는 일도 모두 의식생활의 근본적 사실이다.

제6절 서사적 판단의 보통성(普通性)과 국부성(局部性)

서사적 판단에는 그 표현하는 바가 동일한 종류에 대해서 과거 일체의 경험을 다하여 반대할 경험이 없을 때는 그 판단의 성질을 칭하여 보통성이라고 한다. 가령 '2개에 2개를 더할 때 결과는 항상 4다' 말하는 것이 그것이다. 이에 반하여 서사적 판단이 유독 그 일부는 이외의 사실에도 해당하고 규칙을 세울 수 없는 부분을 내버려둘 때에는 이를 국부적이라고 한다. 가령 '어떤 사람은 자선가다', '어떤 영웅은 술을 즐긴다' 하는 것이 그것이다.

제7절 예기적 판단의 필연성(必然性)과 개연성(蓋然性)

예기에는 강약이 있다. 판단에 동반하는 예기가 최고로 강할 때에는 그 예기에 반하는 일이 결코 없다는 느낌이 발생한다. 이러한 느낌이 동반하는 예기적 판단을 필연적이라 한다. 가령 2에 2를 더하면 4라는 판단할 때 우리는 '2에 2를 더하면 반드시 4가 되는 일에 의심이 없다'는 느낌이 그것이다. 만약 그 판단에 동반하는 예기가 약할 때에는 반드시 적중하여 곱절이 되지 않는다. 대개 적중하겠다는 느낌이 발생할 때에는 판단을 개연적이라 한다. 가령 '내일 비가 내리겠다'고 판단할 때에 우리는 '반드시 내린다 보증하기 불가능하여도 혹 내린다고 한다'는 느낌 등이 그것이다.

제8절 예기의 강약을 규정하는 조건

예기감(豫期感)의 강약을 규정하는 의식적 원인을 3종류로 분류한다.

1) 서사적 판단의 외연성(外延性)

예기적 판단의 강약이 주(主)가 되는 이유는 서사적 판단 외연의 넓고 좁음에 관하기 때문이다. 가령 '사람은 죽을 수 있다'라고 할 때에는 우리가 이에 대하여 필연을 느끼는 것은 '종래의 사람은 다 죽는다' 말하기 때문이다. 서사적 판단의 보통성으로 인하여 '정직은 성공의 어머니다' 할 때에는 우리가 이에 대하여 개연성을 느끼고 필연성을 느끼지 않는 것은 과거경험에 대하여 '어떤 정직한 사람이 실패하였다' 말하는 서사적 판단을 능히 얻을 수 있기 때문이다.

2) 다른 판단의 논리적 연결

일종의 예기적 판단이 다른 필연성의 강한 예기적 판단과 논리적으로 연결될 때에는 해당하는 판단의 예기는 매우 강해진다. 가령 물리학자의 소위 '에테르'[6]와 같은 가상물(假想物)은 이를 경험하기 불가능하며 우리는 이에 대하여 어떠한 서사적 판단이든지 행하기 불가능하다. 그러나 에델의 자극은 '광감각(光感覺)을 발생한다'는 판단은 이에 대한 서사적 판단이 없어도 다소의 예기성을 갖춘다. 이는 그 판단이 광현상(光現象)에 관한 예기가 강한 예기적 판단과 논리적 연결이 있기 때문이다.

3) 욕념(欲念)의 조화(調和)

욕념의 요구를 만족하게 하는 것으로 인하여 판단의 예기성이 증가하는 일은 매우 주의(注意)할 사실이다. 실제로 사람은 자유(自由)라서 자기욕념에 적합한 것을 믿는 경향을 갖추고 있다. 과학적 정신이 박약한 사람의 예기적 판단은 대개 이 종류에 속한다. 속인(俗人)들에게는 미신이 많은 까닭이다. 그러나 욕념의 요구를 만족하게 하는 것으로 인하여 예기를 강하게 판단한다고 하여, 반드시 미신을 모두 배척할 것은 아니다. 대개 욕념은 인류의 진실한 의의(意義)이니, 사람은 이론을 먼저 세우고 난 뒤에 이를 믿는 것이 아니고 욕념의 요구로 우선 만족한 바를 믿고 이후에 이론으로 그 불합리되는 것을 파괴하고 정정(訂正)하여 진행하는 것이다. 그러나 이를 어떻게 파괴하여 정정해도 박멸하기는 불가능하다. 이는 전 우주가 모두 이론(理論)을 통하여 완전히 필연적으로 모두 증명된 때에는 알기 어렵거니와 그렇지 않으면 욕념의 힘으로 인한 신앙은 소멸하기 어렵다. 어떤 철학자, 과학자든지 욕념 요구가 조금도 들어가지 않은 이론을 세우기는 불가능하다. 그러므로 욕념의 요구가 들어간다고 해서 반드시 이를 미신이라고 배척하는 것은 불가능 하니, 미신과 정당한 신앙의 구별은 정도(程度)의 구별에 다름이 아니다.

---

6) 에테르 : 물리학에서 빛을 전달하는 매질이라고 생각했던 가상 물질을 말한다.

제6장 추리(抽理)

제1절 추리의 정의

추리라는 것은 이미 얻은 서사적 판단과 예기적 판단으로 인하여 새로운 예기적 판단을 얻는 작용이다. 가령

　　종래의 사람은 모두 죽었다.(서사적 판단)

　　그러므로 사람은 죽을 것이다.(예기적 판단)

라고 말하는 것과 같은 것은 이미 얻은 서사적 판단으로 인하여 추리한 것이다. 그리고 또

　　사람은 죽을 것이다.(예기적 판단)

　　그는 사람이다.(서사적 판단)

　　그러므로 그는 죽는다.(예기적 판단)

라고 말하는 것은 이미 얻은 예기적 판단과 서사적 판단으로 인하여 추리하는 것이다.

　　어떤 심리학자는 유독 판단하는 것으로써 추리라고 칭하지만 유독 판단하는 것만으로는 추리라고 말할 수 없다. '종래의 사람은 모두 죽었다'고 말하는 판단에는 서로 어긋남이 없다. 이는 유독 과거의 일을 개괄적으로만 서술한 것이며 추리가 아니다. 또 어떤 심리학자는 중복된 판단을 칭하여 추리라고 말한다. 유독 중복되는 것은 추리의 특성이 아니고, 중복한 결과로 예기적 판단을 얻어 추리라고 말하는 것이다. 그러므로 추리의 진정한 표식(標識)은 예기적 판단을 얻는 것이다.

　　그러나 예기적 판단을 얻는 작용이 추리가 되는지 그렇지 않은지는 그 작용을 환상(喚想)하는 의식적 원인이 관계한다. 이미 얻은 서사적 판단과 예기적 판단으로 인하여 새로운 예기적 판단을 얻을 때에는 그 작용을 추리라고

말할 수 있다. 그러나 이미 얻은 판단으로 인한 것이 없고 오직 그 욕념의 요구로 인하여 예기적 판단을 얻은 것은 추리라고 말하지 않는다.

제2절 이유(理由)와 단정(斷定)

추리에서 새로 얻은 예기적 판단은 단정이라 칭하고 그 단정을 얻을 때 이미 얻은 판단은 이유라고 칭한다. 가령

종래의 사람은 모두 죽었다.

그러므로 사람은 죽을 것이다.

라고 말하는 경우에 앞선 명제는 이유이며 이후의 명제는 단정이다.

살아있는 사람은 필연적으로 죽는다.

그는 살아있는 사람이다.

그러므로 그는 죽을 것이다.

라고 말하는 추리에 대하여 앞선 2개의 명제는 이유이며 최후의 판단은 단정이다.

제3절 직감적(直感的) 추리와 논증적(論証的) 추리

단정은 대개 이유로 인하여 항상 발생하는 것이지만 혹 어떠한 이유도 없이 단정을 얻는 것도 없지 않다. 일종의 것을 단정할 때에 이를 반드시 단정하는 이유는 과거에 경험한 것이 되지만 해당하는 경험은 단정하는 순간에는 명백하게 의식으로 발현되는 것은 없고, 오직 그 단정이 직감적으로 발현한다. 즉 이유는 명료하지 않아도 오직 이렇게 될 것이라고 확실히 단정하게 되는 것이 있다. 다만 이러한 경우에 과거의 경험은 의식으로는 발현하지 않으나 재차 잠재적(潛在的) 이유로 활동해서 단정을 환기(喚起)하는 것으로 보인

다. 실제가(實際家)라고 칭하여 의논(議論)은 비열(卑劣)하여도 실제 사물에 접근하여 정밀한 의논으로 출발함과 같이 정확한 판단을 하는 사람은 일일이 이유를 의식하여 판단을 행하는 것이다. 그러므로 추리는 2종류로 나눌 수 있다. 하나는 이유가 불명한 단정이고 다른 것은 이유가 명료한 추리다. 전자를 칭하여 직감적 추리라고 말하고 후자를 칭하여 논증적 추리라고 말한다.

제4절 귀납추리(歸納推理), 연역추리(繹繹推理) 및 사변추리(思辨推理)

간접추리를 다시 나누어 귀납추리, 연역추리, 사변추리로 정한다. 다수의 경험적 사물에 관한 서사적 판단을 이유로 하여 예기적 판정을 이루는 것을 귀납추리라고 하며, 이미 정한 예기적 판단을 사물에 응용하여 예기적 판단을 이루는 것을 연역판단이라 한다. 사변추리는 이미 얻은 예기적 또는 서사적 판단이 허용하는 범위 내에서 가능한 사상적 판단을 세움으로써 이미 얻은 예기적 판단이나 서사적 판단을 설명하는 원리(原理)를 세우는 추리다.

제5절 귀납추리의 목적

여기에 하나의 사물이 있다. 우리는 그 원인이나 결과가 어떤 것인가 하거나, 또는 2개의 사물 사이에 상호 원인 및 결과에 대해서 필연적 관계를 알고 싶어 하는 것은 귀납추리의 목적이다. 그러나 원인과 결과의 관계를 이미 알고 있다고 판단하여 추리할 때에는 이를 귀납추리에 하소연 할 필요가 없다. 그 관계의 단정을 이미 알고 있는 예기적 판단으로 구할 수 없을 때에는 이를 실제의 경험적 사실로 인하여 단정하는 것이 귀납적 추리의 목적이다.

제6절 귀납추리에 대한 근본적 원리

'각 사변(事變)은 반드시 그 원인이 있다'는 예기적 판단을 칭하여 인과율 (因果律)이라고 말한다. 어떤 논자(論者)는 그 원리는 인류가 선천적으로 갖추고 있는 개념이라고 논하지만 우리는 이를 불신한다. 사람은 반드시 각 사변에 원인이 있다고 생각할 것이 아니라 자발적 사변, 즉 원인이 없이 스스로 나타나는 사변이 있다고 믿는 사람이 있다. 옛날부터 학자가 모두 인과율을 믿어 의심하지 않은 까닭은 정밀하게 사물의 과정을 연구하면 어떠한 사변이든지 이에 먼저 성립할 수 있는 사변이 반드시 있어, 어떠한 선립사변(先立事 變)도 없이 스스로 나타나는 사변이 없다는 것은 명백하기 때문이다. 이에 인과율이라는 것은 필경 '어떤 사변이든지 일정하게 특수한 선립사변을 따라 발생한다'고 말하니, 제외되는 예시가 없는 가장 개괄적인 서사적 판단으로 인하여 발생하는 것의 최강의 예기적 판단에 다름이 아니다. 그러므로 예기성 (豫期性)은 심의(心意)[7]의 선천적 성질이 되더라도 인과율이 아닌 형식을 취하지 않고, 특히 인과율의 형식으로써 실현한 것은 전부 경험의 결과로 믿는다. 그러나 그 인과율이 심의에 1차로 확정된 이상은 심의 외부에 대한 태도는 변하여 어떤 사변에 접하여서는 원인이든지 결과가 있을 것을 예기하고, 2개의 사물에 접하여서는 상호간에 원인과 결과의 연결여부를 생각하여 얻으니, 이렇게 생각함에 이르러서야 귀납추리의 목적이 시작된다. 그러므로 인과율은 귀납추리로 인하여 발생하는 근본원리이다.

제7절 귀납추리의 법식(法式)

귀납추리는 과거의 경험적 사실을 이유로 하고 단정하는 작용이다. 그러나

---

[7] 심의(心意) : 심의는 마음이나 생각 정도의 가장 일반적인 의미이다.

규율이 없는 각종 복잡한 경험적 사실을 수집한 것만으로 단정하기는 불가능하다. 단정을 이루기 위해서 경험적 사실을 선택하고 일정한 방식에 적합한 것을 수집하여야 한다. 그 방식을 다음의 5종류로 구분할 수 있다.

1) 일치방식(一致方式)

단정을 요하는 갑(甲)의 사정을 갖춘 다수의 경험적 사실을 수집하여 이러한 모든 사실이(갑의 사정 외) 어떠한 사실에 일치하는지 비교 점검한다. 이러한 사실이 을(乙)의 사정에 상호 일치하는 일이 발견될 때 우리는 다음과 같이 단정한다.

갑의 사정은 을의 사정의 원인이 되는지 혹은 결과가 되는지, 만약 그렇지 않으면 어떤 인과적(因果的) 관계로 인하여 연결된다.

이 방법을 사용하는 것에 대하여 수집된 사실의 수가 많고, 또 이에 반대하는 사실과 서로 부합하지 않을수록 단정의 예기성(豫期性)은 더욱더 강고(强固)하다.

2) 차위방식(差違方式)

단정을 요하는 갑의 사정을 갖춘 경험적 사실과 해당하는 사정을 갖추지 않은 경험적 사실을 수집하여 양쪽 사실이(갑의 사정에 대하여 서로 다른가 외) 어떠한 사정이 서로 다른지 비교검토 한다. 그리하여 양 사실이 모든 점에서 서로 동일하지만 유독 앞선 사실은 을의 사정을 갖추고 후의 사실은 이를 갖추지 않을 경우에 차이가 있는 것이 발견될 때, 우리는 갑의 사정에 대하여 다음과 같이 단정한다.

갑의 사정은 을의 사정에 원인이 되는지 결과가 되는지, 만약 그렇지 않다면 어떤 인과적 관계로 인하여 연결된다.

3) 결합방식(結合方式)

이는 일치방식과 차위방식의 결합으로부터 성립하는 것이다. 즉 단정을 요하는 갑의 사정을 갖춘 다수의 경험적 사실과 해당하는 사정을 갖추지 않는 다수의 경험적 사실을 수집하여 그 전후하여 양쪽의 사실은(갑의 사정이 있는지 없는지 외에) 어떠한 점에서 서로 다른지 비교 검토한다.

그리하여 그 두 부분의 사실 중에 전자의 사실은 을의 사정을 갖춘 것에서 일치하고, 후자의 사실은 을의 사정을 갖추지 않은 것에서 일치하는 일이 발견될 때, 우리는 갑의 사실에 대하여 다음과 같이 단정한다.

갑의 사정은 을의 사정의 원인이 되는지 결과가 되는지, 만약 그렇지 않다면 어떤 인과적 관계로 인하여 연결된다.

4) 공변방식(共變方式)

이 방식은 결합방식과 그 의의(意義)가 다소 동일하다. 즉 단정을 요하는 갑의 사정을 갖춘 다수의 경험적 사정을 수집하여 해당하는 사정이 분량적(分量的)으로 변화하는 것에 따라 그 사실 중 어떠한 사정이 분량적으로 변화하는지 점검한다. 이러한 갑의 사정을 분량적 변화와 동반하여 반드시 을의 사정이 분량적으로 변화하는 일이 발견될 때, 우리는 갑의 사정에 대하여 다음과 같이 단정한다.

갑의 사정은 을의 사정의 원인이 되는지 결과가 되는지, 만약 그렇지 않다면 어떤 인과적 관계로 인하여 연결된다.

5) 잔여방식(殘餘方式)

갑의 사정을 갖춘 경험적 사실 중에 해당한 사정을 제거하여 갑 사정의 결과로 알고, 을의 사정을 갖춘 경험적 사실 중에 해당사정을 제거하여 그 잔여(殘餘)한 사실을 점검한다.

그리하여 갑의 사정을 제거한 잔여는 병(丙)의 사정이며, 을의 사정을 제거한 잔여는 정(丁)의 사정이 되는 것이 발견될 때 우리는 다음과 같이 단정한다.

병의 사정은 정의 사정과 인과적 관계가 있다.

제8절 귀납추리에 요하는 사실 수집법(蒐集法)

귀납방식은 앞에서 말한 것과 같고 다음에 필요한 것은 그 방식에 적합한 재료적 사실의 수집이다. 우리의 일상경험은 심히 뒤섞여 있어 귀납추리의 이유(理由)로는 정확하지 못할 뿐 아니라 그중에 정확한 것이 있으나, 우리는 이를 통상적으로 간과하여서 알지 못하는 것이 보통이다. 그러므로 귀납추리의 이유가 될 재료적 사실을 수집하기 위하여 특별한 방법이 필요하다. 특별한 방법이라는 것은 관찰(觀察)과 경험(經驗)이다.

1) 관찰(觀察)

관찰이라는 것은 단일한 경험이 아니라 경험 중에는 귀납방식에 적합한 것도 있고, 적합하지 않은 것도 있다. 가령 적합한 것이라도 우리가 이를 간과할 우려가 있으며 경험 중에서 귀납방식에 적합한 것을 향하여 특히 주의(注意)하여서 수집하는 것을 관찰이라고 한다. 그러므로 관찰이라는 것은 일종의 유의(有意)한 주의(注意)다.

2) 경험(經驗)

단정이 필요한 사실이 자연스럽게 성행하는 일이 우리가 필요한 귀납방식에 적합하지 않더라도, 일정한 사정을 유의적(有意的)으로 작위(作爲)하여 해당한 사실 아래에 둘 때에 그 성행은 우리가 필요한 귀납방식에 적합한 일이 있다. 이렇게 우리가 하고 싶은 바에 대하여 일정한 사정을 유의적으로 작위하고, 단정이 필요한 사실을 그 아래에 두어서 성행을 관찰하는 것을 칭하여 실험(實驗)이라고 한다.

제9절 연역추리의 목적

연역추리는 우선 하나의 사물이 있어, 그 사물이 어떤 것이며 혹은 어떤 것이 아니라는 의문으로써 시작된다. 가령 한 개의 과자가 있다. 그 과자가 유해한지 혹은 무해한지 의문이 있다고 가정하면, 연역추리는 그 의문을 해석할 목적으로써 시작된다. 과자가 있다고 하나 단지 있을 뿐이고 이에 대하여 어떠한 의문도 일어나지 않을 때는, 즉 어떠한 추리도 일어나지 않는다. 논리학에서 연역추리는 오직 부여된 두 개의 전제를 근원으로 정하고 단정을 요하는 것이다. 그 2개의 전제가 어떻게 설립되는가에 대해서는 다시 이를 설명하지 않겠지만 이것은 오직 그 연역의 일부분뿐이기 때문에 연역추리의 모든 진행은 우선 한 개의 사물에 관한 의문을 해석하고자 할 목적으로써 발생한다. 이를 해석하기 위해 필요한 판단, 즉 전제를 드러내고 이로 인하여 최초의 의문을 해석하는 판단, 즉 단정을 얻기 위한 것이다.

제10절 연역추리의 논식(論式)

연역추리는 통상 3종류의 판단으로부터 이루어진다. 가령 다음과 같다.

사람은 모두 죽는다.

그는 사람이다.

그러므로 그는 죽는다.

그러나 이 3종류의 판단은 그 성질에 따라 대전제(大前提), 소전제(小前提), 단정(斷定)이라고 말할 수 있다.

1) 소전제(小前提)

단정을 새롭게 필요로 하는 사실에 관해 이미 정해진 판단을 칭하여 소전 제라 말한다. 단 그 판단은 서사적인 것이 있고, 예기적인 것이 있으며, 과거의 기억을 환상하는 것으로 인하여 이루어지는 것도 있고, 단정하에 임하여 관찰과 실험을 하여 새롭게 세우는 것도 있다. 단 그 판단에 관해 이미 정해진 판단을 세우기만 하면 어떠한 판단을 세워도 소전제를 이루지 못한다. 우리가 새롭게 발명하고자 하는 예기적 판단, 즉 단정에 도달하기 위하여 필요한 판단의 성립을 필요로 하니, 대개 우리는 해당 사실에 대하여 각종 다수의 이미 정해진 판단을 기억하고, 또 이를 관찰과 실험을 통해서 다수의 판단을 설립할 수 있다. 그러나 이러한 다수의 판단이 모두 우리가 필요한 단정에 도달하기 위하여 필요하지는 않다. 단 우리가 필요한 단정에 도달하기 위하여 필요한 판단을 환상하고 혹은 성립함으로써 소전제가 된다.

2) 대전제(大前提)

소전제를 보조하여 필요한 단정에 도달하는 진행을 재촉하는 예기적 판단을 칭하여 대전제라고 말한다. 그 판단은 이미 정해진 판단이라고 하여 이미 이에 대해 우리가 기억하는 바이지만, 우리는 이외에도 각종 다수의 예기적 판단을 기억한다. 그 중에 오직 소전제를 보조하여 필요한 단정을 얻는 것이 환상되어야 대전제가 된다.

대전제와 소전제를 비교하여 보면 (1) 소전제는 서사적 판단과 예기적 판단이 되는 일이 있지만 대전제는 항상 예기적 판단이다. (2) 소전제는 항상 단정을 필요한 사실에 직접적으로 관여하는 판단이지만, 대전제는 직접적으로 해당 사실에 관여하는 판단이 아니다. 오직 그 소전제에 대하여 해당 사실을 규정하는 사상(思想)으로 인하여 간접적으로 해당 사실에 관계한다. (3) 소전제는 추리하고자 하는 순간에 성립되는 일이고, 또는 그 이전부터 이미 정한 일이 있다. 대전제는 대개 이 이미 정한 판단으로 항상 기억되는 것이다. 이 대전제에 대한 예기성은 연역추리에 대한 중심이며, 단정의 예기성은 실로 대전제의 예기성으로부터 나온 것이라고 말할 수 있다.

3) 단정(斷定)

이는 연역추리의 목적지이다. 대전제와 소전제에 공통하는 사상(思想, 소위 中名辭[8]))을 매개하여 양쪽의 전제에 각별히 발현되는 양쪽 명사의 관계를 예기적으로 판단하는 것으로, 앞의 예시인 '그러므로 그는 죽는다'를 말한다.

제11절 전제를 나타내는 순서

'이 과자는 유해하다'는 의문을 해석하는 목적으로써 추리를 시작할 때에 우선 그 제일 먼저 해야 하는 것은 과자의 성분에 대해 먼저 알고 있는 판단을 환상하든지, 실제상으로 그 성분을 서로 검사해야 이와 관련한 서사적 판단을 세울 수 있다. 어떻게든지 그 과자의 성분에 관한 다수의 판단이 발생할 것이다. 가령 '이 과자는 A를 포함한다', '이 과자는 P를 포함한다', '이 과자는

---

8) 중명사(中名辭) : 삼단 논법(三段論法)에서 대전제와 소전제 양쪽에 공통된 매개념(媒槪念)을 말한다.

C를 포함한다'…… 등의 판단이 발생한다. 그러나 이러한 과자의 규정 중에서 어떤 일, 가령 P가 이미 알고 있는 예기적 판단 'P는 유해하다'를 연상적으로 환기할 텐데

P는 유해하다.

이 과자는 P를 포함한다.

그러므로 과자는 유해하다.

의 추리가 발생하며 만약 A가 이미 알고 있는 예기적 판단 'A는 유해하다'를 연상으로 환기한다면

A는 유해하다.

이 과자는 A를 포함한다.

그러므로 이 과자는 유해하다.

의 추리가 발생하며, 기타 '이 과자'에 관한 어떠한 규정이든지 이미 알고 있는 '어떤 것은 유해하다'는 예기적 판단을 환기만하면 이에, 즉 그 단정이 가능해지고 만약 '이 과자'에 관해 어떠한 규정이든지 모두 '어떤 것은 무해하다'는 것을 환기하면, 이에 '이 과자는 무해하다'는 단정을 발생시킨다. 만약 그중에 의문의 해석에 만족하는 이미 알고 있는 예기적 판단을 환기하는 것이 없으면, 이는 실험으로 인하여 결정함에 지나지 않는다.

제12절 사변추리의 목적

일정 부류의 사실을 추상 및 개괄하여 얻은 판단은 해당 부류의 사실을 설명하는 원리가 되는 일은 물론이다. 그러나 해당 원리는 다른 일정 부류의 사실원리와 상호 충돌하는 것이 있다. 이때 우리는 오직 이를 사실로 해서 취할 뿐이고 상호충돌 여부에 대한 어떤 원념(願念)이 없는 이상은 이미 우리가 사실을 추상 및 개괄하여 각종 판단을 얻을 뿐이며, 그 이상을 희망하지 못한다.

그러나 우리는 사실을 추상 및 개괄하여 일반적 판단을 얻을 뿐만 아니라 다시 이러한 판단이 상호 충돌할 때는 이러한 것을 융화하여 충돌을 없애는 일이 적더라도 상호 간에 양립하기를 희망하는 것이다. 또 2개의 판단이 상호 충돌할 때 그 충돌을 융화하는 방법은 판단의 한쪽 소식을 진실하다고 하고 다른 소식을 허위라고 한다든지, 또는 양쪽 이외에 별도로 제3자의 판단을 세워 양쪽의 판단을 통일하는 일이 있다. 또는 2개의 판단 중에 하나를 부정한다든지, 2개의 판단 외에 별도로 제3자의 판단을 세워 이를 직접적으로 사실로 인하여 추리 및 개괄하는 것을 얻으면, 우리는 원래 사실로 인하여 곧바로 이를 결정할 수 있다. 그러나 실제상 사실로 설립된 경험연례(經驗連例)는 우리가 필요로 하는 통일적 원리를 세우려면 거칠고 부족함이 많아서, 이 경험연례는 우리의 관찰과 실험이 진보함과 함께 차례로 정밀해지는 것이 된다. 그러나 이것도 일정한 한계가 있어 그 정도 이상으로 행해지기 불가능하다. 또 그 도달된 정밀한 정도는 오히려 우리가 필요로 하는 판단을 세우는 데는 지나치게 거칠고 부족하다. 그러나 경험적 사실이 거칠고 부족하여도 우리의 요구는 굽히지 않기 때문에 이에 우리는 직접경험의 사실을 분리하고 순수한 경영구상(經營構想)을 통하여 우리의 요구를 도달하고자 한다. 이는 순수한 사변추리의 목적이다.

제13절 사변추리의 전제와 단정

사변추리의 전제는 다수의 이미 알고 있는 예기적 판단(서사적 판단도 있을 수 있다)이니, 그 판단은 전제된 다수의 판단을 융화 통일하는 판단이다. 전제가 될 판단의 수에는 일정한 한계가 없어 오직 다수가 될수록 그 판정의 가치가 증가한다.

제14절 사변추리의 과정

앞서 사변추리의 목적을 이미 정할 때 우리는 우선 오늘날 융화를 필요로 하는 2개의 판단 외에 각종다수의 예기적 판단을 환상하며, 이렇게 환상된 다수의 예기적 판단으로 인하여 예시된 가능범위에서 문제가 된 2개의 판단을 융화할 수 있는 가능적 판정을 탐색한다. 또 이렇게 하여 그 목적에 적합한 가능적 판단을 얻을 때에는 판단은, 즉 사변추리의 단정이 된다.

제15절 3가지 추리의 비교

귀납추리와 연역추리를 비교할 때 전자는 다수의 경험적 사실을 추상 및 개괄하여 사물에 관한 단정을 세우고, 후자는 이미 알고 있는 예기적 판단을 사물에 응용하여 해당하는 사물에 관한 예기적 판단을 세운다. 연역추리와 사변추리를 비교하면 전자는 그 판정이 이유(理由)로 인하여 설명되는 것이고, 후자는 그 판정이 이유, 즉 다수가 이미 알고 있는 판단으로 인하여 깨닫게 되는 것에 구애받지 않고 이유를 설명하는 원리가 된다. 사변추리와 귀납추리를 비교하면 전자는 다수가 이미 알고 있는 판단이 예기하는 범위 내에서 가능한 판단을 세워서 이미 알고 있는 판단을 설명하는 원리이며, 후자는 다수의 사실로 인하여 사실을 설명하는 판단을 세운다. 또 그 판단은 예시에 의거하여 이미 알고 있는 판단을 예기한다.

제16절 3가지 추리의 공동(共動)

우리가 편의상으로 3개의 추리를 잠시 분리하여 논하였지만 우리의 실제생활에서 행해지는 추리는 세 종류 중 오직 하나로부터 이루어지는 것이 아니고, 3개 추리의 공동(共動)으로 이루어진다. 연구와 사실이 간단한 경우에는 오직 3개의 추리 내에서 어떻게 한다든지 한 종류로 필요한 단정에 도달할 수 있으나, 다수의 경우에 특히 과학적 연구의 경우에는 사실이 심히 복잡하기 때문에 3종류의 추리를 공동(共動)하지 않으면 필요한 단정에 도달하기 불가능하다. 과학 연구에는 이 3개의 추리가 대게 항상 공동한다. 그러나 공동으로부터 발생하는 추리진행은 대체적으로 다음의 4종류로 분류할 수 있다. (1) 귀납추리로 인하여 대체(大體)를 추상 및 개괄하는 것과 (2) 이에 사변추리를 더하여 대체(大體) 상으로 개연 및 단정, 즉 가정을 이루는 것과 (3) 이미 정한 개연 및 단정을 전제로 하여 사실에 따라 발생하는 결과를 연역하는 것과 (4) 이 연역적 결과를 실험적 사실로 구하는 것이다.

제7장 정념(情念)

제1절 정념의 융합

각 정념 간에 능히 상호 조화하는 것과 조화하지 않는 것이 있다. 상호 조화하는 경우에는 화학상 원소와 원소가 화합하는 것과 같이 완전히 융합하여 혼합된 하나의 정념이 되니 그 가운데 피차 부분적 차이를 인식하는 일이 매우 어려우며 서로 조화하지 않는 정념은 그 존립 상에 서로 경쟁하여 그치지 않는다. 가령 애정과 분노가 동시에 발현된 경우와 또는 두려움과 분노가 동시에 발현된 경우와 같은 것이 그러하다.

제2절 정념의 종류

정념의 차이는 실로 무수하지만 각기 자신에 고유하고 다른 것과 유사함이 없는 특성을 가져서 각 정념이 각각 그 자신에 고립적 상태로 해서 이것을 분류하여 적은 수가 되는 종류로 분류하는 것이 가장 어렵다. 이것은 예로부터 정념의 분류를 기도한 것이 매우 많았으나 모두 실패로 귀결하고 지금같이 만족한 분류를 얻지 못하였으며 그 가운데 볼 만한 분류는 제반 정념을 3분하여 감정(感情), 정서(情緒), 정조(情操)로 한 것이다. 그러나 이 분류도 매우 불완전한 것이니 이 3가지의 차이를 명시하기 매우 어려우며 아울러 정념 중에서 이 3가지를 어느 것에 귀속할지 결정하기 어려운 것이 많이 있기 때문에 우리는 이 3가지의 차이점을 명시할 수 없다. 단지 3가지에 속한 정념 가운데 중요한 실례를 게시하여서 독자의 자득을 기대할 뿐이다.

감정이라 함은 맛있는 것을 먹을 때의 쾌감과 악취를 맡을 때의 불쾌감과 구토의 불쾌감과 피로한 뒤에 휴식의 쾌감과 같은 것이다. 정서는 희열(喜悅),

분노(忿怒), 애정(愛情), 질투(嫉妬), 비애(悲哀) 등의 감정이다. 정조는 합리의 느낌과 불합리의 느낌과 아름다움의 느낌과 고상한 느낌과 도덕적 선의 느낌과 도덕적 악의 느낌 등을 말한다. 그러나 이것 각각은 쾌(快)의 정조를 가진 것과 불쾌의 정조를 가진 차이가 있으니 악취를 맡을 때의 감정과 비애의 정서와 불합리의 정조는 불쾌의 정조를 가진 것이고 맛있는 것을 먹을 때의 쾌감과 희열의 정서와 합리의 정조는 쾌의 정조를 가진 것이다. 그러므로 결국에는 정념은 3분하여 감정, 정서, 정조로 정하고 다시 그 각각을 쾌한 것과 불쾌한 것으로 2분할 것이다. 단 심리학자 가운데 별도로 쾌하지 않고 불쾌하지도 않은 중성(中性)이 있다고 주장하는 자도 있으니 본서는 다수의 설을 따라 정념의 구분으로 쾌하지 않으면 불쾌한 것이라 하는 학설을 따랐다.

제3절 감정의 서술

통상 감정은 각종 정도의 단순한 쾌감과 또는 불쾌감이지 이외에 하등의 질적인 차이가 없다고 한다. 하지만 이것을 다시 자세히 연구할 때 각종 감정은 결코 각종 정도의 단순한 쾌감과 또는 불쾌감이 아니고 동일한 쾌의 감정 중에도 그 정도의 차이 이외에 각종 차이가 있으며 동일한 불쾌의 감정 중에도 그 정도의 차이 이외에 각종 차이가 있다. 사탕을 맛보아 생기는 쾌감의 정도를 어떻게든 증감 소멸하여도 이것은 무더위에 고생하다가 시원한 바람을 쐴 때의 쾌감과 같은 종류가 아니며, 흰색을 볼 때의 쾌감과 녹색을 볼 때의 쾌감과 흑색을 볼 때의 쾌감과 냉한 쾌감과 따뜻한 쾌감과 운동의 쾌감과 피로한 후에 휴식하는 쾌감과 신맛의 쾌감과 쓴 맛의 쾌감 등은 각기 고유한 특질을 가진 것이다. 또 구토의 불쾌감의 정도를 어떻게든 증가시켜도 이것은 종기를 자를 때 통증의 불쾌감과 같은 종류가 되는 것이 아니고 소화되지 않아서 생기는 불쾌감과 더운 기운의 불쾌감과 날카로운 음향의 불쾌감과 배

멀미의 불쾌감과 피로의 불쾌감과 신체가 부자유하게 되는 위치에 자리하는 일을 당하여 생기는 불쾌감 등은 모두 각기 고유한 특질을 가진 것이다.

그 심리학자는 감정은 모두 동일한 쾌감 혹은 불쾌감이고 그 질적 차이는 단지 그 수반하는 감각의 질적 차이에 귀결된다고 하지만 나는 이 학설이 부당하다고 생각한다. 감각에 수반하는 감정은 그 자신에 질적 차이를 가진 것이고 감각의 질적 차이로 귀결되는 것이며 구토의 불쾌감과 피로의 불쾌감이라 함은 두려움과 질투의 질적 차이와 같이 그 자신에 차이가 있는 것이니 단지 그 감정의 질적 차이는 그 쾌함과 불쾌한 점에만 매우 주의하기 쉬우며 그밖에는 매우 은미하여 주의하기 어려우므로 세상 사람들은 통상 그 쾌함과 불쾌함 이외에 질적 차이가 없다고 오인할 뿐이다.

제4절 감각의 강도와 감정의 관계

일정한 감각은 대체로 어떤 종류의 감정을 항상 동반하는 것이나 그 감정은 의례히 감각의 질만을 따라서 일정한 것이 아니고 그 강도에도 관계하니 감각의 강도 변화에 대해 말하면

1) 어느 정도의 강도 이하에는 쾌한 감각이라도 그 정도 이상의 강도에는 불쾌하니, 가령 단맛도 어느 정도 강한 것은 쾌하지만 그 강함이 매우 과다할 때는 불쾌함과 같다.
2) 어떤 감각은 그 강도가 매우 약할 때에는 중성(中性)이 되나 그 강도를 조금 증가시키면 불쾌가 되니, 자세히 말하면 어떤 감각은 그 강도를 심하게 감소하여도 쾌가 되는 일이 없으니 가령 과다한 악취와 배 멀리의 감각 등이 이것이다.

또 감각의 강도를 일정하게 할 때는

3) 어느 정도의 감각을 최초에 느낄 때는 쾌가 되며 이를 연속할 때는 중성 (中性)이 되며 다시 점차 연속할 때는 불쾌가 되는 일이 있으니, 가령 일 정 정도의 단맛을 맛본 최초는 매우 쾌하나 잠시 후에 단일한 중성의 단 감각이 되다가 끝에는 이를 맛봄이 싫게 되는 것 등이 이것이다.

4) 어떤 일정 정도의 감각은 최초에는 중성이며 이를 연속할수록 불쾌한 것 이 되니, 가령 음주하지 않은 사람은 최초에 조금만 술을 마시면 그 술맛 을 느낄 뿐이나 이것을 동일한 정량으로 점차 연속적으로 마시면 끝에는 그 냄새만 맡아도 염증을 느끼는 일이 이것이다.

제5절 감정의 탈각(脫却)

어느 정도까지 발달한 의식생활을 행하는 우리는 중성적 감각을 사실로 경 험하게 된다. 하지만 이렇게 발달하지 않은 의식생활을 가진 아이는 어떤 감 각이든지 경험함에 따라 이것과 융합되어 분리될 수 없는 감정을 경험하며 이를 따라 중성적 감각과 같은 것은 그들의 꿈에도 경험할 수 없는 것과 같 다. 그러므로 물의 움직임과 낙엽의 떨어짐과 벌의 날아다님과 인간이 달리 는 것 등을 나에게 있어서는 중성적 사실이 되지만 아동에게서는 쾌하지 않 은, 즉 불쾌한 경험이 된다. 그러나 동일한 감각을 반복 경험할수록 그 쾌함 혹 불쾌한 감정은 자체로 탈각하여 결국에는 중성이 되는 감각만 남게 되는 것이니 그 순서의 대략은 다음과 같다.

1) 쾌한 감정의 탈각
쾌한 감각은 이를 반복 경험할수록 그 쾌한 감정을 상실하고 결국에는 완전히 중성의 감각이 되니. 가령 적색과 같이 최초에는 매우 쾌한 것이 되지만 이것을 반복 경험할수록 점차로 습관이 되어 쾌한 감정을 상실하고 결국에는 완전히 중성의 적색 감각으로 경험됨에 이르는 것 등이 이것이다.

2) 불쾌한 감정의 탈각

불쾌한 감각은 반복 경험할수록 불쾌한 감정을 탈각한다. 그러나 그 불쾌한 감정이 탈각하면 즉시 그대로 중성이 되는 일과 하루아침에 쾌한 감정이 이것을 대신하여 발현되고 다음에 쾌한 감정의 탈각 순서를 따라서 중성이 되는 일이 있으니 악취의 경험은 전자에 속한다. 즉 악취의 감각은 이것을 반복 경험하게 되면 직접적으로 중성이 되고 그 사이에 이것을 쾌함으로 느끼는 때가 없는 것이 상례이다. 먹어보지 못한 음식을 먹게 되는 경험은 후자에 속한다. 먹어보지 못했던 음식을 처음 먹을 때에는 일종 불쾌한 감정을 일으키지만 이것을 자주 먹으면 그 불쾌한 감정이 점차 감소하되 완전히 없어지지 않는 가운데 일종의 쾌한 맛을 느끼고 다시 반복 경험할 때는 불쾌한 감정은 완전히 없어져 순수하게 쾌한 맛이 되고 더욱 반복 경험할 때는 마침내 중성의 맛감각이 된다.

제6절 정서(情緒)의 서술

정서의 표준적 대표는 다음과 같다.

1) 희열(喜悅)

희열이라 함은 통상 기쁘다고 칭하는 정신 상태이다. 귀성한 부모를 만날 때, 중병이 쾌차했을 때 생기는 것이 이런 정서이다. 희열과 매우 유사하나 이보다 더 흥분 발양하는 성질을 가진 것은 유쾌(愉快)라 하는 정서이다. 대

체로 유쾌는 유기감각(有機感覺)과 특히 혈액 유통의 양호함과 근육흥분의
감각에 덧붙는 쾌한 감정의 희열과 혼합된 것이다.

2) 경악(驚愕)

경악은 의외의 사물을 만날 때 생기는 정서이다. 이것은 그 만난 사물 종류
를 따라서 쾌한 것과 불쾌한 것이 있다. 가령 분실했다가 단념한 돈을 의외의
곳에서 발견할 때 생기는 것은 쾌의 경악이며 평상시 건강하던 부모가 죽었
다는 전보를 접했을 때는 불쾌한 경악이다. 어떤 사람은 말하기를 경악 그 자
체는 중성의 느낌이고 오직 그 다음에 일어나는 쾌하든지 혹은 불쾌한 정서
와 융합하는 일로 인하여 쾌하든지 혹은 불쾌로 알 뿐이라고 하니 이 학설이
유사하다.

3) 두려움(恐懼)

두려움은 다가올 수 있는 위해(危害)를 예상해서 생기는 정서이다. 가령 항
해 중에 폭풍을 만나 배가 뒤집혀지려고 하는 일을 예상할 때와 옆집이 화재
를 당하여 자기 집이 불탈 것을 예상할 때 생기는 정서이다. 이 정서는 특히
하등동물에 많으며 가장 심할 경우 그 정서로 인해서 신체가 응축되어 일순
간 움직이지 못하니 곤충류에서 많이 본다. 죽은 척하는 것은 죽은 척 위장해
서 적을 기만하고자 하는 계략에서 나온 의지행동이 아니고, 완전히 두려움
때문에 신체가 응축되어 나타난 것이다. 이러한 두려움은 일반적으로 다가올
위해의 예상으로 인해서 생기는 것이지만 별도로 위해의 예상이 없고 다만
단일한 위해의 상상이던지 혹은 사물의 중성적 지각과 또는 관념으로 인해
반사적으로 두려움이 발하는 경우가 있으니 정신병자가 보는 바와 같이 당장
의 고민과 같은 것이 가장 두드러진 실례이다. 환자는 따로 위해가 올 것을
예상하지 않았지만 어떤 이유인지 안계(眼界)가 넓은 곳에 나아가면 두려움

이 생겨서 한 발자국도 전진하려는 용기가 없으며 정상인일지라도 이와 유사한 두려움이 있으니 가령 기암절벽에 임하여 아래를 볼 때 떨어질 일이 없음을 확신하지만 두려움의 느낌에 사로잡힘이 이것이다.

4) 우수(憂愁)

우수는 희열과 완전히 반대로 침울한 불쾌한 정서이다. 부모 처자식이 죽었을 때와 자기가 불치의 병에 걸렸을 때와 명예를 잃었을 때와 사업을 실패할 때에는 어떤 사람이든지 우수를 느끼지 않는 사람은 없다. 우수와 유사하고도 이것보다 더 격렬한 것은 비애(悲哀)이니 희열에 대하여 유쾌가 있음과 유사하다. 부인이 자식을 잃고 지아비를 사별한 뒤에 죽음을 구하여 비구니가 되는 것과 혹은 발광하는 것은 이 비애가 격심한 결과라 한다.

5) 분노(忿怒)

분노는 욕념(欲念)을 방해하는 사물, 특히 의식적 존재에 대하여 일어나는 발양격월성(發揚激越性)의 정서이다. 그러므로 가령 우리의 욕념을 방해하는 일이 큰 것이라도 그 방해가 자연의 것이라면 분노가 적을지라도 가령 우리의 욕념을 방해하는 일이 비교적 작아도 그 방해하는 것이 타인의 의지로 될 때에는 이것에 대해 분노를 일으키는 일이 매우 심하며 또한 가령 타인의 의지가 우리의 욕념을 방해하는 일이 크다고 해도 타인의 의지가 우리의 욕념에 굴복하게 되는 때에는 분노는 홀연히 사라지는 일이 일반적이다. 요컨대 분노는 욕념이 타인의 의도적인 방해에 대하여 자신을 보호하는 무기와 같으며 분노할 때 분노의 대상이 즉시 박멸되고 정복될 때에는 분노는 일시의 발작으로 사라지지만 분노함에도 불구하고 그 대상이 힘이 세고 우세하여 박멸하고 정복하지 못했을 때 분노는 응결하여 마음속에 계속 남아 있으니 이러한 때 이것을 원한(怨恨)이라고 한다.

6) 연민(憐憫)

자신이 불행히 곤란함에 빠졌을 때 우수가 일어남과 같이 타인이 불행히 곤란함에 빠진 것을 보고 일어나는 정서를 연민이라 한다. '딱하게 여기는 것' 과 '긍련(矜憐)하다' 말하는 것에서 벗어나지 않는다.

7) 감은(感恩)

감은은 분노와 전혀 반대의 것으로 우리의 욕념하는 것을 달성하는 의식적 존재자에 대해 발생하는 정서이다. 그 정서의 중요한 의식적 원인은 단지 우리의 욕념에 유리한 일의 자각이 아니라 내가 요구하는 것을 달성케 하고자 하는 타인의 의지이기 때문에 가령 타인으로부터 얻은 이익이 아무리 큼에도 불구하고 가령 나를 이용하고자 하는 의지로부터 나온 일을 자각하게 될 때 이에 대해 감은의 정서는 일어나지 않는 것이다.

8) 혐기(嫌忌)

혐기라 함은 세상에서 '싫어하는 것' 또는 '꺼리는 것'이라 하는 정서이다. 부패한 것의 악취와 지네와 뱀과 털 있는 곤충과 인색한 인간과 비굴한 인간 등은 사람들이 혐기하는 것이며 의도가 없는 것과 의도가 없는 행동에 대해 생기는 혐기는 단순한 혐기이다. 하지만 만약 상대가 고의적 행동 때문에 혐기할 만한 일을 나에게 행하면 우리는 혐기와 분노가 함께 일어나는 것이 일반적이다. 이 혐기와 분노가 동시에 일어나는 정서는 단순한 혐기의 정서와 차이가 나는 것이니 증오(憎惡)의 정서가 이에 해당한다.

9) 애호(愛好)

애호는 혐기와 전혀 반대의 정서이다. 우리의 욕념은 도발한 대상에 대해 일어나니 좋은 술과 좋은 음식과 화려한 의복과 굉장한 집과 아름다운 풍경과 용모가 아름다운 사람과 자기를 위해 이익을 도모하는 사람과 심의(心意)가 서로 합치하는 사람과 명예와 지위와 재산은 사람이 모두 애호하는 것이다. 단지 내가 애호하는 것을 얻을 때 생기는 일 때문에 생기는 유쾌와 또는 만족의 정념(情念)은 애호의 정념과는 전혀 다르니 애호라 하는 것은 우리의 욕념에 적합한 것과 또는 그 관념에 대해 생기는 특수한 정념이다.

애호는 그 대상으로 인해 이를 두 종류로 크게 구별하니 좁은 의미에 대한 애호와 애정(愛情)이 이것이다.

(1) 좁은 의미에 대한 애호

이것은 중히 여기는 인간 이외의 사물이다. 만약 인간이면 그 심의(心意)에 관계가 없는 부분에 대한 애호로 유독 '좋아한다' 말하는 것의 정서가 이것이니 즉 음식물과 기구와 가옥과 풍경과 그림과 조각과 명예와 재산과 지위와 인간의 미모 등에 대한 애호가 이것이다.

(2) 애정

이는 인간의 심의에 대한 애호이니 저 단순한 애호라 하는 것은 매우 그 취지가 서로 다른 것이다. 대개 인간은 그 생존을 위하여 의식주를 요구할 뿐 아니라 또 타인을 요구하는 것이니 그 불평을 하소연하며 그 비애를 나누며 그 두려움을 함께 없애며 기쁨과 즐거움을 함께 하기 위하여 반드시 타인의 심의를 요구하는 것이다. 자기를 사랑하는 심의는 자기를 위하여 그 불평의 하소연을 들을 수 있고 자기의 비애를 나눌 줄 알고 자기의 두려움을 없앨 수 있고 자기의 기쁨과 즐거움의 동정(同情)을 줄 수 있기 때문에 자기를 사랑하는 하나의 심의를 얻으면 하나의 심의를 얻는 대로 자기 심의의 생명은 성장하여 행복을 이루지만 이것에 반하여 자기를 사랑하는 하나의 심의를 잃으면 그 하나의 심의를 잃은 대로 자기 심의의 생명은 단축하여 불행을 이룬다. 그러므로 심의가 자기를 사랑하는 타인의 심의를 구하는 것은 의례히 이 것으로 인하여 물질적 쾌감을 얻기 위한 것이 아니라 단지 그 단순히 타인의 심의로 사랑받는 일로 인하여 행복을 느끼는 것이다. 이렇게 각 심의는 자기 생존을 행복으로 하기 위하여 그 생존을 필요하다 하는 타인의 심의에 대해 애정을 느끼는 것이다.

제7절 정조(情操)의 서술

정조에는 미적인 것과 논리적인 것과 윤리적인 것 등의 차이가 있다.

1) 미적 정조

미적 정조는 취미(趣味)라고 또한 말하니 어떤 사물, 가령 미술과 조각과 시가 등을 보는 것으로 인해 생기는 여러 상상(想像)에 덧붙는 정미(精微)한 정조가 이것이다. 그러나 상상에도 각각 정도가 있어서 또 간단한 상상과 함 께 생기는 미적 정조는 시각, 청각에 수반하는 쾌의 정감에 붙어서 결국 이것 과 완전히 상호 연속하여 그 사이에 일정한 분계선을 볼 수 없다. 그러므로 미적 정조와 쾌의 감정은 상호 융합하여 항상 발현하니 오직 상상의 작동이 적어 기존의 감각만 원인으로 할수록 감정에 가깝고 기존의 감각에 상상의 작동이 개입하는 것이 많을수록 더욱더 미적 정조의 순수한 것에 가까운 것 이다. 문학 미술에 가장 중요한 여운(餘韻)은 결국 각종의 무한한 상상을 불 러일으키는 성질에 불과하다. 단 미적 정조의 요소는 쾌의 정조이니 그것에 서 저 상상은 다만 그 정조를 불러일으키는 원인의 수단에 불과할 뿐이다. 이 후에 서술할 논리적 정조와는 서로 다른 것이다. 그러므로 미적 정조에 있어 서는 논리적 정조와는 달리 그 상상의 관념이 일정불변한 객관적 기준을 따 라서 발현할 필요가 없고, 보는 자의 자성(自性)을 따라 자유롭게 상상하는

바에 따라 생겨난다. 미적 정조는 기존의 감각적 각성을 따라서 보는 자 자신
이 천마(天馬)로 공중을 나는 것과 같이 자유롭게 관념계(觀念界)를 조작하고
또 그 사이로 소요하는 바에 존재한다. 단언하면 미적 정조는 자유의 관기유
(觀氣遊)에 수반하는 쾌의 정념이기 때문에 미적 정조가 생길 수 있는 최고
좋은 작품은 오직 근소한 각성을 주는 것에 그칠 뿐이며 그 후에는 자연히
천만 무한한 자유의 관념유(觀念遊)를 얻을 수 있는 자유를 보는 자에게 주는
것이다. 또 그 자유의 관념유를 얻을 수 있는 관념계가 광대무변할 때는 목도
하는 것에만 그쳐도 아득히 막막하여 한계가 없어 멀리 보아도 이르지 못하
고 우러러도 다하지 못하며 굽어보면 어떤 일이든지 근저에 비밀의 의미가
있는 것 같이 보인 뒤에야 이를 궁극치 못할 느낌이 생기니 소위 신운표묘(神
韻縹渺)[9]라 하는 것은 이때의 느낌이다. 이것에 반하여 모두 다 말하여 찾을
수 있는 심오한 깊이를 남기지 아니하는 것은 자유의 관념유를 얻지 못하여
보는 자를 속박하는 것이다. 이러한 것은 서술과 또 설명으로 명료해서 이를
미적 방면으로 볼 때는 노골무운(露骨無韻)[10]의 혐의를 벗어나지 못한다.

　미적 정조는 즉 취미라고 단순하게 말하니 그 가운데 무수한 질적인 차이
가 있다. 그러나 이 구별은 단지 직감할 뿐이지 설명할 수 없다. 그러므로 나
는 다음에 여러 시구를 게재하여 그 일반을 제시할 뿐이다.

　* 당나라 두목지(杜牧之)는 단순 미려한 취미를 표현했다.

　천 리 먼 곳 꾀꼬리 울고, 푸른 잎은 붉은 꽃에 어른거리고(千里鶯啼綠映紅)
　산 외곽 물가 고을엔 주막의 깃발 바람에 펄럭인다(水村山郭酒旗風)

---

9) 신운표묘(神韻縹渺) : 신비한 기운이 어렴풋이 피어오른다는 뜻으로 예술 작품에 담긴 뛰
　어난 정취같은 것이다.
10) 노골무운(露骨無韻) : 노골적이어서 운치가 없다.

남조 시절 사백 팔십 개의 절(南朝四百八十寺)

여러 누대가 안개비 속에 나타난다(多少樓臺煙雨中)[11]

* 조선 정현(鄭礥) 단순 청결한 취미를 표현했다.

달빛에 연꽃향기 이 맑은 밤에(荷香月色可清宵)

그 누가 부는 가 옥통소 소리(更有何人吹玉簫)

열두 간 두룬 난간 잠은 아니 오고(十二曲欄無夢寐)

벽성의 깊은 시름 끝이 없어라(碧城愁思正迢迢)[12]

* 조선 정수동(鄭壽銅)은 순수한 회고의 취미를 표현했다.

송악산 높아 반이나 허공에 솟았고(松嶽山高半入空)

고려 임금 왕업 또한 크고 웅장했다.(麗王基業亦豪雄)

그들 정령 달밤에 떠돌고 있겠지만(知有精靈遊夜月)

봄바람에 눈물지는 부모들은 다시 없으리라(更無父母泣春風)[13]

---

[11] 두목(杜牧)의 '강남춘(江南春)'의 몇 구절이다. 두목은 당나라 말기 시인으로 작은 두보(小杜)라도 불린다. 자는 목지(牧之), 호는 번천(樊川)이다. 그의 집안은 권세가 대단했다고 한다. 20대 중반부터 관직 생활을 시작하여 오랫동안 하급 지방관리를 전전했다. 죽기 전 거의 대부분의 작품을 불태워 버렸다. 〈아방궁부〉, 〈박진회(泊秦淮)〉, 〈강남춘(江南春絕句)〉, 〈청명(清明)〉 등의 시가 유명하다.

[12] 정현(鄭礥)의 '부용당(芙蓉堂)'의 몇 구절이다. 정현은 조선 중종과 명종 때의 문신이다. 지중추부사(知中樞府事)를 지낸 정백붕(鄭百朋)의 아들이며 아버지를 도와 대윤(大尹)을 제거하는 데 참여해 위사공신(衛社功臣)에 책록되었다. 말년에는 부사(府使)직을 사임하고 양주(楊州) 소요산(逍遙山)에 은거했다.

[13] 정수동(鄭壽銅)의 '만월대(滿月臺)'의 몇 구절이다. 정수동은 조선 후기 시인으로 자는 경안(景顏), 호는 하원(夏園)이고 수동은 별호이다. 왜어역관(倭語譯官)의 집안 출신이었지만 가업은 잇지 않고 자유분방하게 방랑생활을 즐겨 가난하였다. 풍자와 야유로 저항한 일화가 전해지고 기발한 익살꾼으로 유명하다. 시집으로 『하원시초(夏園詩抄)』가 있다.

* 한나라 장구령(張九齡)은 개탄한 취미가 통절하다.

옛날 청운의 높은 뜻이(宿昔靑雲志)
실의하여 백발의 나이 되었네(蹉跎白髮年)[14]

* 당나라 두보(杜甫)는 광대무변한 느낌에 압도됨과 같다.

오랜 전에 동정호에 대하여 들었건만(昔聞洞庭水)
이제야 악양루에 올랐다(今上岳陽樓)
오와 초는 동과 남쪽으로 갈라 있고(吳楚東南瞬)
하늘과 땅이 밤낮으로 물 위에 떠 있구나(乾坤日夜浮)[15]

이 시들은 비교적 단순한 취미를 예시한 것이다. 그러나 어떠한 시구든지 대개 두세 개 취미의 융합으로부터 항상 이루어진 것이니 순수 단일한 취미가 있는 것을 구하는 것은 곤란하다. 가령

* 고려 정지상(鄭知常)은 적막하고 비애한 취미를 표현하고

비 개인 긴 언덕에는 풀빛이 푸른데(雨歇長堤草色多)
그대를 남포에서 보내며 슬픈 노래 부르네(送君南浦動悲歌)
대동강 물은 그 언제 다할 것인가(大同江水何時盡)

---

14) 장구령(張九齡)의 '조경견백발(照鏡見白髮)'의 몇 구절이다. 장구령은 당나라 현종(玄宗) 때의 시인이다.
15) 두보(杜甫)의 '등악양루(登岳陽樓)'의 몇 구절이다. 두보는 당나라 때의 시인으로 자는 자미(子美)이고 호는 소릉(少陵)이다. 시성(詩聖)으로 칭할 정도로 유명하다. 이백(李白)과 병칭하여 이두(李杜)라고도 한다.

이별의 눈물 해마다 푸른 물결에 더하는 것을(別淚年年添綠波)16)

* 일본의 부손(蕪村)은 미려(美麗), 완요(婉妖), 소쇄(瀟灑)를 함께 표현하며

벚꽃 나무 달 아래 책 읽는 소녀(梨花月下讀書女)17)

* 일본 바쇼(芭蕉)는 적막, 처량한 취미를 표현하여 신운(神韻)이 풍부하고

시든 가지에 까마귀 깃든 가을 깊은 밤(枯枝烏止秋己暮)18)

* 당나라 이백(李白)과 같은 자는 광대, 처량, 적막, 비애의 취미를 함께 표현하고 황홀하여 신운의 엄습을 직감한다.

동정호에서 서쪽 보면 초강(楚江)이 나뉘었고(洞庭西望楚江分)
수평선 남쪽 하늘 보니 구름조차 보이지 않네(水盡南天不見雲)
해 지고 장사(長沙)에는 가을빛 아득하여(日落長沙秋色遠)
어디서 상군(湘君)을 조상해야 할지 알지 못하네(不知何處弔湘君)19)

16) 정지상(鄭知常)의 '송인(送人)'이다. 정지상은 고려 전기의 문신이며 시인이다. 묘청과 함께 서경 천도(西京遷都)를 주장하였으며, 묘청의 난에 연루되어 김부식(金富軾)에게 참살되었다.
17) 부손[蕪村]의 하이쿠[俳句]이다. 요사 부손[與謝蕪村]이라고도 하고 본명은 다니구치 부손[谷口蕪村]이다. 화가이면서 유명한 하이쿠 시인이다.
18) 바쇼(芭蕉)의 하이쿠[俳句]이다. 바쇼(芭蕉)는 일본의 유명한 하이쿠 시인이다. 이름은 마쓰오 바쇼[松尾芭蕉]이고 본명은 마쓰오 무네후사[松尾宗房]이다. 17음절 하이쿠에 선종의 정신을 불어넣어 하이쿠 형식을 풍부하게 했다. 1666년 주군이 죽자 사무라이의 지위를 버리고 시에 전념하기 시작했다.
19) 이백(李白)의 '유동정(遊洞庭)'이다. 이백은 당나라 때의 시인으로 두보와 함께 중국 최고의 고전시인이다. 자는 태백(太白)이고 청련거사(靑蓮居士)라고도 한다.

2) 윤리적 정조

윤리적 정조라 함은 선악과 의무와 책임과 만족의 느낌이 이것이다. 그 정조는 욕념 활동의 결과로 생겨난 것이니 그 욕념으로부터 분리하여 이것을 서술함이 곤란함으로 이를 뒤로 미루었다.

3) 논리적 정조

논리적 정조라 함은 예기(豫期)와 합리와 불합리의 느낌이 이것이다. 불합리의 느낌이라 함은 각 판단이 상호 충돌할 때 생기는 일종의 불쾌와 불편한 정조이다. 그러므로 이 느낌은 모순의 느낌이라 칭하고 합리의 느낌이라 함은 판단의 모순을 제거하여 이것을 조화시켰을 때 생기는 일종의 쾌미(快美)의 편안한 느낌이다. 인간은 불합리의 느낌을 탈각하여 합리의 느낌에 도달하고자 욕념한다. 이 욕념은 소위 사변(思辨)이라 칭하는 작용을 야기하고 또 그 사변은 충돌하는 판단을 조화하는 원리적 판단을 발견함에 이르러 그치니 이 원리적 판단으로 상호 충돌하는 것처럼 보이는 각 판단을 조화하게 하는 작용을 칭하여 설명(說明)이라 칭한다. 그러므로 사변의 목적은 설명에 있고 또 불합리를 없애고 합리에 도달하고자 하는 욕념은 설명하고자 하는 욕념에 불과할 뿐이다.

우연하게 조우해서 숙지한 사실에 관한 판단으로써 사변의 표준, 즉 원리적 판단을 이룬다. 이로 인하여 새롭게 경험된 사실에 관한 판단을 설명하고자 하는 일과, 또 이미 아는 판단이 충돌하는 새로운 사실을 조우할 때는 이미 아는 판단으로써 새로운 사실과 합치하지 않는다고 느끼지 않고 새로운 사실로써 이미 아는 판단과 합치하지 않는다고 느끼는 일과, 이미 아는 판단을 이상하다고 느끼지 않고 새로운 사실로써 이상하다 놀라고 기이하게 여기는 일은 인간 일반의 본성이다. 그런즉 대부분의 경우에 설명하고자하는 요구는 새로 안 일을 실로 이미 아는 판단으로 귀착하는 일로부터 성립한다. 그러나 인간은 어떤 이유로 이미 아는 판단과 충돌하는 사실과 조우할 때 불합리를 느끼는가. 이것은 다른 것이 아니다. 인간은 종래의 경험으로부터 얻은 판단으로 인해 아직 경험하지 않은 것을 예상하기 때문이다. 상세하게 말하면 서사적(敍事的) 판단을 변하여 예기적(豫期的) 판단으로 하기 때문이다. 그래서 불합리의 느낌은 예기(豫期)를 예상하며 과거의 경험에 관하여 우리는 단지 '어떤 어떤 것은 어떤 어떤 것이다'라고 서사적으로 판단함에 이를 때는 어떠한 불합리의 느낌도 일어나지 아니한다. 우리는 과거의 경험에 관한 서사적 판단을 아직 경험하지 않은 것에 관한 예기적 판단으로 하기 때문에 그래서 불합리의 놀랍고 기이한 느낌을 일으킨다. 그러나 우리는 다시 더 나아가 묻고자 한다. 인간은 어째서 과거 경험에 관하여 단지 단순히 서사적 판단을 이루는 것에 그치지 않고 예기적 판단을 이루는가의 일에 관하여 우리는 그 심리학적 이유를 발견하지 못하니 우리는 단지 이렇게 예기하는 일로서 심의(心意)의 근본적 성질로 볼 뿐이다.

제8장 욕념(欲念)

제1절 욕념의 속성

1) 역성(力性)

욕념의 역성이라 함은 강도(强度)이다. 욕념의 강함이 어떤 것인지는 어떤 인간이든지 직감적으로 자각하는 사실로 이를 서술하기 매우 곤란하다. 꽃을 구경하고자 함보다 여행하고자 원하며 연극 극장에 가기보다는 씨름을 보고자 원할 때에 꽃을 보려는 욕념보다 여행하고자 하는 욕념이 강하며 연극을 보고자하는 욕념보다 씨름을 보고자하는 욕념이 강한 것은 어떤 인간이든지 자각하는 것이다. 이러한 느낌은 즉 역성의 진성(眞性)을 보이는 것이다. 그러나 지금 그 욕념의 강도가 그 대상되는 관념상에 미치는 영향으로부터 논할 때는 욕념의 역성은 그 대상을 보존하는 일의 강약에 따라서 측정할지니 즉 강한 욕념은 그 대상을 의식계로 보존하는 일이 강하고 약한 욕념은 이를 보존하는 일이 약하다.

2) 아성(我性)

어떤 인간이든지 자기가 손을 움직이고자 하여 그 손을 움직일 때의 그 손의 운동과 타인으로 인해서 움직임을 당하게 될 때의 그 손의 운동을 혼동하여 자기가 움직이게 한 것인지 타인에 의해 움직이게 된 것인지를 오인하는 일은 없다. 전자의 운동에는 자기가 힘의 중심이 되어 운동을 야기하는 느낌이 있고 후자의 운동에는 다만 그 운동이 있을 뿐이고 그 운동을 야기할 수 있는 힘의 중심은 자기에게 없다. 이렇게 자기가 힘의 중심이 되어 운동을 야기하는 느낌은 즉 '운동한다'는 느낌이며 자기가 힘의 중심이 되지 않고 다만 운동이 일어나는 느낌은 '운동이 있다'는 느낌이 이것이다. 내가 꽃을 보고 이것을 꺾고자 욕념하며 음식을 보고 음식을 먹고자 욕념할 때에도 또한 자기가 힘의 중심이 되어 활동하는 느낌을 경험한다. 그러므로 욕념의 직감적 경험은 '감념(感念)이 있음'이 아니라 '욕념하다'는 경험이다. 이렇게 욕념에 덧붙은 자기가 힘의 중심이 되어 활동하는 느낌을 칭하여 자기 활동(自家活動) 또는 자율(自律)의 느낌이라 하며 또 관념이 자기 활동 또는 자율의 느낌을 가진 성질을 칭하여 아성(我性)이라 한다. 대체로 욕념은 자기 활동의 느낌을 가짐으로 인해서 아(我)가 되기 때문이다.

제2절 욕념의 대상(목적과 수단)

욕념은 그 자신 고립되어 저절로 발현하는 경우는 없고 항상 관념에 대하여 발현활동을 하는 것이다. 내가 욕념한다고 말하면 이것은 기존에 욕념한 어떤 사물과 사변(事變)의 관념이 있음을 예상한다. 즉 우선 어떤 사물과 사변의 관념이 있고 또 욕념은 그 관념을 실현하고자 해야 발현활동을 하는 것이다. 이렇게 욕념이 이것을 실현하고 발현활동을 하는 사물과 사변의 관념을 욕념의 대상이라고 한다.

욕념의 대상을 목적과 수단으로 구별한다. 그 결과상으로 논하면 그 실현이 욕념의 활동에 그 결말을 주는 대상을 칭하여 목적이라 하며 그 실현이 그 결말을 욕념의 활동에 주지 않아도 목적을 실현키 위해 우선 실현할 대상을 칭하여 수단이라 한다. 다시 이것을 그 주관적 가치의 방면으로 논하면 목적이라 함은 자신을 위하여 원한 것, 즉 의기적(依己的) 가치를 가진 대상이며 수단이라 함은 자신에게 의기적 가치를 갖지 않아도 목적에 도달하기 위하여 필요하므로 가치가 있다. 즉 의타적(依他的) 가치를 가진 것이다.

단 목적은 자신에 주의(注意)를 환기할 가치를 가지지만 수단은 그 자신에 주의를 환기할 가치를 가지지 못하고 항상 그 목적만 위하여 주의를 환기할 뿐이다. 그러므로 욕념 생활의 요구로 논하면 욕념을 환기하기 위해 필요하여 없어서는 안 될 것은 다만 그 목적의 의식뿐이고 수단의 의식과 같은 것은 다만 그 목적에 도달할 행동을 수련(修鍊)하는 데에만 필요하다. 그리고 그 목적 도달의 행동이 수련됨에 이를 때에는 수단의 의식은 무용하게 되기 때문에 욕념 행동이 수련을 바탕으로 해서 자세하고 확실할수록 다만 그 목적과 이에 대한 욕념이 있을 뿐이요 수단의 의식은 마음속으로부터 없어지게 된다.

제3절 목적과 쾌불쾌의 관계

이에 대하여 주의할 것은 4가지이다.

1) 대체로 욕념은 쾌감을 지속하고 혹은 쾌감의 예상적 관념을 현실로 해서 혹은 불쾌감과 또는 그 예상적 관념의 현실을 피하고자 하는 일을 목적으로 정한 것이니 이것은 통상적(通常的)인 경우이다.

2) 그러나 욕념의 강도와 그 목적된 쾌감, 불쾌감의 강도 사이에는 일정불변하는 비례가 없다.

3) 혹 욕념은 사물이나 또는 생겨나오는 일의 중성(中性)적 지각과 혹은 관념을 목적하여 발현 활동하는 일이 있다. 가령 술을 좋아하는 자가 술을 마시고자 욕념함은 우선 술을 마시는 일을 통해 생길 쾌감을 관념하고 그 관념을 실현하고자 해서 욕념하는 것이 아니라 저것들은 다만 그 술이 있음을 지각하고 이것을 이미 마시고자 욕념하며 또 지각과 욕념 사이에는 어떤 예기적 쾌감의 관념이 삽입되지 않으니 이것은 통상적이지 않은 경우이다.

4) 욕념에 부대(附帶)한 불쾌감은 해당 욕념을 피하고자 하는 목적이 아니라 결과이다. 쾌락을 구하고 고통을 피하고자 하는 것으로 욕념의 유일

한 목적이라 주장하는 논자는 원래 욕념을 이루지 않고 방치하는 일은 심히 불쾌하니, 욕념을 이루면 그 불쾌는 홀연히 없어지기 때문에 욕념의 활동은 결국 쾌락을 구하고 고통을 피하는 목적을 따르는 것이라 주장하지만 이는 전혀 목적의 의의를 오해하는 것이다. 목적은 항상 욕념의 발현 이전에 이미 있는 관념이 된다. 그러나 욕념을 이루지 않는 일로 인해서 생기는 불쾌감은 욕념한 결과로 생기는 것으로 욕념 이전에 이미 있는 것은 불가능하다. 그래서 욕념에 부대하는 불쾌감은 욕념의 목적이 아니고 욕념한 결과이다.

제4절 욕념의 현재적 활동과 잠재적 활동

욕념은 항상 어떤 관념을 대상으로 해서 이것을 실현하려고 발현 활동하는 것이지만 욕념은 의례히 의식으로 자체적으로 발현하는 것에 그치는 것이 아니다. 대체로 그 관념의 대상만 의식이라고 해서 그것이 발현하는지의 여부는 그 대상에 대한 활동이 즉시 그에 따라 생기며 또한 욕념이 의식으로 발현하지 않는 일도 있다. 그러나 그 활동을 방해하게 되면 그 욕념이 의식으로 발현함에 이르니 이것은 욕념의 활동이 그때에 비로소 일어난 것이 아니고 다만 의식해서 비로소 드러날 뿐이다. 즉 무의식적으로 활동하는 욕념이 방해를 당해서 이에 의식으로 출현하기 때문에 이러한 행동은 심의(心意)와 완전히 관계없는 생리적 반사 활동작용이 아니고 실로 심의의 욕념적 활동이 발현함이다. 그 '욕념한다'는 의식이 출현하지 않는 것은 오직 그 방해와 서로 만나지 않은 것 때문이다. 그래서 욕념 활동을 두 가지로 구분할 수 있으니 하나는 무의식 활동이며 다른 것은 의식적 활동이다. 전자를 욕념의 잠재적(潛在的) 활동이라 칭하고 후자를 현재적(顯在的) 활동이라 칭한다. 무릇 욕념은 그 저항을 만나지 않는 사이에는 잠재적으로 활동하고 저항을 만나면 현재적으로 활동하여 '욕념한다'는 의식적 사실이 된다.

제5절 아성(我性)의 추이(推移)

욕념의 아성에 대해 가장 주의해야 할 사실은 아성의 추이이다. 각자의 욕념을 고립적으로 보면 그 아성은 아성이라 해서 동등한 것이 되지만 만일 갑(甲)과 을(乙)의 욕념이 상호 대항할 때는 그 아성의 소재에 변화가 생기니 가령 술을 먹고자 욕념할 때든지 생명을 안전하게 보존하고자 욕념하는 때든지 이것을 분리적으로 볼 때는 그 아성은 동등한 것이다. 그러나 지금 술을 먹고자 하는 일과 생명을 안전하게 보존하고자 하는 일이 양립하지 못할 일을 발견할 경우에는 음주욕(飮酒欲)과 생명욕(生命欲)이 상호 충돌하며 또 그 두 가지 욕념의 대항에 대해 다수의 사람은 어떠한 일로 경험하겠는가. 다수의 사람이 경험하는 사실은 다만 '음주욕과 생명욕이 상호 저항함'도 아니고 또 '생명욕 때문에 저항됨'도 아니고 '음주욕 때문에 저항됨'이다. 자기 활동의 느낌이 생명욕에 있고 음주욕에 있지 않음을 의미함이니, 즉 생명욕은 아(我)이고 음주욕은 피(彼)가 되는 일을 의미한다. 음주욕이라도 고립적으로 동작할 때는 자기 활동, 즉 아(我)일지라도 생명욕과 상호 대항함에 이르면 자기 활동의 느낌은 없어져서 생명욕에 존재하고 생명욕인 아(我)에 저항하는 피(彼)가 된다. 그러나 생명욕은 음주욕에 대해서는 아(我)일지라도 그 국가에 대한 의무와 상호 대립할 때에 이르러서는 그 아성을 잃고 의무는 아(我)이며 생명욕은 피(彼)가 되니 이렇게 욕념과 욕념이 상호 대항하는 일 때문에 다른 경우에 아(我)가 된 것이 피(彼)가 되며 피(彼)가 된 것이 아(我)가 되는 사실을 칭하여 아성의 추이라 한다.

이와 같이 두 개의 욕념이 상호 대항하는 때에 그 아(我)되는 편을 칭하여 아성이 높다고 하며 피(彼)되는 편을 칭하여 아성이 낮다고 한다.

제6절 미결정(未決定)과 결정(決定)과 결심(決心)

그 목적이 서로 다른 각종 욕념이 동시에 발현할 때에는 다른 것을 상호 배제하여 자신의 목적을 달성하고자 하여 경쟁하니 이것을 욕념의 경쟁이라 하며 그 욕념의 경쟁을 3가지로 분류할 수 있다.

1) 미결정의 상태

상호 경쟁하는 각각 욕념이 그 아성에서 높고 낮음의 차별을 가지지 않는 일이 있으니 이때에 우리는 그 경쟁하는 욕념 중에 어떤 것이든지 아(我)로 느끼지 않고 이것을 따라서 그 어떤 것의 목적이던지 아(我)의 목적으로 느끼지 않으니 상세하게 말하면 아(我)의 목적은 아직 결정하지 않은 것이다. 그러므로 이때의 정신생태를 칭하여 미결정이라 한다.

2) 결정의 상태

욕념이 상호 경쟁하는 중에 그 하나의 욕념이 자기보다 높은 아성의 욕념과 그 목적을 서로 같이 하는 일이 발견되는 경우가 있다. 그러한 때는 그 욕념은 그 아성에서 다른 욕념과 동등하게 된 위치로 인해서 다른 것을 갑자기 배제하여 높은 아성의 위치에 올라가 아(我)가 되고 다른 욕념을 피(彼)로 하게 된다. 이 순간에 대한 직접 경험은 일종의 다른 양태의 느낌을 일으키는 것이며 아(我)의 목적이 미결정한 상태에서 벗어나 아(我)의 목적이 어떤 것인지에 대해 자신하는 상태가 되는 느낌이다. 이 느낌을 칭하여 결정의 느낌이라 한다. 그러므로 결정이라 함은 아(我)의 목적을 확정하는 작용이니 목적의 선택이라 하여도 이는 결정의 별명에 불과하다.

3) 결심의 상태

아(我)의 목적을 결정하는 일과 아(我)의 목적을 실현할 시작은 완전히 다르다. 결정이라 함은 아(我)의 목적으로 실험할 것이 어떤 것임을 확정할만한 작용이며 그 목적을 실현할 시작을 하는 작용은 아니다. 세계에는 그 목적을 자각하면서 다른 욕념 때문에 방해가 되어 이것을 실현할 수 없는 사람이 많다. 그러므로 목적을 실현하려고 시작함에는 목적을 결정하는 작용 이외에 따로 아(我)의 힘을 모아서 다른 욕념의 저항을 결연하게 배제하는 심의(心意) 상태가 되는 것이 필요하니 이때의 심의 상태는 또한 일종의 특별한 성질이 있는 것이니 이것을 결심이라고 한다.

제9장 의지(意志)

제1절 의지의 의의(意義)

의지라 함은 다만 그 강한 욕망을 말하는 것이 아니라 상호 경쟁하는 욕념 가운데 아성이 가장 높은 욕념을 칭하여 의지라고 한다. 그러므로 가령 그 강도가 다른 욕념과 같지 않아도 그 아성이 우월할 때에는 그 의지된 일을 방해하지 않으며 또 가령 그 강도가 크더라도 아성이 낮은 욕념은 의지가 아니라 의지를 반항하는 강박력(強迫力)이다. 이렇게 강박적으로 감각되는 욕념을 욕심(欲心)이라 한다. 그러므로 의지라 함은 아(我)로 하는 욕념이며 욕심이라 함은 피(彼)로 하는 욕념이다.

그러나 정밀하게 논하면 의지를 다시 두 종류로 분류할 수 있다. 하나는 욕념 경쟁장 안에 우선 결정 상태로 들어오고 다시 결심 상태로 들어오는 것이며 다른 것은 오직 결정 상태로 들어오는 것에만 그치고 결심 상태로 들어오지 않은 것이다. 전자는 협의(狹義)에 대응하는 의지이며 후자는 특히 원망(願望)이라 말한다. 소위 의지가 강한 사람이라 함은 이 협의에 대응하는 의지를 가진 사람이며 의지가 약한 사람이라 함은 원망에만 그치는 사람을 말한다.

제2절 욕념 경쟁의 결착(決着)[20]

욕념 경쟁의 승리는 항상 가장 강한 욕념으로 귀결된다. 상세히 말하면 다른 욕념을 배제하고 자기의 목적을 달성할 행위를 향하여 동기가 되는 것은 항상 경쟁장 안에서 발현된 욕념 가운데 가장 강한 것이니 그 행동을 세 종류

---

20) 결착(決着) : 완전하게 결말이 나서 끝남을 말한다.

로 분류한다.

1) 의지 행동

강도가 가장 강한 욕념과 아성이 가장 높은 욕념이 일치되었을 때, 즉 상세히 말하면 욕념이 행동의 동기가 됨과 동시에 의지가 될 때에는 이것으로 인하여 일어나는 행동, 이것을 의지에서 발한 행동, 즉 의지 행동이라 한다.

2) 반의지 행동

그러나 가장 강한 욕념이 아성에 대해 낮은 일이 있다. 상세히 말하면 행동의 동기로 한 욕념이 아(我), 즉 의지가 아니고 피(彼), 즉 욕심인 일이 자주 있으니 이러한 경우에 대한 행동은 의지에서 발하는 것이 아니고 의지에 대해 발하는 것, 즉 반의지 행동이다. 가령 편향(偏向)과 이상(理想)의 충돌에서 이러한 행동을 일으키는 일이 있으며 도덕적 수양이 부족한 사람은 그 이상은 아성에 대하여 편향보다 우월하나 그 강도에 대해서는 편향만 못하며, 또 그 결과로 편향과 이상이 충동할 때 행동은 편향의 목적을 실현하도록 활동하니, 이때에 우리가 경험한 바 직감적 사실은 '나는 이상을 복종함'이 아니오 '나는 편향으로 인하여 복종함이라'는 느낌이 이것이다.

3) 중성(中性)적 행동

그러나 혹은 상호 경쟁하는 각 욕념 가운데 그 어떤 것이든지 아성상에 차이가 없고 따라서 그 어떤 것이든지 의지가 아니며 어떤 것이든지 욕심이 아닌 경우가 있으니 이러한 경우에는 각 욕념이 상호 경쟁하여 그 강한 것이 이기기까지 그 어떤 것이 이겨서 행동을 야기해도 따로 의지적이지도 않고 반의지적이지도 않고 다만 그 행동이 실현되는 데에 방임하여 살피지 않는 느낌이 있으니 이러한 행동을 중성적 행동이라 한다.

제3절 충동적(衝動的) 의지와 숙려적(熟慮的) 의지

하나의 욕념이 발현함이 그 의식계를 독점하고 다른 욕념이 발현할 여지가 없게 하며 또 나아갈 수 있는 행로(行路)에 대해 깊이 숙려하여 유예하는 일이 불가능하고 즉시 의지가 되어 행동을 야기하는 일이 있으니 이러한 의지를 충동성 의지라 한다. 그러나 여러 종류의 욕념이 상호 경쟁하여 그 가운데 하나가 결심이 되며 또 그 결심을 이룬 뒤에도 나아갈 수 있는 행로에 대해 숙고한 뒤에 하나의 행동을 비로소 일으키는 의지가 있으니 이러한 의지를 숙려적 의지라 한다.

제4절 사실과 이상

욕념의 경쟁은 그 힘이 강한 것의 승리로 항상 끝난다. 아(我)라 하여 욕념, 즉 의지가 욕심을 압도하며 그 목적을 달성하고자 생각하지만 실제상으로 의지의 힘이 약하고 욕심의 저항력이 강할 때는 그 생각이 진다. 이것은 의식법칙이 그렇게 하는 것으로 이러한 것 이외에 다른 대안이 없음이 사실이다. 그러나 이 사실은 아(我)의 목적에 반대이다. 목적을 결정한 사람은, 사실상 승리는 어떤 욕심으로 귀결해도 항상 스스로 할 일이 어떤 것임을 분명히 알며 이렇게 분명히 아는 것을 칭하여 이상이라 한다. 그러므로 이상이라 함은 분명히 아(我)의 목적에 불과하다.

제5절 가치의 느낌

가치의 느낌과 욕념은 완전히 다른 것이다. 그러나 가치는 항상 욕념을 예상하니 어떤 이유인가 하면 가치의 느낌은 항상 욕념할 사물, 즉 목적에 대해 생겨나고 욕념을 도발하지 않는 사물에 대해서는 어떤 가치이든지 느끼지 못한다. 그러나 욕념에는 강도의 대소(大小)와 아성의 고저(高低)의 속성이 있으며 아울러 가치에도 또한 두 가지 종류로 구별할 수 있으니 필요의 느낌과 선의 느낌이 이것이다. 즉 강도를 따로 말할 때에 아성이 높은 욕념의 목적은 낮은 아성의 욕념의 목적보다 선함으로 느끼니 가령 의무와 편향이 상호 대항할 때 의무의 목적인 이상은 편향의 목적보다 선함으로 느낌이 이와 같다.

그러나 높은 아성의 욕념과 낮은 아성의 욕념이 상호 대항할 때에 따르는 것이 전자보다 그 강도가 클 때에는 그 목적은 전자의 목적보다 필요함으로 느낀다. 가령 의무가 편향으로 인해서 압도될 때에는 나는 '필요에 핍박되는' 느낌을 경험하기 때문에 선이라 함은 자율적 활동, 즉 의지 목적의 가치며 필요라 함은 의지를 압도하는 강렬한 타율적 활동, 즉 욕심 목적의 가치라 한다.

제6절 의무(義務)의 느낌

상호 경쟁하는 다수의 욕념 가운데 하나의 욕념이 아(我)가 되어 그 목적이 선, 즉 아(我)의 목적으로 선택된 이상(以上)에는 아(我)는 그 목적을 오직 선하다고 하여 방관하는 자가 아니고 이것을 선하다고 해서 선택함과 동시에 이것을 실현하고자 하는 자율적 요구를 느끼는 자이다. 하지만 이것을 실현하고자 하는 자율적 요구가 있다면 그 목적은 선이 되어야 아(我)의 목적으로 선택된다. 이렇게 선하다고 해서 선택한 아(我)의 목적을 실현하고자 하는 자율적 요구의 느낌을 칭하여 의무의 느낌이라 한다. 그러므로 어떤 욕념의 경쟁이라도 그 경쟁장 안에서 하나의 욕념의 아성이 다른 것보다 우월하여 아(我)가 될 경우에는 그 아(我)는 필연적으로 의무의 느낌을 경험한다. 그러므로 아(我)되는 자가 심의(心意) 활동의 근본적 사실이 된 이상(以上)에는 그 의무의 느낌도 근본적 사실이 될지니 의무는 단순한 약속 등으로 인해서 만

들어진 것이 아니다.

제7절 의지의 자유

의지의 자유를 두 종류로 구분하니 선택(選擇)의 자유와 실행(實行)의 자유이다.

1) 선택의 자유

아성에 대해서 동등한 두세 개의 욕념이 상호 경쟁하여 우리는 그 가운데 어떤 것을 선택하여 '아(我)의 목적'으로 정할 것인지를 숙고할 때에 그 숙고는 그 효험을 상주(上奏)[21]하고 그 가운데 하나가 '아(我)의 목적'이라 하여 선택됨은 즉 결정의 작용에 불과하다. 그러나 이렇게 선택하여 욕념 가운데 하나를 취하는 순간에 우리는 어떠한 일을 경험할까. 이때에 우리가 경험하는 직감적 사실은 '선택됨'이 아니고 또 '선택이 있음'이 아니니 선택하는 느낌이 이것이다. 상세히 말하면 아(我)는 제3자로 선택을 방관하는 위치에 있는 것이 아니라 실로 나 자신이 그 선택의 활동에 참여한다. 하지만 선택한 외력(外力)으로 인해서 타율적으로 강박됨이 아니고 나 자신이 나 자신의 자기 활동으로 인하여 선택하는 일을 느끼니 이것이 자율적 선택이다. 선택의 자유라 함은 이 자율적 활동의 느낌에 불과하다.

2) 실행의 자유

선하다 스스로 인식한 것을 선택하여 이것을 '아(我)의 목적'으로 함은 자유이지만 이렇게 선택한 것을 능히 실현하는 여부는 별개의 문제이다. 이것을 이미 선택함과 동시에 이렇게 선택한 목적을 실현하고자 하는 자율적 요구,

---

[21] 상주(上奏) : 임금에게 말씀을 아뢰어 올린다는 뜻이다.

즉 의지로 일어남은 자연적이지만 다시 그 의지에 대해 각종 욕심의 저항이 있으므로 의지는 그 목적을 실현하기 위해 그 반대되는 욕심과 싸운다. 싸운 결과 자유와 부자유의 차이가 생기니, 즉 의지가 욕심의 저항을 배제하고 그 선택한 목적을 달성할 때에는 '생각하는 대로 이룬다'는 느낌을 일으키고 이에 반해 욕심의 저항에 압도되어 그 목적을 달성할 수 없을 때에는 '생각대로 이루지 못한다'는 느낌을 일으키니 '생각대로 이룬다'는 느낌을 칭하여 자유라 하며 '생각대로 이루지 못한다'는 느낌을 칭하여 부자유라 한다. 그 자유와 부자유는 목적 선택 상에 있지 않고 이미 선택한 목적을 실행함에 있다. 그러므로 그 자유와 부자유를 칭하여 실행상 자유와 부자유라 한다. 그 실행의 자유와 부자유는 의지가 욕심의 저항을 이기고 이기지 못함에 따라 정하며 아울러 의지의 힘에 따라 정한 것이다.

　실행의 자유와 부자유는 현실적(現實的)과 가능적(可能的)으로 구분한다. 현실적 자유라 함은 현재에 의지의 힘이 강하여 욕심을 정복할 때의 자유이며 현실적 부자유라 함은 의지의 힘이 약하여 욕심에게 정복될 때의 부자유이다. 그러나 우리는 가령 현실적으로 부자유라도 미래에도 이렇게 부자유할 이유가 없으니 우리는 의지의 힘을 수양만 하면 지금에는 현실적으로 부자유라도 미래에는 자유의 경지에 도달함을 얻을 수 있으리라고 예상한다. 이렇게 도달하겠다고 예기된 자유를 가능적 자유라 하며 이에 반하여 지금 현실적 자유는 의례히 미래의 자유를 보존하지 못하고 혹은 의지력의 쇠약 때문이든지 혹은 욕심의 증가 때문이든지 지금에는 현실적으로 자유라도 미래에는 부자유하게 될지 알지 못한다. 이렇게 미래에 예기된 부자유를 가능적 부자유라 한다. 그러므로 현실적 자유와 가능적 부자유는 양립하고 현실적 부자유와 불가능적 자유도 양립한다.

제8절 책임(責任)의 느낌

우리가 아(我)의 행동을 악함으로 자각할 때는 이 행동에 대해 꾸짖어 벌함을 감수하고 아울러 지금부터 이 행동을 개선하여 선한 행동을 행하지 않으면 아름답지 못하다 느낀다. 그 꾸짖어 벌함의 감수와 행동 개선의 요구는 책임의 느낌이다. 그러나 아(我)의 행동이 악하다고 자각함은 결국에 아(我)는 자율적(즉 자유)으로 목적을 선택하며 이것을 실행할 수 없는 일을 자각함에 불과하다. 그러므로 책임의 느낌은 목적 선택의 자유와 실행의 현실적 부자유를 예상하며 아울러 의지력이 약함을 예상함이다. 그러나 책임이라 함은 오직 악한 행동에 대해 꾸짖어 벌함을 감수할 뿐 아니라 다시 '지금부터 이전의 행동을 개선치 않으면 아름답지 못하다'는 느낌으로 그 중요한 요소를 이루되 행동이 악한 일이라는 자각은 선이라 자각한 것을 실행할 수 없는 일, 즉 의지력이 약한 일의 자각에 불과하다. 그러므로 행동 개선의 요구라 함은 분명 어떠한 욕심의 저항을 만나도 이것을 배제하고 반드시 그 목적을 달성하도록 의지력을 수양함이 옳다는 요구에 불과하다. 그러나 그 의지 수양의 요구는 필연적으로 실행의 가능적 자유를 예상함이니 그 이유는 자유가 없다고 인정하면 그 의지 수양의 요구는 불가능한 일의 요구에 불과하다. 그래서 책임은 목적 달성의 자유와 실행의 현실적 부자유 및 실행의 가능적 자유를 예상함이며 책임이라 함은 분명 현실적 부자유, 즉 사실을 탈각하여 가능적 자유, 즉 이상으로 도달하고자 하는 향상(向上)적 진보의 요구에 불과하다.

제9절 유쾌(愉快)와 만족(滿足)

유쾌와 만족이라 함은 모두 심의(心意)의 쾌의 상태이며 불유쾌와 불만족이라 함은 모두 심의의 불쾌의 상태이다. 그러나 유쾌와 만족이라 함은 온전히 다른 종류의 쾌의 상태이며 불유쾌와 불만족이라 함은 완전히 다른 종류의 불쾌의 상태이다. 대체로 유쾌와 불유쾌라 함은 모두 욕념의 결과가 아니며 또한 그 발현 상 욕념 이전에 생기는 일이 많으며 만족과 불만족은 이것과 완전히 다르다. 우리는 어떤 일을 욕념하고 그 목적이 달성되지 않을 때, 즉 실행 상 현실적으로 부자유될 때는 일종의 특수한 고민을 느끼니 이 고민의 느낌은 바로 불만족의 느낌이다. 만일 우리가 가장 처음부터 어떤 사건을 욕념함이 없으며 우리는 어떤 고민을 느끼지 못한다. 그러므로 불만족이라 함은 욕념을 달성하지 못한 일, 즉 실행 상 부자유로 인하여 생기는 불쾌감이다. 우리는 욕념의 목적을 달성하고 부자유를 벗어나 자유로 들어갈 때에는 이전 시기의 고민은 완전히 없어져서 일종의 편안한 느낌이 생긴다. 이것은 바로 만족의 느낌이며 만일 우리가 처음부터 어떤 일이든지 욕념하지 않았을 때에는 실행 상 자유로부터 생기는 쾌감을 경험할 수 없다. 그러므로 만족이라 함은 욕념이 그 목적을 달성하는 일, 즉 자유로 인하여 생기는 쾌감이다. 그래서 만족과 불만족은 모두 욕념한 결과이니 불만족에서 벗어나 만족으로 들어감은 분명 부자유에서 벗어나 자유로 들어가는 일을 의미한다.

제10절 아(我)

활동이 활동함과 동시에 자신을 활동으로 인식할 때의 활동 상태는 활동기물(活動其物)[22]이다. 활동기물(活動其物)이 어떤 것임은 활동 자신이 자신의 활동을 활동으로 직각(直覺)하는 것 이외에 알 수 있는 방도가 없다. 그러므로 활동 자신이 자신의 활동을 활동으로 해서 자각(自覺)한 바 활동은 활동의 실상(實像)이다. '욕념한다' '의지한다'는 의식적 사실은, 즉 활동이나 자신의 활동된 일을 직각한 상태이니 상세히 말하면 자각적 활동이다. 그러므로 '욕

---

[22] 활동기물(活動其物) : '활동 그 자체'라고 번역될 수 있다.

념한다' '의지한다' 함은 활동의 실상이다.

그러나 활동은 어떤 이유로 오직 그 무자각적 활동에 그치지 않고 자신을 자각하여 '욕념한다' '의지한다'는 상태가 되는가. 이것은 저항을 당했기 때문이다. 활동은 '욕념한다' '의지한다'는 의식적 사실로 인해 자신의 존재를 자각하지만 활동기물(活動其物)은 이 '욕념한다' '의지한다'는 사실로 인해서 시작한 것이라고 보지 못한다. 활동이 없으면 저항을 당한 일이 없으며 저항이 없으면 '욕념함'도 없고 '의지함'도 없기 때문에 우선 활동이 있으며 활동이 있음으로 저항이 있고 저항이 있음으로 해서 '욕념한다' '의지한다' 함이 있다. '욕념한다' '의지한다' 함은 활동의 자각태(自覺態)이다. 이 자각태의 활동 이전에는 무각태(無覺態)의 활동이 있다고 추정한다. 이 자각태의 활동은 욕념의 현재적 활동이며 그 무각태의 활동은 욕념의 잠재적 활동이다.(제8장 제4절을 참조하라.)

그러나 활동이 저항을 만난다고 하는 사실 근저에는 다시 매우 깊은 의의가 있다. 만약 그 활동이 다른 어떤 것으로든지 대상(代償)[23]치 못할 특별히 고유한 진행 방향, 즉 목적을 실현하기 위한 진행을 가지지 않으면 활동이 취하는 진행로는 우연적으로 이루어질 뿐이고 그 진행로 앞에 당면하여 어떠한 막힘이 있든지 이로 인하여 활동은 어떤 아픔도 느끼지 않는다. 그러나 그 진행로 앞을 막은 의지(意志)가 큰 고통을 느낌은 의지하는 사람이 자증(自證)하는 직각적 사실이 아니다. '의지한다'는 활동은 다른 어떤 것으로든지 대상(代償)치 못할 특별히 고유한 목적을 가진다. 이 목적은 활동기물(活動其物)에 특별히 고유하여 다른 것에는 없는 것이 된다. 그러므로 이 목적의 추구는 활동 자신이 힘의 중심을 스스로 이루어 운영하는 바가 된다. 가령 이 진행에

---

23) 대상(代償) : 일반적인 의미로는 대신 갚는다는 뜻이다. 프로이트(Freud)의 Kompensation이라는 개념을 보상(補償) 혹은 대상(代償)으로 번역하는데 이 당시 프로이트의 개념이 소개되었는지는 의문이다.

필요한 '에네르기'는 욕념 밖으로부터 온다 해도 이 '에네르기'를 취하여 그 목
적에 도달할 수 있는 특별히 고유한 진행로로 향하는 동작은, 즉 이 목적을
자신의 목적으로 하는 욕념 자신이 힘의 중심을 스스로 이루어 경영하는 바
가 된다. 이는 욕념 활동의 자각적 사실은 '욕념됨'이 아니고 '욕념이 있음'이
아니며 바로 '욕념한다' 함이 되는 이유이다.

이렇게 '욕념됨'이 아니고 '욕념이 있음'이 아니며 특히 '욕념한다' 함이 되는
성질을 칭하여 아성(我性)이라 한다. 그 이유는 즉, 아(我)의 아(我)된 이유는
바로 힘의 중심을 스스로 이루어 활동하는 자각이 존재하기 때문이다. 그래
서 아성을 가진 활동은, 즉 아(我)이다.

아성을 가진 활동이라 말함은 다른 어떤 것으로든지 대상(代償)치 못할 특
별히 고유한 목적을 가진 활동이니 '욕념한다' '의지한다' 함이 바로 이것이다.
그러므로 '욕념한다' '의지한다' 함은 아(我)이다. 그러나 '욕념한다' '의지한다'
는 것 이전에 아직 '욕념한다' '의지한다'고 자각하지 않은 무자각적 활동이 있
으니 이 무자각적 활동의 자각태(自覺態)가, 즉 '욕념한다' '의지한다' 함이기
때문에 이 무자각적 활동도 또한 아(我)가 된다고 말한다. 그러나 아(我)의 아
성에는 높고 낮은 차별이 있기 때문에 지금에 아성 추이(推移)의 순서를 따라
서 아(我)를 배열할 때는 그 가운데 어떤 아(我)든지 자기보다 낮은 아성이 아
(我)에 대할 때에는 피(彼)가 된다. 이러한 아(我)를 칭하여 상대아(相對我) 또
는 가아(假我)라 말한다. 그러나 어떤 사람에 있어서는 어떠한 아(我)와 대립
하든지 항상 아(我)가 되어 결코 피(彼)가 되는 일이 없고 오직 하나의 최고
아성의 아(我)가 있으니 이러한 아를 칭하여 절대아(絶對我) 또는 진아(眞我)
라고 말한다.

제11절 자아실현(自我實現)

아(我)는 다른 어떤 것으로든지 대상(代償)치 못할 특별히 고유한 목적을 가졌기 때문에 그 목적에 도달하여 취할 수 있는 진행로가 막히는 저항을 만나면 아(我)는 이 막힘을 배제하여 그 진행로를 열 수 있도록 저항과 싸운다. 아(我)의 생명은 그 목적에 도달하려고 진행하는 활동이 이것이다. 그러므로 진행로를 막는 저항은 아(我) 생명의 방해이니 아(我)의 진행로를 막는 저항과 싸움은 그 생명의 방해를 배제하고자 함이다. 그래서 아(我)의 그 저항과 싸움하는 활동을 칭하여 자아실현이라 한다. 그 이유는 즉 아(我)의 실현이라 말함은 결국 방해를 배제하여 그 생명을 연장하는 일에 불과하기 때문이다.

아(我)의 아(我)되는 이유는 다른 어떤 것으로든지 대상(代償)치 못할 특별히 고유한 목적을 가진 일이 존재하여 이 목적에 도달하려고 진행하는 활동에 아(我)의 생명이 있기 때문이다. 그러므로 아(我)의 아(我)로 하여 존재하는 한도 내에는 그 저항을 만나면 필연적으로 자아실현을 이룰 경향을 가진다. 아(我)라 말하면 그 가운데에는 이미 자아실현의 의미를 가졌기 때문에 자아실현은 아(我)의 필연적 활동이다. 인생의 목적은 자아실현에 불과하고 의무는 자아실현의 자각에 불과하다. 그래서 책임은 자아실현의 태만에 대한 자기 견책에 불과하다. 자유라 함은 자아실현을 이룬 경지에 불과하며 만족이라 함은 이 경지에 들어가 얻은 심의(心意)의 편안함에 불과하다.

제12절 실천의 회의(懷疑)

사물의 설명에 대하여 일정하게 확신할 이론을 확정하지 않음을 칭하여 이론적 회의라 말한다. 그러나 회의는 이론상에 그치는 것이 아니라 또 그 의지(意志)상에도 있다. 절대아를 가진 사람은 어떤 사건에 접하여 어떤 경우에라도 항상 인생의 목적과 최상의 선과 스스로 할 일이 어떤 것임을 명확하게 알고 확신하며 이것에 대하여 회의하는 일이 없으나 이는 매우 드문 일이다. 다수의 사람은 절대아를 가지지 않으니 상세히 말하면 두세 개의 최상의 아성의 욕념을 가지며 또 상호 대립할 때에 그 어떤 것으로서도 아(我)라고 느끼지 못하며 피(彼)라고 느끼지 못한다. 이 두세 개의 최고 아성의 욕념이 상호 충돌하지 않으면 그 체(體)로 의연하게 존재하지만 만약 이것들이 상호 충돌할 경우에는 피(彼)는 스스로 할 일이 어떤 것인지 인생의 목적이 어떤 것인지 최상의 선이 어떤 것인지 이것에 미혹하며 이를 따라서 그 욕념 가운데 어떤 것이 이기고 어떤 것이 지던지 피(彼)는 오직 그 가운데 하나의 욕념이 이기고 다른 욕념이 짐을 느낄 뿐이고 다시 '스스로 할 일을 이룸'을 느끼지 않고 또 '스스로 할 일을 할 수 없음'도 느끼지 못하니 이러한 것을 칭하여 실천적 회의라 말한다. 윤리주의를 확정하지 않은 사람과 종교적 평온을 얻지 못한 사람은 다 회의자이다.

제13절 인격의 의의

의식계(意識界)의 상태는 사회의 상태와 같다. 주권(主權)이 없는 사회는 단지 그 사람들이 혼란하게 운집한 집단이다. 그 사람들은 개인으로 각각 그 자유 행동할 뿐이고 전체로 사회 일반이 공통으로 하는 목적을 위하여 공동 활동함이 없다. 아(我)로 인하여 통일되지 않은 의식계는 다만 혼란하게 규율이 없이 출몰하는 여러 의식 상태의 집단이다. 각 의식 상태는 단지 지리멸렬하게 출몰할 뿐이며 전체로 하나의 목적에 적합한 활동을 이룬 일이 없기 때문에 하나의 주권 상에 존재하여 사회에 임할 때에 그 사람들은 개인으로 자유 행동함을 그치고 주권의 목적을 실현할 수 있으며 사회의 일원으로 행동한다. 그래서 사회는 주의(主義)가 있고 목적이 있으며 이를 향하여 전체로 통일적인 행동을 이루는 상태가 된다. 하나의 최고 아(我)가 있어서 의식계에 발현할 때는 의식계 활동의 중심을 스스로 이루어 여러 의식 상태로서 규율 없이 혼란하게 출몰하는 일을 그치고 그 목적 이상의 실현을 향하여 협심하여 활동을 이루게 한다. 이에 의식에 주저함이 없으며 의심함이 없고 전체에 동일한 방침을 취하여 진행하는 통일적 상태가 된다. 하나의 주권 아래에 서서 그 목적을 향하여 통일된 활동을 이루는 사회를 칭하여 국가(國家)라 하며 하나의 아(我) 아래에 서서 그 목적을 향하여 통일된 활동을 이루는 의식 상태를 칭하여 인격(人格)이라 한다. 주권이 성대해지면 혼란한 국민이 굴복하지만 쇠락해지면 혼란한 국민이 일어나며 아(我)가 강하면 욕심이 진압되지만 약하면 욕심이 맹렬해진다. 그러므로 인격의 건강함과 건강하지 못함은 아력(我力)을 따라서 정해진다.

제14절 인격의 종류

인격에는 각종의 차이가 있으니 그 대체는 아래에 게시함과 같다.

1) 회의적(懷疑的) 인격
일정한 절대아가 안정되지 않아서 생기는 인격을 칭하여 회의적 인격이라 한다. 이러한 인격의 사람은 인생 목적이 어떤 것임을 해석하지 않고 어떤 주의(主義)도 없으며 어떤 이상도 없고 사변(事變)이 일어날 때 자기가 할 수 있는 일이 어떤 것임을 자각하지 않고 항상 타인의 결심을 보고 이를 따르며 그 행동을 타인이 찬성하면 매우 만족하고 다른 사람이 비난하면 홀연히 우울해지고 조금이라도 그 소신을 단행하여 타인의 포폄(褒貶)의 평가를 살피지 않음과 같이 자부심을 가지지 않는다.

2) 약지적(弱志的) 인격

절대아는 있더라고 그 힘이 약하여 항상 욕심으로 인해 압도되어 그 목적을 실행할 수 없는 인격을 칭하여 약지적 인격이라 말한다. 이런 인격의 사람은 인생의 목적이 어떤 것임을 해석하지 않음도 아니고 주의가 없는 것도 아니며 이상이 없는 것도 아니고 사변(事變)이 일어날 때 스스로 할 일이 어떤 것을 명확하게 알지 못함도 아니다. 그러나 그 의지가 박약하기 때문에 명예와 재산과 지위 등에 연연하여 그 소신을 단행하는 정신과 기력이 없어서 항상 욕심으로 인해 압도되며 고민하고 번뇌하여 본래 의도하지 않은 것으로 행동함이 있다.

3) 강지적(强志的) 인격

완강한 절대가가 어떠한 욕심의 저항도 배제하여 반드시 그 목적을 이루지 못하면 그치지 않는 인격을 칭하여 강지적 인격이라 한다. 이런 인격의 사람은 인생의 목적이 어떤 것임을 명확히 알고 주의를 가지며 이상을 가지고 사변이 일어날 때 스스로 할 일이 어떤 것임을 명확히 알 뿐만 아니라 그 의지력이 강건하고 굴하지 않는다. 이는 아(我)가 할 수 있는 일을 일차로 확신한 이상 어떤 위력이든지 이를 움직이지 못하고 어떤 유혹이든지 이를 미혹케 할 수 없어서 반드시 이것을 배제하고 그 소신을 실행한다. 이러한 인격을 가진 사람은 그 절대아의 목적이 어떤 것임에도 불구하고 이를 주관적으로 볼 때는 모두 호걸(豪傑)로 다른 사람보다 우월한 자이다. 그러나 이를 객관적인 방면으로부터 비평할 때는 그 안에 자연히 차이가 없을 수가 없으니 이 차이의 큰 구별을 다음과 같이 게재한다.

(1) 통상적(通常的) 인격

그 절대아가 그 시대의 시대정신과 매우 합치하며 그 시대의 세태, 풍속,

취미와 조화할 때는 이를 통상적 인격이라 말한다. 건강한 상식을 가진 사람이라 말함은 이런 종류의 사람을 말한다.

(2) 위상적(違常的)[24] 인격

그 절대아가 그 시대정신과 어긋나서 그 시대의 세태, 풍속, 습관과 조화하지 않을 때 이를 위상적 인격이라 말한다. 이러한 인격은 다시 다음과 같이 두 종류로 구분한다.

① 통적(痛的) 인격 : 미신망상으로 인해서 이치에 어긋난 일을 옳다 하고 문명의 진보와 합치하지 않은 일을 향해 고집할 때 이를 통적 인격이라 말한다.

② 비범적(非凡的) 인격 : 그 이상이 고상하고 위대함이 매우 지나쳐서 당시의 시대정신과 어긋나지만 그 영향은 사후에 남아서 사람들의 마음에 젖어들어 미래의 시대정신을 생산하는 자가 될 때 이를 비범적 인격이라 말한다. 위대한 시인, 위대한 종교가, 위대한 도덕가는 모두 이러한 인격에 속한다.

제15절 교육상의 표준적 인격

교육의 목적은 인격의 양성이다. 그러나 이는 어떤 인격으로서 양성하는 인격이라 할까. 이는 회의적 인격도 아니고 약지적 인격도 아니고 강지적 인격도 아니다. 그러나 강지적 인격 가운데에도 세 종류가 또한 있다. 교육은 어떤 것으로 표준을 삼을까. 이것은 통적 인격이 아니다. 그러한 즉 비범적 인격이 될까? 비범적 인격을 희망함은 어떤 사람이든지 이를 부인할 자가 없다. 이러한 인물은 실로 수천 년에 한 두 사람을 볼 수 있는 하늘이 내린 위대

[24] 위상적(違常的) : 상도(常道)에 어긋난 것을 말한다.

한 인재이니 교육을 통하여 이를 양성할 수 있는 자가 아니다. 그러므로 교육 상에서 양성할 수 있는 표준적 인격은 다만 통상적 인격, 즉 상식을 가지고 의지가 확고한 자가 그것이다.

제10장 주의(注意)

제1절 주의의 의의

의식계는 시계(視界)에 비할 수 있다. 시계에는 각종 복잡한 물상(物象)이 있으니 이런 각종의 물상은 모두 동등하게 명료한 것이 아니고 그 어떤 부분, 즉 직접시(直接視)의 부분은 매우 명료하고 그 다른 부분, 즉 간접시(間接視)의 부분은 명료하지 못하다. 의식계도 이와 동일하여 어떤 부분의 상태는 매우 명료하고 다른 부분은 매우 명료하지 못한 상태에 있다. 이렇게 의식계 가운데 어떤 부분이 다른 부분에 비해 매우 명료한 상태에 있을 때는 해당 상태를 의식의 주의(注意) 상태라 칭하고 이 명료한 부분을 주의된 부분이라 말한다. 이에 반하여 의식계 가운데 어떤 부분이든지 명료한 일이 없고 전체가 모호한 상태에 있을 때에는 이를 의식계의 산의(散意)[25] 상태라 말한다.

제2절 의식의 범위와 주의의 범위

통상의 경우에 있어서 주의가 의식계 가운데 어떤 일부분에 대하여 일어난 것이며 이를 따라서 의식계에는 주의된 부분과 주의되지 않은 부분이 있는 것이다. 그러므로 이러한 경우에 있어서는 의식의 범위가 주의의 범위보다 커서 이를 그 가운데 포함한 것이다. 그러나 의식의 범위는 여전히 항상 주의의 범위보다 넓음에 그치는 것이 아니라 주의의 동작이 강할수록 의식의 범위는 차례로 좁아지다가 그 극점에 도달하면 의식의 범위와 주의의 범위가 서로 일치함에 이른다. 이러한 상태를 칭하여 망아(忘我)라 말한다.

[25] 산의(散意) : 주의가 흩어진 상태를 말한다. 불교에서 쓰이는 용어이다.

제3절 주의의 종류

주의의 종류는 두 방면으로부터 구별한다. 두 방면이라 함은 그 대상의 방면과 그 작용의 방면이다.

1) 대상의 방범으로부터 구별

그 대상의 방면으로부터 보면 주의는 감각성(感覺性)과 관념성(觀念性)의 두 종류로 구별할 수 있다.

감각성 주의라 함은 감각적 경험을 대상으로 하는 것이다.

관념성 주의라 함은 관념을 대상으로 하는 주의이다.

2) 작용의 방면으로부터 구별

그 작용 모양의 방면으로부터 보면 주의는 무의지적인 것과 의지적인 것 두 종류로 구별할 수 있다.

무의지적 주의라 함은 주의 자신의 편에 따로 이러이러한 것이라고 주의하고자 하는 의지가 없고 단지 그 대상이 야기하는 대로 야기되어 생기는 주의가 이것이다.

의지적 주의라 함은 주의하는 자 자신이 이러이러한 것으로 주의하고자 의지하여 주의하는 것이다. 이 경우에 있어서는 주의하는 자에 일정한 목적이 있기 때문에 그 주의하는 대상은 의례히 다른 대상보다 자극성이 강하고 또 명료한 정도가 큰 것에만 그치지 않는다. 우리의 의지는 자극성이 강하며 또 매우 명료한 대상이 우리의 주의를 야기하여 행하고자 할 때에 저항하여 다른 자극성이 약하고 불명료한 일정한 대상에 주의하고자 하여 노력하는 것 사이에 있다.

제4절 주의를 낳는 조건

주의의 동작을 야기하는 조건은 대체로 다음과 같다.

1. 객관적 조건

1) 대상의 강한 일 : 이것은 감각성과 그 관념성의 무의식적 주의를 낳는 조건이 되는 것이다. 우리는 낮은 음향보다 높은 음향을 향하여 자연스럽게 주의하며 약한 빛보다 강한 빛을 향하여 자연스럽게 주의한다. 이것은 감각적인 것의 무의지적 주의이다. 또 관념 가운데에도 의식으로 발현되기 쉬운 것과 발현되기 어려운 것이 있다. 그 발현되기 쉬운 것이 심하게 되어서는 이를 망각하고자 해도 망각할 수 없어 강박적으로 드러난 것이 된다. 이러한 것에 주의하려면 의지를 필요로 하는 일이 없으니 이것은, 즉 관념성의 무의지적 주의이다.

2) 대상의 큰 일 : 이것은 감각성 무의지적 주의를 야기하는 조건이 되는 것이다. 우리가 작은 것보다 큰 것을 향하여 주의함이 자연스럽게 향함을 말한다.

3) 대상의 운동하는 일 : 이것은 감각성의 무의지적 주의를 야기하는 조건이 되는 것이니 정지한 사물과 운동하는 사물이 있을 때 나는 무의지적으로 운동하는 사물 편으로 주의하며 이것을 따라서 운동이 없을 때에는 주의를 야기하지 않는 사물도 그 운동함에 이르러서는 홀연히 주의를 야기함에 이르는 것이다.

2. 주관적 조건

갑과 을의 대상이 있으니 가령 그 객관적 조건으로부터 보면 갑이 을보다 주의를 야기하기 쉬운 사정을 가지더라도 만약 우리의 심의가 갑보다 을을 감수하기 쉬운 주관적 상태에 있다면 주의는 갑을 향하여 움직이지 않고 을을 향하여 움직이는 일이 많다. 지금 그 주관적 조건의 대체를 열거하면 다음과 같다.

1) 신기한 느낌이 있는 일 : 주의는 신기함을 느끼는 대상을 향하여 자연스럽게 움직이는 것이다. 그러므로 이렇게 주의를 야기하기 쉬운 객관적 조건을 가진 대상이라도 우리가 이에 익숙하여 신기함을 느끼지 못하게 될 때에는 우리의 주의는 이것을 버린다. 가령 그 객관적 조건에서는 앞의 대상이 월등하지만 그 신기함의 느낌을 일으키는 주관적 조건에서 이보다 월등한 다른 대상의 편으로 옮기는 것이다. 그러므로 변화가 없고 단조로운 것은 오래도록 주의를 야기하기에는 부족하다.

2) 기대의 상태에 있는 일 : 이것은 감각성의 무의지적 주의를 야기하는 조건이다. 원래 우리가 외계의 사물을 인지하고 또는 신체 내부의 유기적 감각을 느낄 수 있음은 유독 이러한 사물이라든지 또는 신체 안의 생리적 작용이 존재한다고 말하는 것의 결과뿐만이 아니고 또 우리의 심의가 이러한 것의 변화에 대하는 기대적 관념을 가졌기 때문이다. 가령 이러한 사물의 변하는 있더라도 우리의 심의가 이것을 대하는 기대적 관념을 가지지 않으면 우리는 이것을 감지(感知)하지 않은 일이 있다.

3) 기존의 지식과 관계가 있는 일 : 그 객관적 조건에서는 동등하게 주의를 야기하기 쉬운 두 개의 사물이 있다고 말하더라도 만약 우리가 그 한편과 관

계가 있는 지식을 이미 가지고 있고 다른 방면과 관계가 있는 지식을 가지고
있지 않은 주관적 상태에 있을 때에 우리는 자연히 전자에 주의하고 후자에
주의하지 않는다. 이것은 감각성과 그 관념성의 무의지적 주의의 조건이 되
는 것이다. 지금에 다시 이를 두 종류로 구분하여 논한다.

  (1) 이론적 관계 : 새로운 사물과 사변(事變)이 우리가 가진 이론을 증명하
      고 또는 이로 인하여 증명할 수 있는 종류인 것이 될 때는 가령 이 사
      물과 사변의 객관적 조건은 주의를 야기함에 형세가 좋지 못한 것이
      되더라도 우리의 주의를 야기할 수 있는 것이지만 우리가 이미 가진
      이론과 관계가 없는 것이 될 때에는 우리는 이에 주의하지 않는 것이
      상례이다.
  (2) 종류상의 관계 : 이미 가진 지식과 종류상 동일한 것에 속하는 바 새로
      운 사물과 사변은 흥미를 가지며 이를 따라서 무의지적으로 우리의 주
      의를 야기하는 것이다. 가령 어떤 역사상의 서적을 읽더라도 이 일이
      모두 우리의 옛날에 가진 역사적 지식과 연결이 없을 때에는 우리는 이
      를 읽더라도 흥미를 많이 느끼지 않는다. 만약 그 가운데 어떤 일부분이
      우리의 이전에 알던 바가 될 때에 우리는 자연히 이 부분을 주의의 중심
      으로 해서 이것과 직접 관계가 있는 다른 부분에도 주의함에 이른다.

  4) 정념에 접촉하는 일 : 어떤 사람이 가증스럽다고 느낄 때에는 평상시 심
의(心意)가 부착하지 않던 나쁜 점도 주의할 수 있으며 어떤 사람이 사랑스럽
다고 느낄 때에는 평상시에 부착하지 않던 좋은 점도 주의할 수 있는 것이다.

  5) 욕념에 접촉하는 일 : 만약 우리가 관념에 대해 어떤 욕념도 느끼지 않을
때에는 각종 복잡한 관념은 어떤 일정한 목적을 향하여 진행하는 일이 없고
오직 그 접근과 유사한 관계로 인하여 뒤섞여서 출몰하는 것이다. 그러나 우

리가 일정한 관념을 볼 때에는 이에 대해 어떤 일이든지 욕념할 때에는 해당 욕념은 일종의 선택력(選擇力)을 발현한다. 그리고 접근과 유사한 관계로 인하여 뒤섞여서 드러나는 여러 관념 가운데에서 그 욕념을 만족케 하는 것이 있을 때는 이를 고집한다. 또 그 욕념의 요구에 합치하지 않는 것은 이를 다 제거하고 살피지 않기 때문에 욕념은 관념의 선택자이다. 욕념이 간섭하지 않은 연상(聯想)은 혼란하고 복잡한 관념의 출몰로부터 이루어지며 욕념의 간섭을 받는 연상은 가지런하게 질서가 있고 규율이 있으며 목적이 있는 관념의 진행이다. 몽상(夢想)과 또는 수면할 때에 대하는 공상(空想)은 전자에 속하고 사고와 추리와 구상(構想) 등은 후자에 속한다. 그러므로 욕념은 의지적 주의의 유일한 조건이다.

제5절 주의의 발달

주의발달의 순서는 그 대체가 다음과 같다.

1) 감각성 주의로부터 관념성 주의로 이행하는 일

지식이 발달하지 않은 자가 외계 사물에 관한 경험이 얕고 보는 것과 듣는 것에 흥미를 느낌이 아동과 같은 자에 있어서는 그 심의(心意) 가운데 주의를 야기할 수 있는 관념이 적으며 또 가령 관념이 있더라도 외계 사물보다 흥미가 적기 때문에 그 주의는 대체로 감각성이고 관념성이 아니다. 그러나 그 지식이 차례로 발달할수록 한편에는 외계 사물의 경험은 신기의 느낌을 덜어버리며 다른 편으로는 각종의 관념에 흥미를 느끼기 때문에 그 주의는 감각성에서 관념성으로 이행한다.

2) 무의지적 주의에서 의지적 주의로 이행하는 일

의지적 주의의 조건은 심의(心意)에 일정한 마음의 계산(목적)을 가지는 일이다. 심의가 발달한 사람의 계산은 깊고 멀어서 먼 미래에 관계하며 심의가 발달하지 않은 사람의 계산은 얕고 가까워서 가까운 미래에 관계한다. 또 그 미발달의 극도에 이르면 마음의 계산이 전혀 없다고 말하더라도 될 정도가 되며 의지적인 것이면 더욱더 의지적이 된다.

3) 의지적인 주의가 쉽게 되는 일

의지적 주의가 동작할 때 의식계로 발현하는 대상은 마음의 계산에 적합함이 혹 있으며 적합하지 않음이 혹 있으니 혹은 마음에 들지 않은 것이 될 뿐 아니라 계산의 추구 진행에 방해가 되는 것이 있다. 그러므로 의지적 주의가 그 목적을 달성하는 데에는 우리의 주의가 이 방해의 저항을 배제하는 것에 노력하게 되니 그 방해의 저항이 클수록 큰 노력을 요하고 그 큰 노력이 될수록 강고한 의지를 요한다. 그러므로 노력에 감내할 수 있을 정도는 의지의 강고함이 어떠하냐에 따라서 정해지는 것이지만 가령 최초 저항과 투쟁하는 일이 매우 곤란하더라도 거듭 인내하여 투쟁함에 습관이 될 때는 의지가 우세하게 되어 저항을 쉽게 이길 수 있게 되다가 결국에는 결심할 뿐이고 어떤 노력을 쓸 일이 없고 저항을 박멸하게 된다.

제6절 주의의 교육적 가치

주의는 지식 발달과 품성 도야에 큰 관계를 가진다. 다음과 같은 이유가 있다.

1) 주의와 지식 발달의 관계

시감각(視感覺)을 기르는 심리적 방법은 보는 사물을 향하여 주의하는 일이며 청감각(聽感覺)을 양성하는 심리적 방법은 통상 변별하기 어려운 음향을 변별하여 통상듣기 어려운 음향을 들으려고 주의하는 일이다. 기타 감각에서도 또한 그러하고 관념의 양성도 또한 그러하다. 모두 전문적 직업에서 전문가가 다른 사람이 인지할 수 없는 정미하고 미세한 사유(事由)를 쉽게 인지함은 모두 그들이 그 직업에 향하여 오랫동안 주의한 결과이다. 또 파주(把住)에서 어떠한 것이 기억에 가장 잘 유지하는가를 말하면 이것도 가장 잘 주의하게 된 자가 가장 잘 기억에 오래도록 유지하며 또 일차로 파주한 일을 환상(換想)하는 경우에서 반대의식을 제지하여 그 환상하고자 하는 목적의 편으로 주의하여 얻는 일의 정도에 따라 환상할 수 있느냐 그렇지 못하느냐가 달려 있다. 그러므로 주의는 지식 발달의 기본이다.

2) 주의와 품성 도야의 관계

누차 반복하여 주의한 관념은 발현하기 쉽다. 혹 주의한 관념은 발현하기 어려울 뿐 아니라 두 관념이 동시에 발현하여 주의의 중심을 다투는 경우에는 앞의 관념은 뒤의 관념을 배제하여 주의를 빼앗는 경향이 있다. 하지만 관념은 정념과 욕념을 수반하여 아(我)의 소유물이 될 경향을 가지기 때문에 일정한 관념으로 반복 주의한다 말하는 일은 오직 지식상의 발달 의식만이 있는 것이 아니고 또 그 품성 도야상의 의의를 아울러 가진 것이다. 그러므로 사람은 악인과 교제함이 옳지 않다. '내가 저와 교제함은 오직 그 표면뿐이고 마음으로 저와 교제함이 아니며 결코 저 사람을 따라 감화되는 일이 없다'고 칭하여 악인과 교제하는 자가 왕왕 있으니 이것은 가장 오해하는 위험한 일이다. 우리는 저 사람을 따라 감화되지 않도록 주의하더라도 저 사람과 교제하여 그 불량한 행위와 언어 등을 매일 보고 들을 때에는 그 듣고 보는 것으로 인해 생기는 관념이 부지불식간에 정념과 욕념에 부대하여 아(我)의 것이 되며 부지불식간에 아(我)는 저 사람의 감화하는 바가 된다. 이것은 선량한 가정의 친구가 절실한 이유이다. 이것과 반대로 가령 불량한 사람이라도 '소인이 한가롭게 머물 때 불선을 행한다'[26]는 금언과 같이 그가 홀로 있어서 다른 사람에게 주의를 빼앗기는 것이 없을 때에는 상습적으로 발현하여 악한 관념이 떠올라 결국에 이것을 실행하게 되는 일이 있지만 저 사람을 항상 선한 사람 사이에 놓아 홀로 있는 한가로운 시간을 허용하지 않을 때에 저 사람이 교제에 주의를 빼앗겨 악한 관념을 떠올릴 여유가 없다. 이렇게 오래도록 시일을 경과한 뒤에 선한 관념에 오래도록 반복 주의하게 되고 이어서 정념과 욕념을 부대하여 나의 것이 되고 이것과 반대로 종래의 악한 관념은 발현하는 때가 없고 이어서 나의 것이 된 성질을 잃게 되다가 결국에는 선한 관념이 악한 관념을 배제하는 힘을 얻어 악한 사람에서 선한 사람이 되는 일이 있다.

---

[26] 『대학』, "소인은 한가하게 있을 때면 선하지 못한 짓을 하여 이르지 않는 바가 없다가, 군자를 본 이후에야 슬그머니 그 선하지 못한 것을 감추고 선한 것을 드러낸다."(小人閒居, 爲不善, 無所不至, 見君子而後, 厭然揜其不善, 而著其善.)

제11장 행동

제1절 생리적 운동과 심리적 운동

인간의 신체 운동에는 두 종류가 있으니 생리적 운동과 심리적 운동이 이 것이다. 생리적 운동이라 함은 생리적 작용으로 인해 발생하는 것이니 가령 하품과 재채기와 기침과 호흡과 운동과 혈액운동과 위장운동 등이며 심리적 운동이라 함은 의식을 동기로 해서 발현하는 것이 적더라도 이미 진행한 생 리적 운동이 의식으로 인해 변하는 것이다. 가령 내가 매일 하는 음식 운동과 기거(起居)와 보행과 글쓰기와 담화 등이 이것이다. 이후로 논하는 것은 이 심리적 운동이다.

제2절 심리적 운동의 분류

운동은 두 방면으로부터 구분한다. 한 방면은 발달 방면으로부터 이것을 구 분하고 다른 방면은 동기된 의식의 종류로부터 구분한다. 이것을 그 발달 방면 으로부터 구분할 때에는 본능적 행동 및 습관적 행동이 된다. 이것을 그 동기 의식으로부터 구분할 때에는 관념 운동과 정념 운동 및 욕념 운동이 된다.

제3절 본능적 운동

일정한 의식과 일정한 운동이라 함은 생래적으로 상호 연결되고 해당 의식 의 발현 여부는 필연적으로 해당 운동을 야기하는 일이 있다. 이러한 행동을 본능적 운동이라 칭한다. 가령 어린 아이가 배고픔을 느껴서 저절로 그 엄마 의 젖을 찾고 주의할 때에는 저절로 호흡을 제압하며 사물을 보아서 흥미를 느낄 때에는 저절로 이것에 접근하여 이것을 잡는 운동과 분노할 때에 안면수족의 운동과 비애의 때에 안면수족 운동과 유쾌의 때에 미소 등과 같은 것은 다 우리의 신경이 이러한 의식으로 인하여 이렇게 운동하도록 선천적으로 만들어져 있기 때문인 것이다.

제4절 습관의 운동

어떤 원인으로 인해 일정한 의식이 있음에 따라 일정한 운동이 실현하는 일이 있을 때에는 그 후에 해당 의식이 있으면 반드시 해당 행위를 야기하는 강한 경향을 발현하고 또 이 경향을 방해하는 것이 없어서 해당 운동을 야기하는 일이 수회에 미칠 때에는 해당 의식은 필연적으로 해당 운동을 야기하는 경향을 발현하게 된다. 이러한 운동을 칭하여 습관적 운동이라 칭한다. 가령 내가 매일 먹는 행동, 예의(禮義), 작법의 행동, 언어 사용하는 모양, 수공(手工)의 직업, 유희상의 운동과 같은 것은 모두 반복 연습의 결과로 습관을 이룬 운동이다. 단 습관 운동은 의례히 장기간의 반복과 경험으로 인해 이루어진 것이 아니고 혹은 두세 네 번의 반복과 혹은 실로 한 번의 경험으로 인해 평생토록 교정하기 어려운 강고한 습관이 되는 일이 있으며 특히 어떤 경향도 정해지지 않은 어린아이에서 그러함을 볼 수 있다.

제5절 본능적 운동의 변화

세상 사람들은 본능적 운동이 선천적으로 인간에 구비된 것이 많아서 어떠한 사람의 경우와 무관하게 일정한 형식으로 발현하는 것이라고 생각하지만 이것은 오해이다. 본능은 각종의 사정으로 인해 각종으로 변화하는 것이 있으니 각종 사정이라 함은 대체로 다음과 같다.

1) 본능을 유발할 수 있는 사정의 결핍

인간에는 각종의 본능이 있지만 그 본능은 발현할 일정한 시기를 가지고 또 이것을 유발할 수 있는 일정한 사정이 필요한 것이다. 그러므로 가령 나에게 일정한 본능이 있지만 만약 그 본능이 공발현(共發現)할 시기에서 그 필요한 바 유인(誘因) 사정을 만나는 일이 없을 경우에는 해당 본능은 결국에 그 몸으로 발현하는 일이 없어서 끝나는 일이 없다.

2) 습관의 영향

수많은 사람은 본능은 선천적으로 일정한 형식으로 발현하는 것이라고 생각하지만 이것은 오해이다. 본능의 선천적 요소는 오직 그 후천적 사정으로 인해 갑(甲) 운동이 되고 혹은 을(乙) 운동이 되며 혹은 병(丙) 운동이 되어 대체(大體) 상으로 경향에 불과하며 또 이 대체 상의 선천적 경향으로써 실제상에 갑 운동이 되게 하든지 혹은 을 운동이 되게 하든지 또 병 운동이 되게 하든지 이것을 결정하는 후천적 사정은 실로 인간이 그 본능이 발현할 시기에 성립하는 경우가 이것이다.

3) 욕념의 저항

하루아침에 일정한 형식으로써 발현한 본능적 운동은 그 어떤 욕념의 저항이든지 서로 만나지 않을 경우 항상 변화가 없이 진행하지만 하루아침에 욕념으로 인하여 저항할 때에는 다수의 변화를 받게 되는 것이다. 가령 A사물의 의식이 본능적으로 O운동을 야기한다고 해보자. 만약 내가 이 O운동에 대하여 어떠한 불편한 일도 보지 않은 경우 A사물이 있음에 따라 O운동은 항상 진행한다. 그러나 지금 A사물의 출현과 B사물의 출현이 예고되고 이 B사물의 의식은 O운동과 양립하지 못할 P운동을 본능적으로 야기하는 경향을 만든다고 해보자. 그러할 때 O운동으로 나아갈지 P운동으로 나아갈지 상호 경쟁함이 있으니 이러할 때에는 이 두 본능 가운데 그 하나는 다른 것으로 인해 제지하게 된다.

제6절 습관 운동의 변화

습관적 운동에 변화가 있음은 어떤 사람이든지 아는 것이니 그 변화를 야기하는 조건은 본능적 운동을 변화하는 세 번째 사정과 동일하다.

제7절 관념 운동

다수의 관념은 각각 그 일정한 운동을 습관적으로 야기할 수 있는 동기가 되는 것이다. 이러한 운동을 관념 운동이라 칭한다. 가령 '원(圓)하다'고 말하는 관념은 두 손의 손가락으로 원형을 만들며 또는 두 손으로 원형을 그리는 운동을 습관적으로 야기하며 '먹는다'는 관념은 식사 운동을 습관적으로 야기하고 열심히 때리는 일을 사유할 때는 때리는 행동을 실현한다. 그러므로 다수의 관념은 다 각각 그 일정한 운동 습관적 동기이다. 그러나 다수한 경우에서 오직 그 관념만 있고 어떤 운동도 실현되지 않음은 해당 관념에 어떤 운동을 야기할 경향이 없는 것이 아니고 오직 이것에 통상 반대할 다른 다수의 관념이 동시에 발현되어 그 운동으로써 실현할 수 없기 때문이다. 그러므로 하나의 관념이 있어서 이를 방해할 다른 관념이 없을 때에는 저절로 일정한 운동을 야기하게 된다.

제8절 정념 운동

정념이 발동하는 때에 대한 신체의 변화는 그 일부분 생리적 기초를 이루더라도 다른 일부분이 정념을 동기로 해서 생기는 본능적 운동이다. 이것을 칭하여 정념 운동 또는 표출(表出)이라 말한다. 가령 희열(喜悅)을 느낄 때에 미소를 발하고 손을 치며 약동하는 것과 공포를 느낄 때 신체가 위축하고 입과 눈을 열며 미간을 열고 호흡을 멈추는 것과 분노를 느낄 때에 신체를 직립하고 어깨를 움츠리며 입을 막고 이를 떨며 눈을 열며 손을 움켜쥐는 등이 모두 정념으로 인해 본능적으로 발동하는 운동이다.

제9절 욕념 운동

각 개의 욕념은 그 목적을 도달할 수 있는 행동을 습관적으로 야기하는 동기이다. 이 운동을 칭하여 욕념 운동 또는 수단 운동이라 칭한다. 이 운동은 그 동기된 욕념이 의지됨과 욕심됨으로 인해 다시 이것을 두 종류로 구분한다. 의지 운동과 반의지 운동이 이것이다. 또 제반 욕념 운동은 완전하게 습관적으로 됨과 그렇지 않음으로 인해 다름과 같은 차이가 생긴다.

1) 욕념 운동이 습관적이 되지 않을 경우 다수의 불필요한 요소를 함유하여 복잡하고 불확실하게 되지만 습관적이 됨에 따라 불필요한 요소는 제거되고 간단하고 확실하게 된다. 가령 '악기'를 처음 연습하는 사람은 그 손을 움직이는 동시에 불필요한 입과 머리의 운동을 행하지만 다시 필요한 손가락 운동은 매우 확실하게 되고 이어서 숙련될수록 불필요한 입과 머리의 운동이 멈추고 오직 필요한 손가락만 간단하며 확실하게 운동하게 된다.

2) 욕념 운동이 습관으로 되지 않을 경우는 이를 실행하기 위하여 운동에 대해서는 매우 주의해야 할 필요가 있지만 습관이 되면 이 주의가 불필요하게 되다가 결국에는 오직 그 욕념만 사용하면 어떤 다른 조작도 없고 수단 운동과 직접 따라 생기게 된다. 가령 A를 욕념하는 경우에서 이

목적을 달성하기 위해서 A,B,C,D,E,F 등 일렬의 운동을 필요로 한다고 가정해보자. 만약 이 운동이 미숙한 우리는 우선 A를 욕념하고 다음에는 A,B,C,D,E,F의 명료한 운동 관념을 진행한다. 그러나 이 운동을 반복하여 습관이 될수록 이어서 우리는 운동에 대한 주의를 줄이다가 결국에는 오직 A만 향하여 운동만 행하면 A,B,C,D,E,F의 운동을 관념하는 일을 기대하지 않고 그 운동을 즉시 실현하여 A에 달성하게 된다.

제10절 습관의 양성법

이미 논한 것과 같이 습관은 본능에 일정한 형식을 부여하고 욕념 운동을 간단하고 확실하게 하는 효과를 가지고 있기 때문에 사람은 오직 그 본능에 맡겨서는 안 되며 또 그 선량한 욕념이 있더라도 이것으로 발동하는 운동을 습관적으로 행하지 않을 때에는 실제의 효과가 없다. 그래서 선량한 습관의 양성은 교육상에 매우 필요함은 논의할 필요가 없다. 습관의 양성법은 그 대체가 다음과 같다.

1) 새로운 습관법을 만들고 또는 옛 습관을 없애고자 하는 데에 우리는 가장 강고한 의지로 일에 착수하고 또는 이 의지를 돕기 위해 각종의 사정을 모아 옛 습관과 상호 양립하지 못할 사정 아래에 서 있는 것이 좋다.
2) 새로운 습관이 상당하게 정착하기까지는 이에 반대할 사정 아래에 서 있음을 피한다. 아침에는 따뜻하게 하고 저녁에는 차갑게 하는 등은 습관을 기르는 데에 가장 큰 방해를 이루기 때문에 하나의 습관을 만들고자 하는 일에 착수함을 시작한 이상에는 좌우로 방관하는 일이 없이 직진한다. 규칙에 올바른 연속적 연습은 습관을 양성하는 데에 가장 큰 요소이다.
3) 양성하고자 하는 습관적 행동이 실행에 적당한 기회가 있으면 작은 것일

지라도 이것을 피해서는 안 된다. 사람은 선량한 사상을 가짐으로써 선한 사람을 이루지 못하고 자기가 선량함으로 믿어도 이것을 실행하기 어려움은 많은 악한 사람의 상례이다. 그러므로 선량함으로 믿는 일은 그 실행할 성능(性能)을 배양해야 한다. 그러나 이를 배양함은 그 실행할 기회를 보지 못할 때에 반드시 이 기회를 이용하여 실행의 습관을 양성함에 있다. 실행할 기회에 접해도 이를 잃는 손해는 오직 하나의 기회를 잃을 뿐 아니라 미래의 습관에 영향이 미치며 악은 작더라도 이를 용납하지 못하고 선은 작더라도 버리지 못한다 말함은 윤리적 습관 양성에 대한 가장 큰 요소이다.

4) 매일 연습을 행동하여 선량한 습관 운동의 세력을 활발하게 한다. 많은 사람은 평상시에는 어떻게 행동하더라도 하루아침에 일에 임하여 결심만 행하면 결코 불각(不覺)27)을 취함이 없다고 믿는데 이는 가장 가공할 만한 오류이다. 결심만 행하여 결심한 대로 항상 행하는 자라면 사람은 이러한 행복이 없겠지만 이는 사실과는 반대이다. 인생의 고통은 그 결심한 바가 평상의 습관으로 인해 반항되어 그 목적을 달성하기 불가능한 때의 고통보다 심한 것은 없다. 그러므로 결심만 행하면 즉 그 결심한 대로 행할 수 있다고 잘못 생각하여 평상의 습관을 삼가지 않는 것과 같이 큰 해악은 없다. 우리 행동의 과반은 결심으로 인해 발현하지 않고 습관으로 인해 발현하기 때문에 사람이 어떤 행동을 이룸이 있을 때는 이 행동은 그때에만 그치는 데에 의의가 있는 것이 아니라 항상 미래에 대한 우리의 성격을 만드는 것이니 사람 된 자가 어찌 한 행동이라도 소홀할 수 있겠는가.

심리학교과서 종(終)

---

27) 불각(不覺) : 불교에서 본래 사람 마음속에 있는 미망을 뜻한다.

광무(光武) 12년 7월 20일 인쇄
광무(光武) 11년 7월 30일 발행

역술자(譯述者) : 보성관 번역원 김하정(金夏鼎)
발행소(發行所) : 경성(京城) 박동(磚洞) 보성관(普成館)
인쇄소(印刷所) : 경성 박동 보성사(普成社)
발태소(發兌所) : 경성 박동 보성관(普成館)

▌역술 ┃ 김하정(金夏鼎)

1904년 관립 한성중학교 심상과 1회 졸업
대한제국관원으로 관립 한성고등학교 교관
경기학교 일어·산술 교사 및 기호흥학회월보 저술원

▌번역자 ┃ 이승원

서강대학교 박사
수원대학교 객원교수
대한민국역사박물관 연구원

▌번역 및 해제 ┃ 심의용

숭실대학교 철학박사
고전번역연수원 연수과정 수료
충북대학교 인문연구원
국사편찬위원회 비변사등록번역 프로젝트 참여
성신여자대학교 연구교수
현재 숭실대학교 HK+연구교수

마흔의 단어들, 서사적 상상력으로 주역을 읽다, 주역과 운명, 귀곡자 교양
강의, 주역, 인역(人易), 중국 지식인들과 정체성, 장자 교양강의, 주역절중(공
역), 성리대전(공역), 근대 사상의 수용과 변용 Ⅰ(공저), 천문략례(해제)

심리학교과서

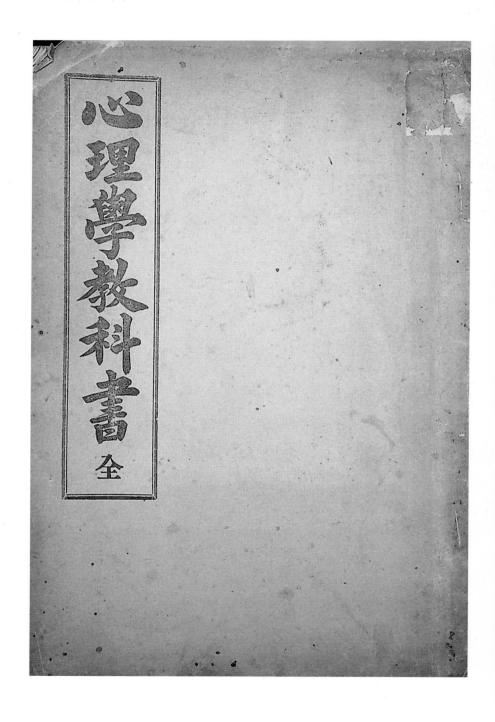

心理學教科書

全

心理學敎科書目次

心理學敎科書目次　終

心理學敎科書目次

心理學敎科書目次

一

心理學教科書

普成舘編譯員　金夏鼎譯述

第一章　緒論

第一節　意識은何者오

夫、何人이던지砂糖을口에接홀時에는「甘」홈을感ᄒ며雪을見홀時에는「白」「그
感ᄒ고身體를火에觸ᄒ면「熱」홈을感ᄒ며水에觸ᄒ면「冷」홈을感홀지니此「甘」「
白」「熱」「冷」等의感은一種意識이라然이나此等쑨意識에限홈이아니오何人이
던지天氣가良好ᄒ고溫暖ᄒ春日에知己의親友와野外로曬風홀時에는「愉快ᄒ心
志」를感ᄒ고腐敗ᄒ物의惡臭를嗅홀時에는「厭惡ᄒ心志」를感ᄒ며深夜寂路에衆
犬이忽吠ᄒ면「喫驚」ᄒ고學校試驗에優等成蹟을得ᄒ學員은「嬉歡」ᄒ게思ᄒ며親
喪을遭ᄒ人은「悲哀」홈을感홀지니此「愉快ᄒ心志」「厭惡ᄒ心志」「喫驚」「嬉歡」「
悲哀」等의感도亦是一種意識이라然이나唯獨如斯ᄒ者로意識에限홀쑨아니라吾
人은現今에砂糖을接口ᄒ지、아니ᄒ야도「砂糖은甘ᄒ者」로能히發思ᄒ고實際로火

心理學敎科書

二

에觸치、아니ᄒ야도「火ᄂ熱ᄒ者」로能히發思ᄒ며現今에雪을見치、아니ᄒ야도「

雪은白ᄒ者」로能히發思ᄒ고又、現今에「嬉歡」ᄒ게感치、아니ᄒ야도昔時의「悲哀ᄒ던事」를能

事」를能히發思ᄒ며現今에「悲哀」흠을感치、아니ᄒ야도昔時의「嬉歡ᄒ

히發思ᄒ지니此等各種의「發思」도一種意職이라又其意識은如斯ᄒ者ᄲ아니라酒

를嗜好ᄒᄂ人은酒를見ᄒ時던지發思ᄒ時에ᄂ「飮흠을願」코저感ᄒ지니「飮흠을願」흠

ᄒᄂ人은菓子를見ᄒ時던지發思ᄒ時에ᄂ「食흠을願」코저感ᄒ고菓子를嗜好

곽「食흠은願」ᄒᄂ等도亦是一種意識이며又其意識은唯獨此等ᄲ아니니「余ᄂ明

日에釜山으로發程ᄒ料量이라「余ᄂ高等學校에卒業ᄒ後ᄂ倫敦으로行흠을希望

이라」「余ᄂ、반다시余의所信을斷行ᄒ決心이라」云ᄒᄂ等의「料量」「希望」「決

心」等도亦是一種意識이니라

右에記述ᄒ「甘」「白」「熱」「冷」「愉快ᄒ心志」「厭惡ᄒ心志」「喫驚」「嬉歡」「悲哀」「

願飮」願食」其他各種의「發思」ᄂ皆心理學上으로意識이라稱ᄒᄂ지라然이ᄂ此

愉快ᄒ心志」「厭惡ᄒ心志」로브터乃至「願見」「願聞」等이心의狀態되ᄂ事ᄂ誰

某던지承認홀지니卽其「甘」「白」「熱」「寒」도亦是心의狀態라通常、世人은此를心의狀態라不言ᄒᆞᄂᆞᆫ能히十分研究홀時에ᄂᆞᆫ此等도亦是心의狀態에不外홀지라假令如何혼砂糖을口中에含ᄒᆞ더라도心이不動홀時에ᄂᆞᆫ「甘」홈으로感ᄒᆞᄂᆞᆫ事ㅣ無홀지니故로「甘」홈으로感홈과「白」홈으로感홈과「熱」홈으로感홈과「寒」홈으로感ᄒᆞᄂᆞᆫ다、心이砂糖、雪、火、水等의外界事物에接觸ᄒᆞ야動作혼時의狀態라是以로意識이라云홈은心의狀態에不外ᄒᆞᄂᆞ니라

第二節　科學의意義

科學이라、홈은何者오

水ᄂᆞᆫ液體로寒冷혼者ㅣ、되ᄂᆞᆫ事ᄂᆞᆫ何人이던지知ᄒᆞᄂᆞᆫ비며雲이天上에浮游ᄒᆞ야或走或止ᄒᆞ며忽生忽滅ᄒᆞᄂᆞᆫ者ㅣ、되ᄂᆞᆫ事ᄂᆞᆫ何人이던지知ᄒᆞᄂᆞᆫ비오雪은其白色으로砂糖과如ᄒᆞ야天上에서降來ᄒᆞᄂᆞᆫ者ㅣ、되ᄂᆞᆫ事ᄂᆞᆫ何人이던지知ᄒᆞᄂᆞᆫ비며其他의露、霜、霰、雨等에對ᄒᆞ야各其何物됨은何人이던지知ᄒᆞᄂᆞᆫ비라然이ᄂᆞ水와雲의關係ᄂᆞᆫ如何ᄒᆞ며雲과雪의關係ᄂᆞᆫ如何ᄒᆞ며雪과水의關係ᄂᆞᆫ如何ᄒᆞ며其他諸般水、雲、雨、

心理學敎科書

霧、霜、霰、露等의 互相關係는 如何ᄒᆞ뇨云ᄒᆞ면 物理學의 素養이 無ᄒᆞᆫ常人은 此質問에 對ᄒᆞ야 答言ᄒᆞ기不能ᄒᆞᆯ지니 彼等은 水、雲、雨、霧、霜、霰、露의 各一個에 對ᄒᆞ야 其何者됨은 斷片的으로 知ᄒᆞᄂᆞᆫ 此等問에 如何ᄒᆞᆫ 互相關係가 在ᄒᆞᆷ에 對ᄒᆞ야ᄂᆞᆫ 如何ᄒᆞᆫ 知識이던지少無ᄒᆞᆯ지라 然이ᄂᆞ 物理學을 學習ᄒᆞᆷ에 及ᄒᆞ야 水、雲、雨、雪、霧、露、霜、霰等은其狀態에 만 各種差別이 有ᄒᆞ고 其實은 同一ᄒᆞᆫ 水가 寒熱의 作用을 因ᄒᆞ야 變態ᄒᆞᆫ者에 不外ᄒᆞᆷ을 知ᄒᆞᆯ지니 於是乎、旣往에 水、雲、雨、雪、霰、霧、霜、露等의 各一個에 對ᄒᆞᆫ 斷片的、孤立的知識은 今에 至ᄒᆞ야 此等問의 互相關係가 明瞭됨을 因ᄒᆞ야 互相連絡ᄒᆞ야 整頓ᄒᆞᆫ一體의 知識을 成ᄒᆞᄂᆞ니라

如斯히 各種知識이 互相連絡ᄒᆞ야 整頓ᄒᆞᆫ 一體가、된時ᄂᆞᆫ 此를系統的知識이라稱ᄒᆞ야 吾人이 日常經驗을 因ᄒᆞ야 得ᄒᆞᆫ知識은 系統的知識이、아니오 支離滅裂ᄒᆞᆫ斷片的 孤立的知識이라 然이ᄂᆞ 實驗觀察及關係法則의 發見되ᄂᆞᆫ者ᄂᆞᆫ 此等의 斷片的孤立的 知識을 系統的知識으로 進行ᄒᆞᄂᆞᆫ動作이 有ᄒᆞᆫ者ᄂᆞ 其動作을 稱ᄒᆞ야 研究라云ᄒᆞᄂᆞᆫ 라 其研究方法은 二種의 動作으로 成立ᄒᆞᄂᆞ니 卽〔一〕觀察實驗을 因ᄒᆞ야 日常經驗으로

四

入來치、아니ㅎ는隱微ㅎ事實을探知ㅎ는動作과〔二〕其探知된諸知識을比較對照ㅎ

야其間에對ㅎ는關係法則을發見ㅎ고此를因ㅎ야從來로斷片的孤立的知識을系統

的으로歸結ㅎ는動作이是也ㅣ라前者動作을叙述이라云ㅎ며後者動作을說明이라

云ㅎ는지라故로研究는叙述과說明으로成立ㅎ者ㅣ며又, 如斯히研究로組織된系

統的知識을稱ㅎ야科學이라云ㅎ느니假令物理學、數學、植物學、動物學、生理學과

如ㅎ者가皆科學이니라

　　第三節　心理學의意義

心理學이라、ㅎ은何者오

爲先第一로心理學을科學으로知ㅎ지니總히科學은何事던지研究ㅎ는者ㅣ라然則

心理學은何事를研究ㅎ느뇨云ㅎ면卽意識이是也ㅣ니何人이던지記憶、想像、思想

熟慮、判斷、推理、憤怒、愛情、憎惡、悲哀、願望、決心、意志等이何者됨에就ㅎ야多

少의知識이有ㅎ지라然이나心理學의素養이無ㅎ人의此等에關ㅎ知識은斷片的孤

立的知識이라彼等은此等各者에就ㅎ야若干認識ㅎ는비有ㅎ느此等의互相關係에

就ᄒᆞ야系統的ᄋᆞ로知ᄒᆞᄂᆞᆫ빅無ᄒᆞᆫ지라心理學이라、ᄒᆞᆷ은此等關係法則을發見ᄒᆞ야

諸般意識에關ᄒᆞᆫ斷片的孤立的知識을整頓ᄒᆞᄂᆞᆫ系統的知識ᄋᆞ로組織코져ᄒᆞᄂᆞᆫ者ㅣ

니此를一言ᄋᆞ로云ᄒᆞ면

心理學은意識을硏究ᄒᆞᄂᆞᆫ바科學이니라

然이ᄂᆞᆫ既論ᄒᆞᆫ바와、ᄆᆞ치硏究ᄂᆞᆫ叙述과說明ᄋᆞ로成立ᄒᆞᆫ故로右定義ᄂᆞᆫ次와、ᄆᆞ치更

云ᄒᆞᆷ을得ᄒᆞᆯ지니라

心理學은意識을叙述ᄒᆞ고說明ᄒᆞᄂᆞᆫ바科學이니라

第四節　意識의分類

意識을感覺、知覺、情念、欲念、觀念의五種ᄋᆞ로大別ᄒᆞᄂᆞ라

感覺이라、ᄒᆞᆷ은何者오吾人은砂糖을接口ᄒᆞᆯ時에ᄂᆞᆫ「甘」ᄒᆞᆷᄋᆞ로感ᄒᆞ며雪을見ᄒᆞᆯ時

에ᄂᆞᆫ「白」ᄒᆞᆷᄋᆞ로感ᄒᆞ고火에觸ᄒᆞᆯ時에ᄂᆞᆫ「熱」ᄒᆞᆷᄋᆞ로感ᄒᆞ며水에觸ᄒᆞᆯ時에ᄂᆞᆫ「冷」ᄒᆞᆷ

ᄋᆞ로感ᄒᆞᄂᆞ니此「甘」「白」「熱」「冷」等의意識을稱ᄒᆞ야感覺이라云ᄒᆞᄂᆞ라

情念이라、ᄒᆞᆷ은何者오吾人은他人에게受侮를當ᄒᆞᆯ時에ᄂᆞᆫ「怒」ᄒᆞ며他人에게稱賞

을當ᄒᆞᆯ時에ᄂᆞᆫ「喜」ᄒᆞ고父母가死ᄒᆞᆯ時에ᄂᆞᆫ「悲」ᄒᆞ며目的과違背된時에ᄂᆞᆫ「落膽」ᄒᆞ

고風和日暖ᄒᆞ야百花가爭笑ᄒᆞ며千鳥가相囀ᄒᆞᄂᆞᆫ時에ᄂᆞᆫ「心志가愉快」ᄒᆞᆷ으로感ᄒᆞ

고滑稽의談話ᄅᆞᆯ聞ᄒᆞᄂᆞᆫ時에ᄂᆞᆫ「可笑」ᄒᆞ게感ᄒᆞ며「宿昔靑雲志, 蹉跎白髮年」의詩

ᄅᆞᆯ詠ᄒᆞᄂᆞᆫ時에ᄂᆞᆫ「慷慨」의趣味ᄅᆞᆯ感ᄒᆞᆯ지니此「怒」「喜」「悲」「落膽」「心志愉快」「可笑」

「慷慨의趣味」等意識을稱ᄒᆞ야情念이라云ᄒᆞᄂᆞ니라　·

欲念이라、ᄒᆞᆷ은何者오花ᄅᆞᆯ「見코저願」ᄒᆞ고音樂을「聞코저願」ᄒᆞ며巨富ᄅᆞᆯ「致코저

願」ᄒᆞ며軍人을「成코저願」ᄒᆞ고美味ᄅᆞᆯ「食코저願」ᄒᆞ며酒ᄅᆞᆯ「飮코저願」ᄒᆞᄂᆞᆫ等의

「願見」「願聞」「願致」「願成」「願食」「願飮」等의意識을稱ᄒᆞ야欲念이라云ᄒᆞᄂᆞ니라

知覺이라、ᄒᆞᆷ은何者오冬節에降來ᄒᆞᄂᆞᆫ白色의綿과如ᄒᆞᆫ者ᄅᆞᆯ見ᄒᆞᆯ時에ᄂᆞᆫ吾人은「此

에觸ᄒᆞ면冷ᄒᆞ고此에熱을加ᄒᆞ면水가、되ᄂᆞᆫ者、卽雪」로知ᄒᆞ며屋上에來止ᄒᆞᆫ黑色

의鳥ᄅᆞᆯ見ᄒᆞᆯ時에ᄂᆞᆫ吾人은「此ᄅᆞᆯ、사악、사악이라鳴ᄒᆞᄂᆞᆫ鳥卽烏」로知ᄒᆞ지니如斯히

在ᄒᆞᆫ者ᄅᆞᆯ見ᄒᆞ며或은聞ᄒᆞ고其何者됨을知ᄒᆞᄂᆞᆫ時의意識을稱ᄒᆞ야知覺이라云ᄒᆞ며

又、其他의一定ᄒᆞᆫ音響을聞ᄒᆞ고其他物됨을知ᄒᆞ며一定ᄒᆞᆫ香氣ᄅᆞᆯ嗅ᄒᆞ고其何物됨

第一章　緖論　第四節　意識의分類

七

心理學敎科書

八

을知ᄒᆞ고 一定ᄒᆞᆫ者에 觸ᄒᆞ야 其何物됨을知ᄒᆞ고 一定ᄒᆞᆫ味를 嘗ᄒᆞ고 其何物됨을知ᄒᆞ

눈時의意識도亦是知覺이니라

觀念이라、ᄒᆞᆷ은何者오感覺과知覺은實際上으로外界事物에接ᄒᆞ야此를見ᄒᆞ며或

은此에觸ᄒᆞ고又눈此를嗅ᄒᆞ며或은此를味ᄒᆞ야生ᄒᆞᄂᆞᆫ意識이라然이나吾人은現今

에砂糖을嘗ᄒᆞ야其甘을感覺치아니ᄒᆞ야도吾人은曾往其砂糖을嘗ᄒᆞᆫ時의「甘

흔」感覺을能히發思ᄒᆞ며又、眼前에雪을見ᄒᆞ야其白을感覺치아니ᄒᆞ야도吾人은

曾往其雪을見ᄒᆞᆫ時의「白흔」感觀을能히發思ᄒᆞᆯ지니此發思ᄒᆞᆫ「甘」「白」은感覺이라

云치、아니ᄒᆞ고觀念이라云ᄒᆞᄂᆞ니라又、吾人은現今眼前에雪이降來ᄒᆞᆷ을不見ᄒᆞ

야도過去의經驗을因ᄒᆞ야雪이何者됨을能히發思ᄒᆞ며又、現今眼前에鳥를不見ᄒᆞ

야도過去의經驗을因ᄒᆞ야鳥가何者됨을能히發思ᄒᆞᆯ지니如斯히現今眼前에實物을

不見ᄒᆞ고도發思ᄒᆞᆫ雪及鳥의意識은此를雪及鳥의知覺이라云치、아니ᄒᆞ고觀念이

라云ᄒᆞᄂᆞ니라吾人은今에實際로怒치아니ᄒᆞ야도昔時에怒ᄒᆞᆫ든事의經驗이有ᄒᆞᆫ吾

人은「怒」가何者됨을能히知得ᄒᆞ며又、現今에實際로悲哀치、아니ᄒᆞ야도昔時에悲

哀ᄒᆞ던事의經驗이有ᄒᆞᆫ吾人은「悲哀」가何者됨을能히知得ᄒᆞᆯ지니其發思ᄒᆞᆫ「怒」「悲」ᄂᆞᆫ感情이,아니오觀念이니라又,吾人은現今에花ᄅᆞᆯ「見코져願」치,아니ᄒᆞ야도昔時에「花ᄅᆞᆯ見코져願」ᄒᆞ던經驗이有ᄒᆞᆫ吾人은此「願見」이何者됨을能히知得ᄒᆞ며且現今에音樂을「聞코져願」치,아니ᄒᆞ야도昔時에音樂을「聞코져願」ᄒᆞ던經驗이有ᄒᆞᆫ吾人은此「願聞」이何者됨을知得ᄒᆞᆯ지니如斯히,다만發思ᄒᆞᆷ에止ᄒᆞᆫ「願見」「願聞」의意識은此ᄅᆞᆯ欲望이라ᄭᅥ치,아니ᄒᆞ고欲望의觀念이라云ᄒᆞᄂᆞ니라

以上에吾人이實例ᄅᆞᆯ因ᄒᆞ야感覺、情念、慾念、知覺、觀念이何者인지其大體ᄅᆞᆯ示明ᄒᆞ얏다信ᄒᆞᆯ지라然이ᄂᆞᆫ更히此等의互相差別關係ᄅᆞᆯ示明코져ᄒᆞ야左에若干論述ᄒᆞ노라

吾人이此等을比較對照ᄒᆞᆯ時에爲先,吾人의注意ᄅᆞᆯ悲起ᄒᆞᄂᆞᆫ若ᄂᆞᆫ觀念과感覺、情念、欲念、知覺의差別이是也ㅣ라觀念이其他意識에對ᄒᆞᄂᆞᆫ關係ᄂᆞᆫ圖畵가實物에對ᄒᆞᄂᆞᆫ關係와恰似ᄒᆞ니實物은圖畵에對ᄒᆞ야其原物이며圖畵ᄂᆞᆫ實物에對ᄒᆞ야其代表的模倣됨과,ᄭᅩᆺ치感覺、情念、欲望、知覺은觀念에對ᄒᆞ야其原物이며觀念은感覺、情

第一章 緒論 第四節 意識의分類

九

心理學敎科書

念、欲念知覺에 對ᄒᆞ야 其代表的寫像됨과 如ᄒᆞ者ㅣ라 故로 觀念은 代表的이며 感覺、

情念、欲念、知覺은 原物的이니 卽、次와 如ᄒᆞ니라

觀念。。。。。。。代表的

感覺、情念、欲念、知覺。。。。。原物的

次에、空間方面으로 見ᄒᆞᆯ時ᄂᆞᆫ意識中에ᄂᆞᆫ空間的規定下에 發現ᄒᆞᄂᆞᆫ者와 其規定으로부터 獨立ᄒᆞ야 發現ᄒᆞᄂᆞᆫ者가 有ᄒᆞ니 假令、「赤」홈으로 感覺ᄒᆞᆯ境遇에ᄂᆞᆫ 其意識은 恒常一定ᄒᆞᆫ空間的規定下에 發現되ᄂᆞᆫ지라 卽、一定ᄒᆞᆫ廣大와 一定ᄒᆞᆫ位置와 或은 一定ᄒᆞᆫ形狀을 具有ᄒᆞ야 發現되ᄂᆞ니 此ᄂᆞᆫ空間的規定으로 抽象된「赤ᄒᆞᆫ」感覺은 其實이

感覺이、아니오 感覺의 觀念이ᄂᆞ此에 反ᄒᆞ야 情念及欲念은 空間的規定을 具有ᄒᆞᆫ事

가 無ᄒᆞ니 此等은 只是、存在ᄒᆞᆯ뿐이오 何等形狀과 何等廣大던지 空間上位置를 具有

치、아니ᄒᆞᆫ지라 右와、굣치 一定ᄒᆞᆫ空間的規定下에 發現ᄒᆞᄂᆞᆫ意識을 稱ᄒᆞ야 主觀的이

라云ᄒᆞ며 此로、부터 獨立ᄒᆞᆷ을 客觀的이라 云ᄒᆞᄂᆞ니 卽、次와 如ᄒᆞ니라

感覺、知覺。。。。。。。。。客觀的

一〇

情念、欲念、觀念。‥‥‥‥‥主觀的

次에吾人은感覺、知覺、觀念과情念、欲念을比較對照홀時는其間에差別이有홈을

見홀지니「怒」의情念은、반다시何等知覺、又는觀念과隨伴호야生호는者로何等知

覺、又는觀念에던지隨伴호는事ㅣ無호고孤立的으로發現키不能호며又、「美」「甘」

「心志愉快」等의情念은何等感覺에던지隨伴호야發現호는者로其自身이孤立的으

로發現키不能호지라然이는感覺、知覺、觀念에至호야는如何호고吾人은酒를飮호

고美홈으로感호는事ㅣ有호되恒常、「甘」홈은、아니라酒味의感覺은不變호야도或

「美」호다云호는情念이隨伴치、아니호는事ㅣ有호며赤色의感覺도此와如호야某

時에는此를見호고「美麗」홈으로感호는事ㅣ有호며此를累次反復호야習見될時는

「赤호」感覺은不變호야도吾人은此를「赤호다」고感覺홀뿐이오別로「美麗」홈으로

感覺호는事ㅣ無호며其他感覺도亦然호지라故로感覺은情念과同伴홈이無호야唯

獨、孤立的으로發現호는事ㅣ有호지라又、吾人은他人에게辱說을當홈을知覺호고

又、觀念혼時는怒홈이常例는吾人은恒常、怒홈으로限定홈이、아니오累次、辱說을

第一章 緒論 第四節 意識의分類

二二

心理學敎科書

一二

當ᄒᆞ야此에習ᄒᆞᆯ時ᄂᆞᆫ吾人은他人이吾人에게辱說ᄒᆞᆷ을知覺ᄒᆞ던지或은觀念ᄒᆞ야도

一向尋常으로更히怒치、아니ᄒᆞᆷ에至ᄒᆞᄂᆞᆫ事ᅵ有ᄒᆞ니知覺、觀念과欲望의關係도此

와同一ᄒᆞᆫ지라某食物을知覺ᄒᆞ며或은觀念ᄒᆞᆯ時던지或은此를「食ᄒᆞ고저願」ᄒᆞᆷ과欲念

ᄒᆞᄂᆞᆫ事ᅵ有ᄒᆞ고或은此等에對ᄒᆞ야如何ᄒᆞᆫ欲念이던지不感ᄒᆞᄂᆞᆫ事ᅵ有ᄒᆞ며其他의

欲念도此와同一ᄒᆞᆫ지라故로知覺及觀念은如何ᄒᆞᆫ欲念과情念、欲念과同伴ᄒᆞᆷ이無ᄒᆞ고唯

獨孤立的으로能히發現ᄒᆞᄂᆞᆫ者ᅵ라是以로感覺、知覺、觀念과情念、欲念等이差別

되ᄂᆞᆫ點은前者ᄂᆞᆫ後者를同伴ᄒᆞᄂᆞᆫ事가無ᄒᆞ야唯獨孤立的으로能히發現되ᄂᆞᆫ後者ᄂᆞᆫ

恒常、前者와隨伴ᄒᆞ야發現ᄒᆞ며孤立的으로自發ᄒᆞᆷ은不能ᄒᆞ事ᅵ니卽、次와如ᄒᆞ

니라

感覺、知覺、觀念。••••••••• 獨立的

感情、欲望。••••••••• 隨伴的

次에感覺과知覺의差別을論ᄒᆞ건ᄃᆡ感覺이라、ᄒᆞᆷ은假令、砂糖을嘗味ᄒᆞ야「甘」ᄒᆞᆷ으

로感ᄒᆞ고雪을見ᄒᆞ야「白」ᄒᆞᆷ으로感ᄒᆞᆯ時의「甘」「白」은、極히單純ᄒᆞ意識이라然이

ㄴ吾人이口에甘味를嘗ᄒ고此ᄂ砂糖이라云ᄒᄂ者ㅣ土砂와、ᄀ치「아삭아삭」

ᄒ야菓子를製造ᄒ에用ᄒᄂ者로知覺ᄒᄂ時의意識은「甘ᄒ」感覺과土砂와ᄀ치「

아삭아삭」ᄒ다ᄂ觀念과菓子를製造ᄒ에用ᄒᄂ觀念으로成立ᄒ이甚히複雜ᄒ狀

態며其他의知覺도此와如ᄒ故로知覺은、반다시複雜ᄒ狀의意識인故로感覺과知

覺의差別은其單純ᄒ과複雜ᄒ에在ᄒ니卽、次와如ᄒ니라

感覺●●●●●●●●●●●單純的

知覺●●●●●●●●●●●複雜的

次에ᄂ情念과欲念의差別에對ᄒ야論ᄒ건ᄃ假令、吾人이其手를自動코저、ᄒ야此

를動ᄒ時의運動과吾人이其手를自動코저、ᄒᄂ事ㅣ無ᄒ야他人이其手를動ᄒ時

의運動은全然히不同ᄒ니前者의運動에ᄂ自己가力의源이、되야運動을惹起ᄒ感

을同伴ᄒ되後者의運動은自己가力의源이、되야其手를動ᄒ이、아니오、다만其手

가動ᄒ에放任ᄒ야其手를放置ᄒᄂ、感을同伴ᄒᄂ지라前者와、ᄀ치自己가力의源

이、되야活動ᄒᄂ性質을自動的이라稱ᄒ며後者와、ᄀ치自己가力源이、되지아니

第一章 緒論 第四節 意識의分類

一三

心理學敎科書

ᄒ고 唯獨其手의 動ᄒ음만 見ᄒᄂᆫ 狀態를 受動的이라 稱ᄒᄂᆫ니 欲望과 感情의 差別은 質

로 自動的과 受動的의 差別이라 吾人이 悲哀ᄒᄂᆫ時에 ᄂᆫ 自生ᄒ야 悲哀ᄒᆷ이、 아니오

悲哀가 自然히 來ᄒ음을 感ᄒ니 卽、「悲哀」ᄂᆫ 受動的이오 自動的이、아니ᄂᆫ 花를「見코

저願」ᄒᄂᆫ時에 ᄂᆫ「願見」의 欲念이 來ᄒ음은、아니오 自己가 自動的으로「見코저願」ᄒ

ᄂᆫ 欲念이라 故로 感覺은 受動的이며 欲念은 自動的이니라

以上에 論ᄒᆫ바를 槪括ᄒ야 此를 表로 作ᄒ면 次와 如ᄒ니라

感覺●●●●●	原物的	客觀的	獨立的	單純的
知覺●●●●	原物的	客觀的	獨立的	複雜的
情念●●●	原物的	主觀的	隨伴的	受動的
欲念●●	原物的	主觀的	隨伴的	自動的
觀念●	代表的	主觀的	獨立的	

一四

第二章　感覺

第一節　感覺의 屬性

各個感覺을 孤立的으로 見홀 時는 全然히 單純無雜ᄒ야 其間에 何等方面을 識別키 不能ᄒᄂ 此로 其各種各種感覺과 比較對照홀 時는 各種方面에서 差別을 發現홈에 至ᄒᄂ니 其差別的方面을 感覺의 屬性이라 云ᄒᄂ지라 其屬性은 質、强、廣、長及同處의 五種으로 分홀지니라

〔一〕質　「赤혼」感覺을「赤혼」感覺으로、其他感覺과、辨別ᄒ며「甘혼」感覺을 甘혼感覺으로、其他感覺과 辨別ᄒᄂ等은 質的 差別이니라

感覺의 質的屬性은、ᄀ쟝容易케、感知될뿐、아니라 實利上과 審美上과 他屬性보다 與味가 多혼故로 吾人은 此를 自然히 重視ᄒ야 感覺의 本質、本性이라、ᄒ고 他屬性으로써 偶然的性質이라 云ᄒᄂ니라

感覺의 質的差別은 實로 無限ᄒᄂ 分類코져ᄒ면 左開數種으로 分홈을 得홀지니라

〔子〕視感覺　白色、黑色、赤色、橙色、黃色、綠色、靑色、藍色、菫色、紫色과 此等中

第二章　感覺　第一節　覺感의 屬性

一五

心理學敎科書　　　　　　　　　　　　　　一六

에 互相位在혼 無數훈 質을 總攝호ㄴ니라

〔丑〕音感覺　笛의 音과 琴의 音과 鐘의 音과 大鼓의 音과 波의 音과 風의 音과 銃의 音과

其他 無數훈 音을 總攝호ㄴ니라

〔寅〕嗅感覺　無數훈 質的 差別을 總攝호ㄴ 大種目이、되ㄴ 吾人의 國語ㄴ 此無數훈

差別을 類集호야 少數로 歸合훈 槪括的 名稱을 不有호고 唯獨 香臭와 腥臭와 燒綿臭

의 言詞를 因호야 少數의 嗅感覺을 槪括홀뿐이 오 其他 多數ㄴ 此를 唯獨 發現호ㄴ바

各個事物의 名稱을 依호야 使用호야 酒의 臭와 脂의 臭와 石油의 臭와 洋漆의 臭와 橘

의 臭 等이라 稱홀뿐이니라

〔卯〕味感覺　亦是 無數훈 差別을 包含호얏스ㄴ 此ㄴ 大抵、酸味와 甘味와 苦味와 鹹

味의 四種으로 能히 歸入홈을 得홀지니라

〔辰〕溫感覺　溫感覺은 寒感覺과 熱感覺의 二質을 包含호ㄴ니라

〔巳〕運動感覺　感覺의 局處的 移動으로、부터 生호者와 經驗者自身이 身體的 局部

의 運動으로부터 生호ㄴ者를 包含호ㄴ니라

〔午〕筋感覺 筋의 運動을 因호야 生호는 感覺이니、오작 其一質로 成호 지라 力의 感覺과 抵抗의 感覺等은 此感覺으로 부터 成호니라

〔未〕普通感覺 一般感覺、又는 有機感覺이라 稱호는 者ㅣ니 饑、渴、嘔氣、疲勞、眩暈、窒息、眠思、等이 此에 屬호지라 此等은 通常感覺으로 分類됨이나 某方面으로 見호면 感情과 酷似혼비 或 有호는 今에는 一般의 說을 從호야 此를 感覺의 部類中에 採入호니라

〔二〕强 「赤혼」感覺과「甘혼」感覺의 關係는「深赤」혼感覺과「淡赤」혼感覺의 關係와 殊異혼지라 前者는 質的 差別이며 後者는 强의 差別이라 强의 差別이라 云홈은 同一質된、感覺中의 强弱差別이니라

〔三〕廣大 溫湯中에셔 身體全部를 沐浴홀時의 溫感覺과 身體의 一部、假令一指를 同一溫度되는 湯中에 入홀時의 溫感覺에 對호야 其差는 同一指를 溫度가 相異혼 湯中으로 入홀時에 生호는 溫感覺의 差別과 는 全然히 相異호니 後者는 旣論혼强의 差別이며 前者는 廣大의 差別이라但、某境遇에서는 廣大의 增加는 力度의 增加에 도 亦是

第二章 感覺 第一節 感覺의 屬性

一七

心理學敎科書　　　　　　一八

影響을 及ᄒᆞᄂᆞᆫ事ㅣ有ᄒᆞᆷ으로知ᄒᆞᆯ지니嗅感覺은廣大의差別을不有ᄒᆞ며普通感覺廣

大差別도亦是ㅣ分明치ᄆ못ᄒᆞ니라

[四]　長　感覺은亦其連續ᄒᆞᆷ長에關ᄒᆞ야差別이有ᄒᆞ니但、 吾人이能히辨知ᄒᆞᆫ此差別

에ᄂᆞᆫ自然히一定限界가有ᄒᆞ야其範圍보다長ᄒᆞᆫ者던지短ᄒᆞᆫ者ᄂᆞᆫ共히吾人이辨知기

不能ᄒᆞ니라분도氏의說을據ᄒᆞ면其最長限界ᄂᆞᆫ十二秒라云ᄒᆞ며예구스녤氏의說을

據ᄒᆞ면其最短限界ᄂᆞᆫ一秒의五百分之二ㅣ이라云ᄒᆞᄂᆞ니라

[五]　局處,　同一ᄒᆞᆫ觸感覺이라도手掌에在ᄒᆞᆫ者와背上에在ᄒᆞᆫ者ᄂᆞᆫ吾人이明確케辨知

ᄒᆞᄂᆞᆫ者ㅣ니此差別을局處上의差別이라云ᄒᆞᄂᆞᆫ지라嗅感覺及普通感覺은此差別이

缺乏ᄒᆞ니라

第二節　感覺의混雜

吾人은各種質의覺感을一一히孤立的으로經驗ᄒᆞ야得ᄒᆞᆷ과、 ᄶ치論ᄒᆞᆯ지라然이ᄂ

此ᄂᆞᆫ唯獨叙述上便宜를因ᄒᆞ야右와ᄶ치論ᄒᆞᆯ빅오日常의實際經驗으로ᄂᆞᆫ各個의感

覺이一一히孤立的으로發現ᄒᆞᄂᆞᆫ事가、 거의全無ᄒᆞ야多種多數의感覺이混合錯雜

호야同時에發現호는者ㅣ니假令、吾人은「赤혼」感覺이라稱호야도他感覺과同件

흠이無호고孤立的으로發現흠이아니라吾人이「赤호다」感覺호는時에는其赤혼事

物을圍繞혼바其他各種의色彩感覺도發現호고更히各種音感覺과各種觸感覺、溫

感覺으로乃至身體內部分의有機感覺等도同時에發現홀지며又、吾人의知識이進

步흠을從호야吾人은此等이同時的으로發現호는諸感覺中에某種一定혼者에注意

호야此를抽取호며、或은其某種과某種을同一事物로歸合호야、써感覺的經驗界를

秩序가有호며規律이有호며連絡이有혼바系統的世界로見흠에至호느니라然이느

此는唯獨知識이進步혼成人에在호야然홀뿐이오知識이全然進步치、못혼嬰兒의

其經驗界는、感覺界는秩序가無호며規律이無호고다만其混然錯雜

혼無意義인者ㅣ라如斯혼感覺的經驗을稱호야感覺尨雜이라云호느니라

第三章

第一節 知覺

知覺의分析

讀者는左圖를見호고如何히解釋홀고A.B.C.D.E.F.을集合호야同一事物로解釋호

第二章 感覺 第二節 感覺尨雜

一九

心理學敎科書

二〇

고 G.H.I.J.를 集合ᄒ야 同一事物로 解釋ᄒ며 K.L.M.N.을 集合ᄒ야 同一事物로 解釋ᄒ며 同時에 A.B.C.D.E.F.를 集合ᄒ는者와 K.L.M.N.을 集合ᄒ는者로、써 別物이라 能히 解釋ᄒ지라 然이ᄂ 唯獨、視感覺上으로 言ᄒ면 上圖의 諸部分은 皆是 同ᄒᆫ으로 其中 何者와 何者가 集合ᄒ야 一事物로 能히 解釋될事도 無ᄒ며 其中 何者와 何者를 分別ᄒ야 別事物로 解釋될事

도 無ᄒ고 全圖의 諸部分으로、부터 生ᄒᄂ 感覺은 唯是 雜然 無律ᄒᆫ 感覺의 集合、卽 感覺ᅵ 狀雜이라 然이ᄂ 吾人은 實際로 全圖를 感覺ᄒ 狀雜으로 見치아니ᄒ고 此를 組織的으로 見ᄒ야 其意義를 解釋ᄒᄂ니 詳言ᄒ면 其某種과 某種을 集合ᄒ야 此를 一事物로 解釋ᄒ과 同時에 此를 他某種에서 分離ᄒ야 別事物로 解釋ᄒᄂ지라 何故오 此ᄂ 全然

히吾人이 此圖를 見홈을 因호야 過去經驗의 觀念을 喚想호며 其觀念의 補助를 因호야

此圖를 知覺호는 所以니라 假令 G₁H₁I₁J₁ 눈 人의 背面된 觀念을 喚想호고 其補助를 因

호야 一事物을 組織호는 所以니라 假令 G₁H₁I₁J₁ 눈 人의 背面된 觀念을 喚想호고 其補助를 因

物을 組織호며 又 其 G₁H₁I₁J₁ 全體와 K₁L₁M₁N₁ 은 交椅된 觀念을 喚想호고 其補助를 因호야 一事

을 喚想호고 此를 因호야 人이 交椅에 腰를 凭호고 居호야 事를 知覺호며 其他何物의 知覺

이던지 此와 亦是 同一 혼 作用을 因호는지라 故로 知覺이라, 홈은 觀念의 補助를 因

야 感覺의 組織體로 變혼 者ㅣ며 觀念의 補助를 不得혼 感覺은 知覺이, 아니오 感覺形

雜이니라

第二節　分解와 綜合

觀念의 補助를 不得호고 前圖를 見호면 只是 感覺形雜만 有호고 知覺이 無혼지라 然이

ㄴ 吾人은 此圖를 見호면 何等 觀念이 浮호야 此를 補助호는 故로 吾人은 此圖를 見호고

混然혼 感覺形雜을 成치 아니호고 其中의 某部分과 某部分을 集合호야 一體로 知覺호

ㄴ니 假令 A₁B₁C₁D₁E₁F₁을 集合호야 机로 知覺호고 G₁H₁I₁J₁를 集合호야 人으로 知覺

第三章　知覺　第一節　知覺의 分析　第二節　分解와 綜合　　　二一

心理學敎科書

二二

ᄒᆞ며 K‧L‧M‧N‧을 集合ᄒᆞ야 交椅로 知覺ᄒᆞᄂᆞ니라 如斯히 感覺龐雜中의 某部分과 某

部分을 集合ᄒᆞ야 一體로 見ᄒᆞᄂᆞᆫ作用을 稱ᄒᆞ야 綜合이라 云ᄒᆞᄂᆞ니라

然이ᄂᆞ 知覺에 對ᄒᆞ야 吾人은 只是綜合ᄒᆞᆯᄲᅮᆫ아니라 此와 同時에 感覺龐雜中 某部分과

某部分을 分離ᄒᆞᄂᆞ니 假令前圖에 A‧B‧C‧D‧E‧F‧ 와 G‧H‧I‧J‧ 와 K‧L‧M‧N‧을 分離ᄒᆞ

야 此를 三個別物로ᄒᆞᆷ과 如히 感覺龐雜中 某者와 某者를 分離ᄒᆞ야 別事物로 見ᄒᆞᄂᆞᆫ作

用을 稱ᄒᆞ야 分解라 云ᄒᆞᄂᆞ니라

知覺은 分解와 綜合의 共動을 因ᄒᆞ야 生ᄒᆞᄂᆞ니 假令前圖에 G‧H‧I‧J‧ 를 綜合ᄒᆞ야도 此

를 只是綜合ᄒᆞᆯᄲᅮᆫ이오 此를 其他部分과 分解ᄒᆞ야 其周圍의 事物로, 부터別物로 見치,

안니ᄒᆞᆯ時ᄂ G‧H‧I‧J‧ 를 總合ᄒᆞᄂᆞᆫ事ᄂ 知覺上에 何等効用도 無ᄒᆞ며 又假令, A를 H‧

로, 부터 分解ᄒᆞ야도 此에 만止限ᄒᆞᆯᄲᅮᆫ이오 A와 B‧C‧D‧E‧F‧ 를 合ᄒᆞ야 此를 一體로 見

ᄒᆞ며 H를G‧I‧J‧ 와 綜合ᄒᆞ야 此를 一體로 見치, 아니ᄒᆞ면其分解ᄂ 知覺上에 何等効

用도 無ᄒᆞᆫ지라 故로 分解와 綜合은 不可離的으로 互相共動ᄒᆞ야, 써 知覺을 生ᄒᆞᄂᆞᆫ者

ᅵ니라

第三節　知覺의 種類

感覺은 如何한 觀念을 喚起하야 此와 融合하느뇨云하면 此는 從來經驗과 及其時에 對
한 精神狀態를 因하야 規定되는 者ㅣ며 又知覺은 實際事物에 相當한 事와 不然한 事가
有함으로、써 知覺의 種類를 左開三種으로 分할지니라

[一]正覺、 卽狹義에 對한 知覺、 [二]錯覺 [三]妄覺이 維是니라

[一]正覺　外界事物에 對하야 生한 知覺이 事物其者에 就하야 他方面으로、부터 經驗
된 各種感覺的事實과 衝突치、아니할時에는 此를 正覺、卽正當한 知覺이라云하느니
라

[二]錯覺　若其實狀은 平行線인者를 平行치、아니한者와、갓치 知覺하는 事ㅣ有하다
假定하면 此는 知覺이 感覺的事實과 衝突한 者ㅣ니 如斯한 知覺을 稱하야 錯覺이라云
하는지라 如斯한 錯覺은 各種境遇에 起하는 者ㅣ며 又實際生活上에 도 此를 利用함이
不少하니라

[三]妄覺　外界로、 부터 何等刺激을 不受하고 身體中으로 自發한 生理的刺激을 因하

心理學敎科書　　二四

야某感覺이發生홀時에錯誤호야此를外界로投出호야外界에事物이有홈으로知覺

호는事ㅣ有호니如斯호知覺을稱호야妄覺이라云호는지라妄覺은精神病에서多見

호는비ㄴ健强호人에도一時特別호事情下에妄覺을經驗홈이有호니라

　第四章　觀念

　第一節　觀念의種類

觀念은大體上으로二種에分홀지니心象과槪念이是也라心象이라, 홈은一定特殊

호感覺的經驗에對호는感覺이며槪念이라, 홈은多數感覺과又는知覺과或은其他

觀念의類似點에對호는觀念이라今에更히此兩者의差別을明瞭케, 호기爲호야此

를各種方面으로詳說호면次와如호니라

〔一〕心象은一定特殊호事物에對호는者ㅣ오槪念은多數事物의類似點에對호는者ㅣ

니라

〔二〕心象에對호는者는實物로外界에存在호니少毫라도此를人爲的으로實物에實現

케, 홈을得호는ㄴ槪念은唯獨心意의主觀的狀態로存在홀ᄲ인이오此에對호는實物을

을外界로求ᄒ치、못ᄒ을지니라

〔三〕心象은各個感覺的事物을原物로定ᄒ寫象이며槪念은各種心象과其原物된感覺的事物을其中에總攝ᄒᄂ其自身은此等諸事物에共通ᄒᄂ類似點에對ᄒᄂ者ㅣ니此等各者가、스人로其物의寫象이、아니라故로心象은一定ᄒ感覺的內容을具有ᄒ며兼ᄒ야此를感覺的實物로能히表示ᄒ을得ᄒ며槪念은何等感覺的內容도具有치아니ᄒ고兼ᄒ야此를感覺的事物로表示ᄒ을不得ᄒᄂ니라

〔四〕右와、ᄀ치心象은一定ᄒ感覺的內容을具有ᄒ되槪念은此를具有치아니ᄒ으로此兩者ᄂ其發現에相異ᄒ點이大有ᄒ니各個의心象은各其自身孤立的으로注意對象됨을得ᄒ며槪念은唯其總攝ᄒᄂ各個心象이發現ᄒ時에此에對ᄒ야ᄂ能히發現되ᄂ此等各個의心象을離ᄒ야其自身孤立的으로發現ᄒ기不能ᄒ니라

第二節　心象과槪念의融合

吾人은心象과槪念을全然히別物됨과、ᄀ치論述ᄒ얏스ᄂ、此ᄂ只是敍述上便宜로、브터如斯히論述ᄒ뿐이라吾人日常의意識生活에在ᄒ야ᄂ右定義에揭載ᄒ과如ᄒ

第四章　槪念　第一節　槪念의種類　第二節　心象과槪念의融合

二五

心理學敎科書　　　　　　二六

純粹호心象과又는純粹호槪念에相當호者가恒常發現홈에止限홈이、아니라多大

數의境遇에눈心象과槪念이互相融合호야發現호눈者ㅣ니假令今에動物호라云홀

時에人은此에對호야如何호觀念을意識호느뇨云호면此눈其人이平常飼養호던犬

의純粹호具軆的心象이、아니며又動物學定義에在홈과如호純粹호抽象的觀念도、

아니오正히其中間에位在호觀念이니卽動物이라云호눈事에對호야數多호人이意

識호눈觀念은其平常習慣的으로發思호느니某一定動物의具軆的과又는抽象的心

象을其中心으로호야動物一般에關호야知得호槪括的槪念을其周圍에包繞케、호

눈者ㅣ卽是也ㅣ니假令右圖에示홈과如호니라心象이라홈은如斯히括槪的慨念이包

心象

擁호눈빗、되야初에消化된知識과我의物로成호知識과意義가

有호心象이、된者ㅣ라如斯히槪念의包擁을不受호눈心象은面

灰롤離호煉瓦(벽돌)와如호者로各各雜然散在호야消化되지아

니호야我의物로成치、아니호無意義호心象이、되눈지라吾人이

日常意識호눈心象은皆是多少의意義가有호者ㅣ며兼호야皆是多少의槪念과融合

ᄒᆞᄂᆞᆫ者ㅣ오何等槪念의包攞도全然히不受ᄒᆞᄂᆞᆫ純粹無意義ᄒᆞᆫ心象과如ᄒᆞᆫ者ᄂᆞᆫ、거

의吾人의意識치、아니ᄒᆞᄂᆞᆫ빗라又何等의一定特殊ᄒᆞᆫ心象도中心으로、ᄒᆞ지아니ᄒᆞᆫ

純粹槪念과如ᄒᆞᆫ者ᄂᆞᆫ抽象的思辨에甚長ᄒᆞᆫ哲學者等이或意識ᄒᆞᄂᆞᆫ빗오通常은、거

의全無ᄒᆞᆫ事ㅣ라故로吾人日常의意識生活에發現ᄒᆞᄂᆞᆫ觀念은皆是心象과槪念의融

合으로成立ᄒᆞᆷ이라見ᄒᆞ야도可ᄒᆞ니라

　第三節　槪念作用

槪念을得ᄒᆞᆷ에至ᄒᆞᄂᆞᆫ心的動作을槪念作用이라云ᄒᆞᄂᆞ니該作用은三種作用의共動

으로、부터　成立ᄒᆞᆫ지라所謂三種作用은抽象과槪括과比較가是也니라

〔一〕抽象　複雜ᄒᆞᆫ經驗이某一部分에만注意ᄒᆞᆷ을稱ᄒᆞ야該部分을抽象이라云ᄒᆞᄂᆞ니

唯獨此點에對ᄒᆞ야ᄂᆞᆫ注意와抽象이라、ᄒᆞᆷ은全然히同一ᄒᆞ니라然而吾人은注意와

抽象은全혀同一ᄒᆞᆫ作用이라不謂ᄒᆞᄂᆞ니注意ᄂᆞᆫ抽象에當然히必要ᄒᆞᄂᆞᆫ唯獨注意ᄒᆞ

ᄂᆞᆫ事를因ᄒᆞ야抽象은行치、아니ᄒᆞᄂᆞ니「冷ᄒᆞ다」注意ᄒᆞ고其他에何事도不知ᄒᆞᆫ時

ᄂᆞᆫ此ᄂᆞᆫ、오직「冷ᄒᆞ다」意識ᄒᆞᆷ에止ᄒᆞᆯ뿐이오「冷ᄒᆞᆷ」을抽象ᄒᆞ얏다不謂ᄒᆞᆯ지라複雜

第四章　觀念　第三節　槪念作用

二七

心理學敎科書

혼經驗의一部分으로「冷홈」에注意홈을稱호야「冷홈」을抽象혼다云호ᄂ니라故로

「冷홈」을抽象혼다、홈은唯獨「冷홈」만意識호고他를不知혼다云호는事ㅣ、아니오

複雜혼經驗中에就호야特히其一部「冷홈」뿐이注意의中心點이、아니오

以로今에 S가A°B°C의部分으로、써成立혼複雜의經驗全體라호면然홀時는其中

의A를抽象혼다、홈은

$$S = B = C = A$$

卽ᴀ만意識호고其他에對호야不知혼다云홈은、아니니

$$\{A\} + B + C$$ 但{}는注意의中心點이、됨을意味홈이라

卽ᴀ外에范然히B와C를意識치、아니호ᄂ오직其ᴀ뿐이注意의中心點이、되야他보

다明瞭케、됨을意味홈이니라

〔二〕比較　抽象호는者ㅣ아니오一定不變호는强의快感을帶호고一定不變호는强의「甘홈」

感覺은恒常一定不變호는强의快感을帶호고一定不變호는强의「甘홈」

變호는强의「甘홈」感覺을伴호야써「甘홈」感覺以外에快感을帶호는者ㅣ無호며快

二八

感以外예「甘흔」感覺과可伴흘情調가有흘지니라「甘흔」感覺과快感은渾然融合흐

야單純無雜흔意識狀態를成흐고吾人은其分解흘者ㅣ되는事를思치못흘지라吾人

이「甘흔」感覺과快感의混合的經驗에就흐야其「甘흔」感覺과又는快感을能히抽象

흐는所以가되된者는「甘흔」感覺에서만此와類似흐고他點에서此와相異흔多數의經

驗을互相比較흐는所以니라此比較를三種으로分흘지니假令S를 A。B二要素로成

立흔複合事物로定흐야도若 A。B가恒常同伴的으로發現되며一次도分離흐야發現

흐는事ㅣ無흐면A。B가全然히融合흐야單純無雜흔S의意識이,될뿐이라然이누

〔子〕A。B中에B만孤立흐야發現흐는事ㅣ有흐다定흐면卽吾人은A와S를比較흐는

事를因흐야S中에A가存在흠을認識흐야此를能히抽象흘지니라

〔丑〕又假令A의其自身이孤立的으로經驗되는事ㅣ無흐야도A가아닌他의事物,

假令C와D를混合흐야

T(A와C의混合)又는U(A와D의混合)

로經驗되는事ㅣ有흐면吾人은 S.T.U를比較흐야其中에A의類似點을認識흐야

第四章 觀念 第三節 概念作用

二九

心理學敎科書

三〇

此를能히抽象홀지니라

〔寅〕又假令A는孤立的으로經驗되는事도無호고又、A가B以外의事物과混合호야

經驗되는事ㅣ無호야도若A가他境遇에서其强度가相異호B假令 B'B'와混合호야

S'(A와B'의混合)又는S''(A와B''의混合)

로經驗되는時에는吾入이此$SS'S''$를比較호야A의類似點을認識호야此를能히抽

象홀지니라

〔三〕槪括 比較는其自身에固有호一種意識을生호느니其抽象된意識은、오직其一

定特種의一經驗部分이、아니오比較된多數一經驗에共屬호다는意識이卽、是也ㅣ

니라其意識을稱호야槪括이라云호는故로槪念作用은唯獨

가、아니오

$\{a\}$

十a 十b

十에

$\{A\}$十B

되는圖式을因ᄒᆞ야此를代表ᄒᆞᆯ지니라

第四節　單一觀念과複合觀念

觀念에ᄂᆞᆫ單一과複合이有ᄒᆞᄂᆡ複合觀念은多數의單一觀念을其內容으로、ᄒᆞᄂᆞᆫ者

一며單一觀念은唯一內容으로부터更히此를分解기不能ᄒᆞᆫ者ㅣ니假令、重量의觀

念과黃金의觀念을比較ᄒᆞ면後者ᄂᆞᆫ黃色、光輝、重量과酸化기難ᄒᆞᆫ性質等을內容으

로、包有ᄒᆞ얏스ᄂᆞᆫ前者ᄂᆞᆫ唯一內容으로成ᄒᆞ고更히此를單純ᄒᆞᆫ二個以上의觀念으

로分ᄒᆞ기不能ᄒᆞᆫ지라故로前者ᄂᆞᆫ單一觀念이며後者ᄂᆞᆫ複合觀念이니라

第五節　想像과記憶

觀念中에ᄂᆞᆫ其觀念을因ᄒᆞ야代表되ᄂᆞᆫ原物의現實的意識을曾往에經驗ᄒᆞᆫ事가有ᄒᆞ

다ᄂᆞᆫ自覺이伴隨ᄒᆞᄂᆞᆫ者와其自覺이伴隨치아니ᄒᆞᄂᆞᆫ者의二種이有ᄒᆞᄂᆡ前者를稱ᄒᆞ

야記憶이라云ᄒᆞ며後者를稱ᄒᆞ야想像이라ᄒᆞᄂᆞ니라故로記憶의境遇에ᄂᆞᆫ曾往에現

實的으로經驗ᄒᆞᆫ者를今에再次代表ᄒᆞᄂᆞᆫ自覺이有ᄒᆞᄂᆡ其自覺을稱ᄒᆞ야

再認의感이라云ᄒᆞᄂᆞ니라是以로記憶은再認의感이伴隨ᄒᆞᆫ觀念이라ᄒᆞᆯ지니라

第四章觀念第四節單一觀念과複合觀念第五節想像과記憶第六節把住와喚想二一

心理學敎科書

第六節　把住와喚想

記憶은想像과굿치此에對하는現實的意識을經驗호事의自覺이無호觀念이ᄂ其實

은其記憶에對하는何等現實的意識의經驗이觀念以前에先立하는ᄂ니想像과全然히

同一호形式의現實的經驗이觀念以前에先立호다云홈은、아니라然이나想像과의材

料가、될者는、다曾往에其現實的으로經驗된者가、될지니果然이면最初現實的의原

物로經驗되意識은其後代表的觀念으로發現하기싯지如何호狀態에對하던지可히

保存홀지니其保存作用을稱하야把住라하ᄂ니라然則其把住는如何히行홀는지此

논全然히腦髓의神經細胞에對호習慣的惰性、卽傾向으로見홈이可하니此傾向은

某刺激을因하야特定호方向으로活動하고玆에觀念을發現하ᄂ니如斯호觀念을發

見하ᄂ作用을稱하야喚想이라하ᄂ니라

第七節　喚想의種類

喚想은此을惹起하ᄂ刺激의種類를因하야二種으로分홀지니一은無意識의生理的

刺激을因하야發現하ᄂ喚想이오一은意識的刺激을因하야發호ᄂ喚想이니前者를

稱ᄒᆞ야自發的喚想이라云ᄒᆞ며後者를稱ᄒᆞ야聯想的喚想이라ᄒᆞᄂᆞ니라

第八節　自發的觀念

何等意識的原因도無ᄒᆞ고觀念이卒然自發ᄒᆞᄂᆞ事ㅣ有ᄒᆞ니如斯ᄒᆞᆫ喚想은通常稀少ᄒᆞᆫ비나亦是全無ᄒᆞᆷ은無ᄒᆞ니라心理學者의多數ᄂᆞᆫ如何ᄒᆞᆫ喚想이던지皆是先立의意識的原因을因ᄒᆞ야說明을盡코져ᄒᆞᄂᆞ此ᄂᆞᆫ大槪假定을因ᄒᆞ야事實을曲ᄒᆞᄂᆞ者와如ᄒᆞ지라吾人으로ᄡᅥ此를見ᄒᆞ면全然히無意識ᄒᆞ生理的刺激이原因을成ᄒᆞ야自發的으로喚想ᄒᆞᄂᆞ事도有ᄒᆞ니라

第九節　聯想的喚想

日常意識生活에對ᄒᆞ야多見ᄒᆞᄂᆞ喚想은旣爲發現ᄒᆞᆫ意識이原因을成ᄒᆞ야次의觀念을喚起ᄒᆞᄂᆞ喚想、卽聯想的喚想을成ᄒᆞᄂᆞ니라

一個A觀念은多數의他觀念을可히喚起ᄒᆞᆯ傾向이有ᄒᆞ니假令、A의觀念은B・C・D・E・F・・・等多數의觀念을可히喚起ᄒᆞᆯ傾向이有ᄒᆞᆫ지라然이나A가發現ᄒᆞᆫ時에B・C・D・E・F・・・等이喚起될一切可能的觀念을一次에悉皆喚起치아니ᄒᆞ며某時에ᄂᆞᆫ其

可能的觀念中에、오직二種、假令B、D를喚想ᄒ고其他를喚想치、아니ᄒ며某時에

눈오직D、E를喚想ᄒ고其他를喚想치、아니ᄒ는者ㅣ라何故로一切觀念을一次에

悉皆喚想치、아니ᄒ고唯獨其中의某二三者만喚想홈에止ᄒ는지此는左開條件을

因ᄒ야規定되는者ㅣ니라

〔一〕經驗의規定　經驗의規定을左開數項으로分ᄒ야說明ᄒ노라

〔子〕經驗의接近　A、B、C、D等되는事物이接近的(同時的又는連續的)으로經驗된

時에는其後에其原因을因ᄒ야其中其一觀念、假令A觀念이喚想될時는此A觀念

은他B、C、D等의觀念을連想的으로喚想코져、ᄒ는傾向이有ᄒ나라

〔丑〕經驗의反復　一部의事物을屢次反復ᄒ야接近的으로經驗ᄒ는此等事物에

對ᄒ는觀念間의喚想傾向을强케ᄒ느니假令、吾人이가、나、다、라、마、바、等을

順次로喚想ᄒ야錯誤치、아니홈은全然히經驗反復의結果라更히其法則의結果

로次의法則을得ᄒ지니라

多數事物中에某數個가屢次反復ᄒ야接近的으로經驗되는其他物이接近的으로

經驗되지、아니홀時는前數個事物의觀念만其互相間의喚想傾向을强케호고他

物은不然호니라

以上經驗의接近及反復의規定을因호야發現호는觀念의連想을稱호야通常接近

連想이라云호느니라

〔寅〕經驗의新近　同一혼經驗이라도次第로時日을經過홀人록此를忘却홈에至호

느니經驗이新近혼諸事物의觀念은他를互相喚想호기易호니라

〔卯〕經驗의鮮明혼事　他人의談話를因호며又는書籍을因호야想像的으로經驗혼

事는記憶에留止기難호며事物에接호야現實的으로經驗혼事는喚想기易홈은何

人이던지知호는빅니라

〔辰〕經驗에興味가附帶호는事　同一혼事物이라도此를經驗호는時에興味를感호

는部分과不然혼部分이有호니興味를感혼部分은記憶에善留호야此를喚想호기

易호고興味를不感호는部分은記憶에留止기難호야此를喚想호는事도難혼지라

故로同一히接近的으로經驗혼事物等이라此를只是接近的으로經驗혼所以를因

第四章　觀念　第九節　連想的想喚

三五

心理學敎科書　　　　　　　三六

ᄒᆞ야、반다시此等을能히同一케喚想ᄒᆞᄂᆞᆫ者ㅣ、아니오其中에서興味ᄅᆞᆯ感ᄒᆞᆫ部

分은他部分보다喚想되기易ᄒᆞᆷ이吾人이過去事ᄅᆞᆯ喚想ᄒᆞᄂᆞᆫ時에ᄂᆞᆫ唯其興味가有

ᄒᆞᆫ部分만觀念에發現ᄒᆞ고他部分은不然ᄒᆞ니라

〔二〕刺激總和의規定　一定ᄒᆞᆫ觀念의次에ᄂᆞᆫ如何ᄒᆞᆫ觀念이可히發現ᄒᆞᆷ은以上經驗의

規定을因ᄒᆞ야大體ᄂᆞᆫ定ᄒᆞᆫ者ㅣ라然이ᄂᆞ唯獨經驗으로만云ᄒᆞ면一定ᄒᆞᆫ觀念과經驗

的으로可히連絡ᄒᆞᆫ觀念은多數가有ᄒᆞ니假令「人」이라云ᄒᆞᄂᆞᆫ觀念과經驗的으로可

히連絡ᄒᆞᆫ觀念에ᄂᆞᆫ「武士」「萬物之靈長이라」「那破崙이라」等의多數가有ᄒᆞᆯ지라然

이ᄂᆞ實際에ᄂᆞᆫ此「人」其次에此多數觀念中何者가連想ᄒᆞ야來ᄒᆞᄂᆞᆫ뇨此ᄂᆞᆫ唯獨「

人〕만因ᄒᆞ야此ᄅᆞᆯ規定ᄒᆞ기不能ᄒᆞ니此ᄅᆞᆯ定ᄒᆞᄂᆞᆫ者ᄂᆞᆫ刺激總和의規定이라該規定

은次와如ᄒᆞ니라

一定ᄒᆞᆫ觀念의次에ᄂᆞᆫ如何ᄒᆞᆫ觀念이發現ᄒᆞᆷ은오직其一定ᄒᆞᆫ觀念에만因ᄒᆞ야定치아

니ᄒᆞᄂᆞ니該觀念과及此에先立ᄒᆞᄂᆞᆫ多數의觀念이一定ᄒᆞᆫ順序로配列ᄒᆞᆫ觀念部ᄅᆞᆯ因

ᄒᆞ야定ᄒᆞᄂᆞᆫ者ㅣ나라

此를圖式的으로言ᄒ면上圖에示ᄒ과、ᄯ치S觀念其

物은D·H·L·P 의四觀念中何者던지喚想ᄒ可能性이

具有ᄒ니라然이ᄂ、實際로其次에ᄂD·H·L·P 中何者

가發現ᄒ은S와此S에先立ᄒᄂ觀念의團体如何를因

ᄒ야定ᄒᄂ니即A·B·C·S 가、될時ᄂD를可히連想ᄒ

고E·F·G·S가、될時ᄂH를可히 連想ᄒ

될時ᄂL을可히連想ᄒ고M·N·O·S가、될時ᄂP를可

히連想ᄒ지니라

〔三〕觀念의互相類似ᄒ規定　觀念은各種內容이具有ᄒ며又其各種點에서他의觀念

과類似ᄒ빈有ᄒ니如斯히互相類似ᄒ觀念等은其類似點에서他를互相喚想ᄒᄂ原

因을成ᄒ니假令蛇의觀念이緩을連想ᄒ며雪의觀念이砂糖을連想ᄒ이是也ー라故

로觀念의互相間類似點은此等觀念으로、써他를互相喚想케、ᄒᄂ連鎖로動作ᄒ

ᄂ者ー니如斯히類似點의連想을因ᄒ야生ᄒᄂ連想을稱ᄒ야類似連想이라ᄒᄂ니

第四章　觀念　第九節　連想的喚想

三七

라

〔四〕興味의規定　興味가觀念連合에關係하는事ㅣ極大하니라

〔子〕興味가接近連想에及하는動作　假令, 吾人이曾往에經驗한A·B·C·D·E의事를

順次로喚想함이有하다

假令하라此等觀念은此

事의記憶으로는其順次

에對하야互相團結하야

도各其觀念이接近的으

로可히連絡할觀念은唯

獨, 此等뿐, 아니오更히

他에도多有하니此를圖

式的으로說明하면次와

如하니라

右圖에 A.B.C.D.E는 一個 經驗的 事의 記憶 連想이 되는 其各 觀念은 又,其他 各種 觀

念과 能히 連絡홀者ㅣ라 然而 通常 過去의 事를 連想홀時는 A.B.C.D.E 와 行하는 若

其中途 C 觀念에 到達혼時에 某事情을 因하야 吾人이 該觀念에 對하야 殊異혼興味

를感홀지니 該觀念은 他者보다 比較的으로 長久히 心面에 留止하고 從하야 其結果

로,다만其 D를 喚想홈에 止限치,아니하며 此와 接近的으로 可히 連絡홀 他의 觀念

N.O.P.Q 도 喚想홀지라 然이나 此等 諸般 觀念中에 吾人은 D에 對하야 興味를多感

하랴면 連想은 C.D.E 와 可히 行하되 若其不然하야 某事情을 因하야 吾人이 O에 對

하야 興味를感홈에 는 連想方向은 C.D.E 와 行치,아니하고 C.O.D.E.F 와 行하며 P

에 對하야 興味를感홈에 는 C.P.G.H.I 와 行홀지라 故로 吾人이 日常에 對하는實際

的連想의 方向은 但其過去에 對하는 接近的 經驗을 因홈에 만定치,아니하고 連想

이有혼瞬時에 對하는 吾人의 興味가 其方向을 規定홈에 關與하는事ㅣ大하니라

〔丑〕興味가 類似聯想에 對하는 吾人의 動作　觀念은 各種 多數 內容을 具有홈이 各種 多數

方向에 對하야 他多數 觀念과 類似的 連絡이 有하나니 假令今에 觀念은 四個의 內容으

第四章　觀念　第九節　聯想的 喚想

三九

로成ᄒ얏다假定ᄒ고又其一觀念 M으로A•B•C•
D의四屬性을包含으로定ᄒ면其屬
性을從ᄒ야各種觀念과連絡ᄒᄂ狀은前圖와
如ᄒ니라

上圖에示ᄒᆷ과、섯치 M으로A•B•C•D의各者와類
似上連絡이有ᄒ며兼ᄒ야오직類似라云ᄒᄂ
事만言ᄒ면M으로A•B•C•D의何者던지能히喚想
ᄒ者라然이ᄂ實際로A가發現ᄒ時에ᄂ何者
를喚想ᄒ고此ᄂ類似의關係만因ᄒ야能히決
定ᄒ事ㅣ、아니라A觀念이發現ᄒ時에何者의觀念을喚想ᄒᆯ지唯獨其時에對
ᄒᄂ興味를因ᄒ야決定ᄒᄂ니卽、吾人은M觀念이A에對ᄒ야興味가有ᄒ면M은
A觀念을可히喚想ᄒ지며B에對ᄒ야興味가有ᄒ면M으로B觀念을可히喚想ᄒ지라
卽、M觀念이此와類似的連絡을有ᄒ觀念中何者를喚想ᄒᆷ은實로其時에對ᄒ야

吾人이 그 觀念의 如何호 內容에 就호야 最多케 興味를 感호 者를 因호야 決定호는 者
ㅣ니라

第十節　知覺에 對호는 觀念의 動作

外界知覺에 對호는 觀念은 二樣의 作用을 뭇홈

〔一〕外界刺激의 選擇　吾人의 感覺面이 外界로부터 受홈이 有호 刺激은 無數호는 吾人
은 其諸般刺激에 對호야 諸般感覺을 一次에 意識호는 者ㅣ、아니니 吾人이 一次에 意
識호 感覺은 實로 外界刺激中 某一部에 對호는 者ㅣ라 何故오、만일吾人의 心中에
何等觀念이 無호면 外來의 無數호 刺激中에、오즉 其最强호 少數物이 感覺을 惹起홀
지라 然이나、만일 其外來刺激中에 有호 某一定의 刺激을 因호야 可히 生홀 一定호 感
覺의 觀念이 吾人心中에 在호야 活動홈이 有호다 호면 該刺激은 他刺激보다 甚히 弱
호者ㅣ、됨을 不拘호고 更히 吾人이 此에 對호는 一定호 外覺은 能히 意識홈을 得호는
니 此는 吾人의 心中에 旣在호 觀念이 外來刺激中으로、부터 其自身에 相當호 者를 選
取호는 所以니라

心理學敎科書

〔二〕外界刺激의補充　從來로刺激을因ᄒ야生ᄒᄂᆫ意識은、오직其刺激으로、부터可
히生ᄒᆯ單純ᄒᆫ感覺이、아니오其感覺에吾人의自心으로、부터附加ᄒᄂᆫ補充을包有
ᄒᆷ이니其補充은全혀觀念動作에屬ᄒᆯ지라假令、砂糖을見ᄒ고其味를思ᄒ며平面
繪를見ᄒ고遠近을感ᄒ며枯柳를見ᄒ고幽靈으로誤知ᄒᄂᆫ等事ᄂᆫ、오직其刺激을
因ᄒ야生ᄒᄂᆫ感覺뿐이、아니오此를感覺ᄒᄂᆫ瞬間에吾人의觀念이補充ᄒᆫ바를因
ᄒᆷ이라、오직其補充이正當ᄒᆫ時에ᄂᆫ正當ᄒᆫ知覺을生ᄒ고不正當ᄒᆫ時에ᄂᆫ錯覺을
生ᄒᆯ뿐이니라

右와如ᄒᆷ으로써外界事物은同一ᄒ야도此를經驗ᄒᄂᆫ人의不同ᄒᆷ을從ᄒ야其知覺
ᄒᄂᆫ바와其記憶ᄒᄂᆫ바에多少變化가有ᄒᆯ지니라

第十一節　把住性의限界

把住性이라ᄒᆷ은可히把住ᄒᆯ性能이라其性能은各個人이生ᄒᆯ時에其有ᄒᆫ神系細胞
의先天的生理作用이니敎育의力을因ᄒ야左처、못ᄒᆯ者ㅣ됨은一般心理學者의
確信ᄒᄂᆫ비라、다만各其時에對ᄒᆫ健康與否와年齡의長幼와營養의充實、與否와

四二

精神의 活潑、與否、事物興味의 有無等을 因ᄒᆞ야 同一ᄒᆞᆫ 人이라도 記憶ᄒᆞ기 善能ᄒᆞᆫ 事

도 有ᄒᆞ며 或은 記憶ᄒᆞ기 未能ᄒᆞᆫ 事도 有ᄒᆞᆫ지라 然이ᄂᆞᆫ 如何히 記憶ᄒᆞ기 適當ᄒᆞᆫ 事情下

에 在ᄒᆞ야 도 人의 把住性에ᄂᆞᆫ 各其 一定ᄒᆞᆫ 限界가 有ᄒᆞ야 如何ᄒᆞᆫ 敎育이라도 其 以上에

此를 强케、ᄒᆞ기 不能ᄒᆞ니라

第十二節　記憶法

把住性에 一定ᄒᆞᆫ 限界가 果有ᄒᆞ다ᄒᆞ면 記憶法이라、ᄒᆞᆷ은 把住性을 强케、ᄒᆞᄂᆞᆫ 方法이

아니오、오직 其先天的으로 定ᄒᆞᆫ 限界範圍內에 在ᄒᆞ야 把住性으로、써、ᄀᆞ쟝 動作을

能爲케ᄒᆞᆷ에 不外ᄒᆞ니 此를 左開三種으로 區別ᄒᆞᆯ지니라

〔一〕把住法　此ᄂᆞᆫ 記憶코져、ᄒᆞᄂᆞᆫ 事의 觀念으로、써、再生케、ᄒᆞ傾向을 强케、ᄒᆞᄂᆞᆫ 方法

이니 其重要者ᄂᆞᆫ 次외 如ᄒᆞ니라

　〔子〕反復　記憶코져、ᄒᆞᄂᆞᆫ 事ᄂᆞᆫ 幾回던지 此를 反復ᄒᆞ야 習熟ᄒᆞᆯ지니 此ᄂᆞᆫ 把住를 善

能케、ᄒᆞᄂᆞᆫ 最良 方法이니라

　〔丑〕新經驗을 舊知識과 連結ᄒᆞᄂᆞᆫ 事　此에ᄂᆞᆫ 人爲的과 理論的 二種이 有ᄒᆞ니 前者ᄂᆞᆫ

心理學敎科書　　　　　　　　　　　　　　　　　　　　四四

論理的知識이發達치、아니혼兒童을敎育홀時에應用되는비라然이느此法을過

히濫用호는時는兒童의知識發達을害호는事ㅣ反有호며後者는此를幾許던지應

用홈이可호느、다만此를兒童에게應用호기困難홈이不便홀뿐이니라

〔寅〕詩歌로作爲호는事　可히記憶홀事를流暢호詩던지或歌로作爲홀時는此를記

憶홈에甚히容易호니라

〔卯〕心的帳簿에記載호는事　此에는各種이有호기로今에其一例를示호면「賭博

者」、「富者」、「遠行」、等이라云홈과가치其間에何等關係도無혼事를順次로記憶

코져、홈은甚히困難호느此를「가나다」의心的帳簿에配置홀時는記憶홈에甚히

便利홀지니假令「가」를賭博者는家産이蕩敗홈으로思호며「나」를余는富者를願

흠으로思호며「다」를遠行호면脚이甚痛홈으로思호야、다만其「가나다」三字를

記憶케、호면其三言을記憶호기容易호니라

〔二〕喚想法　此는旣是把住혼觀念을必要호게應用호는喚想호는法이라盖、一次把

住혼事라도此를喚想코져홀時에對호는精神狀態의如何를因호야此를喚想홈에難

易가有ᄒᆞ니此ᄂᆞᆫ把住法外에別로喚想法의經營을要ᄒᆞᄂᆞᆫ所以라該方法의重要ᄒᆞᆫ者

ᄂᆞᆫ次와如ᄒᆞ니라

〔子〕刺激總和의應用 「마」의次에ᄂᆞᆫ何뇨卒然히問ᄒᆞ면、오직其마만觀念ᄒᆞ고在

ᄒᆞ면「바」ᄅᆞᆯ想ᄒᆞ기甚히困難ᄒᆞᄂᆞᆫ「나가다라마」ᄅᆞᆯ觀念ᄒᆞᆯ時ᄂᆞᆫ「바」ᄅᆞᆯ喚想ᄒᆞ기

甚히容易ᄒᆞ지라此와同一ᄒᆞᆫ理로吾人이一昨日午餐後에何事ᄅᆞᆯ行ᄒᆞᆷ을思ᄒᆞᆯ時에

오직其午餐ᄒᆞᆫ事만熱心으로觀念ᄒᆞ야도此ᄅᆞᆯ發思ᄒᆞ기甚히困難ᄒᆞᄂᆞᆫ早朝에寢床

에서出ᄒᆞ야洗漱ᄒᆞ며新聞을讀ᄒᆞ고朝飯을喫ᄒᆞ며何事라次第로經驗의順次ᄅᆞᆯ

從ᄒᆞ야其日의事ᄅᆞᆯ發思ᄒᆞ다가午餐時에至ᄒᆞ면俄然히吾人所要의事ᄅᆞᆯ能히發

思ᄒᆞᆷ에至ᄒᆞᄂᆞ니此ᄂᆞᆫ皆是刺激總和法을應用ᄒᆞᆫ效果니라

〔丑〕反對意識을制止ᄒᆞᄂᆞᆫ事 耳로各種音聲을聞ᄒᆞ고目으로各種事物을見ᄒᆞ며心

으로各種情感을抱有ᄒᆞᄂᆞᆫ時에事物을發思코져、ᄒᆞᆷ은甚히困難ᄒᆞ지라靜閑ᄒᆞᆫ處

에往ᄒᆞ야眼을閉ᄒᆞ고視的事物을無케、ᄒᆞ며各種의情感雜念을退却ᄒᆞᆯ時ᄂᆞᆫ忘却

ᄒᆞᆫ事도能히發思ᄒᆞᆷ에至ᄒᆞᄂᆞᆫ故로事物을喚想코져、ᄒᆞᆯ時에ᄂᆞᆫ其喚想을妨害ᄒᆞᆯ反

第四章 感覺 第二節 記憶法

四五

心理學敎科書　　　　　　　　　四六

對意識을制止ㅎ고心을空虛케홀지니라

〔寅〕轉氣法　事物을發思코져홀時에其最初發點에對ㅎ야此를喚想홈에不適當흔觀念이意識界를占領ㅎ야退出치아니홈으로如何히發思코져、努力ㅎ야도其觀念에妨害가愈益甚大ㅎ야發思기不能홀事ㅣ有ㅎ니如斯흔時에눈發思코져、ㅎ야煩悶ㅎ눈록發思기愈益困難홈으로一時努力을停止ㅎ고他로心氣를轉移ㅎ야心의陷居흔觀念이全然히失念흔時를待ㅎ야此를再次試思ㅎ라然흔時에눈容易히發思홈을得홀지니라

〔三〕養生法　營養의不足과疲勞等은把住性을弱케ㅎㄴ者인故로營養物을取ㅎ며運動을行ㅎ고休息安眠ㅎ야、써身体精神을保養홀지니라

　　第五章　判斷

　　第一節　判斷의定義

判斷이라홈은二個事物(知覺的、又ㄴ觀念的)을其互相關係에對ㅎ야認知ㅎㄴ事ㅣ니假令「人은動物이라」ㅎㅁ이是也ㅣ니라

判斷에는恒常、二個事物의知覺이나又는觀念을要ᄒᆞᄂᆫ唯獨此二個事物을各別히認知ᄒᆞᆯ뿐이오其關係가互相如何ᄒᆞᆷ을認知치、못ᄒᆞᆯ時는此는오직二個事物의認知로判斷이라ᄒᆞ기不可ᄒᆞ니假令「人과」動物은二個事物의認知오判斷이、아니라然이나又其二個事物의關係만抽象的ᄋᆞ로認知ᄒᆞᆯ뿐이면此는、오직其單一ᄒᆞᆫ槪念이오判斷이、아니니假令「人은動物이라」不謂ᄒᆞ고唯獨「이라」ᄒᆞᆯ뿐이면此룰判斷이라云치、못ᄒᆞᆯ지라故로判斷은二個事物의其互相關係에對ᄒᆞ야認知ᄒᆞᄂᆫ事ᅵ니卽、判斷은「人과動物」도、아니오又「이라」도、아니며「人은動物이라」ᄒᆞᆷ이卽是也ᅵ이라

右와、곳치判斷은二事物을關係的ᄋᆞ로認知ᄒᆞᄂᆫ者ᅵᄂᆫ其判斷은此二事物을同等ᄋᆞ로見ᄒᆞᄂᆫ者ᅵ아니오其一은認知의題目이며一은其題目의性質、作用、狀態、所屬等을規定ᄒᆞᄂᆫ者ᅵ오又二事의關係는其規定ᄒᆞᆫ狀態를因ᄒᆞ야定ᄒᆞᄂᆫ者ᅵ니假令「人은動物이라」ᄂᆫ判斷에對ᄒᆞ야人은題目이며動物은其規定者ᅵ오「이라」ᄂᆫ其規定의狀態니라

第五章 判斷 第一節 判斷의定義 第二節 命題

四七

心理學敎科書　　　　　　　　　　　　四八

第二節　命題

判斷이言辭에表顯되는者를命題라ᄒᆞᄂᆞ니命題中에判斷의題目에相當ᄒᆞᆫ名辭를主

辭라ᄒᆞᆷ며規定者에相當ᄒᆞᆫ名辭를賓辭라ᄒᆞᆷ며規定의狀態를表顯ᄒᆞᄂᆞᆫ名辭를繫辭라

ᄒᆞᄂᆞ니假令「人은動物이라」ᄒᆞᄂᆞᆫ命題에對ᄒᆞ야「人은」이主辭오「動物」이賓辭ᅵ며

「이라」ᄂᆞᆫ繫辭라然이ᄂᆞ繫辭ᄂᆞᆫ恒常、入用되ᄂᆞᆫ者ᅵ아니라假令「人이步行ᄒᆞᆫ다」云

ᄒᆞᄂᆞᆫ命題에在ᄒᆞ야「步行ᄒᆞᆫ다」고云ᄒᆞᄂᆞᆫ動詞ᄂᆞᆫ賓辭니如此ᄒᆞᆫ境遇에ᄂᆞᆫ別로繫辭

가無ᄒᆞᄂᆞ니「人이」라ᄒᆞᆷ과「步行ᄒᆞᆫ다」ᄒᆞᄂᆞᆫ關係ᄂᆞᆫ明白ᄒᆞᆯ지라此ᄂᆞᆫ「步行ᄒᆞᆫ다」ᄂᆞᆫ動詞

ᄂᆞᆫ其動作에對ᄒᆞ야賓辭ᅵ며、又繫辭의用을兼ᄒᆞᆯ者ᅵ라云ᄒᆞᆯ지니「花가笑ᄒᆞᆫ다」ᄂᆞᆫ「風이

吹ᄒᆞᆫ다」云ᄒᆞᆷ이此와同一ᄒᆞ니라

第三節　判斷과槪念의關係

命題의主辭ᄂᆞᆫ其體的事物의知覺되ᄂᆞᆫ事ᅵ有ᄒᆞᆷ며心象되ᄂᆞᆫ事ᅵ有ᄒᆞ고又、槪念되

ᄂᆞᆫ事ᅵ有ᄒᆞ니命題의賓辭ᄂᆞᆫ恒常、槪念이라大抵、一個의主辭的事物을如何히長久

케孤立的으로觀察ᄒᆞ야도該事物의性質、作用、狀態와又ᄂᆞᆫ所屬을發見기不能ᄒᆞ니

오작 其事物을 其點에서 互相類似ᄒᆞ며 其他點에서 相異ᄒᆞᆫ 多數事物과 比較ᄒᆞᆷ에 至ᄒᆞ야 其類似點의 有無를 槪念ᄒᆞ고 於是乎 該事物에 對ᄒᆞ야 其性質、狀態、作用、所屬 等을 能히 規定ᄒᆞᄂᆞᆫ 故로 賓辭ᄂᆞᆫ 槪念이、될지라 旣爲賓辭로 槪念이라 定ᄒᆞ면 該槪念과 主辭의 關係된 意識도 當然히 槪念이、될지라 故로 單一ᄒᆞᆫ 槪念作川에ᄂᆞᆫ 多數ᄒᆞᆫ 材料的事物에 共屬이라、ᄒᆞ야 抽象的 意識을 認知ᄒᆞᄂᆞᆫ 事ᅵ、되ᄂᆞᆫ 判斷에ᄂᆞᆫ 抽象的 意識과 其共屬ᄒᆞᄂᆞᆫ 多數ᄒᆞᆫ 材料的 事物의 某一部를 關係的 으로 認知ᄒᆞᄂᆞᆫ 事ᅵ니라

故로 今에 SSSS'S''S'''로、써 A에서 互相類似ᄒᆞᆫ 事物로 定ᄒᆞ면 槪念作用은

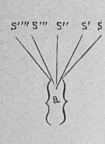

의 圖式을 因ᄒᆞ야 此를 能히 代表ᄒᆞᄂᆞᆫ「S는 A라」云ᄒᆞᄂᆞᆫ 判斷은

第四章 觀念 第三節 判斷과 槪念의 關係

四九

룰因ᄒ야能히代表ᄒᆞᆯ지니但、圖式中 ⟨⟨⟩⟩ ᄂᆞᆫ注意의中心ᄋᆞᆯ意味ᄒᆞᆷ이니라

　　第四節　　叙事的判斷과豫期的判斷

判斷에ᄂᆞᆫ各種差別이有ᄒᆞᄂᆞᆫ唯獨其中에、マ장注意ᄒᆞᆯ者ᄂᆞᆫ叙事的判斷과豫期的判

斷의差別이是也이라叙事的判斷이라ᄒᆞᆷ은從來로부터現今ᄭᆞ지有ᄒᆞ던事와又ᄂᆞᆫ現

在ᄒᆞ事에關ᄒᆞ야經驗ᄒᆞᆫ것되로判斷ᄒᆞᄂᆞᆫ事ㅣ니假令「釋尊은佛敎의開祖라」「從來

로現今ᄭᆞ지有ᄒᆞ던人은、다死ᄒᆞᆫ다」「雨가降ᄒᆞ다」云ᄒᆞᆷ이是也ㅣ며又、豫期的判斷

이라ᄒᆞᆷ은實際로經驗ᄒᆞᆫ事實ᄋᆞᆯ只是如斯ᄒᆞ다、ᄒᆞ야判斷ᄒᆞᆷ이、아니오未經驗의處도

五〇

如斯홀지라、호야豫期의感으로、써判斷홀이니假令、「人은可히死호다」호눈判斷

이是也ㅣ니라

第五節　經驗과豫期

人은、다만其把住性을因호야過去의經驗을記憶홀뿐、아니오過去經驗의記憶을因

호야未經驗의事를豫期호눈者ㅣ니卽、過去에對호야甲事實을發現호其次에乙事

實의發現을經驗호事ㅣ有홈에눈其後에至호야一種理由를因호야甲事實을知覺홀

時눈此를從호야、乙事實을發思홀지니此눈全혀連想作用이、然케、호눈비라然이

나吾人은唯獨、甲事實의知覺을從호야乙事實을連想홀뿐、아니오實로其連想된乙

事實이實際的으로可히實現홀것을感호느니此눈卽、豫期의感이라但、如斯히豫期

호눈事의正當홈과不正當홈이不可호니其正當과不正當을不拘호고人은其

過去의經驗을因호야唯獨過去를記憶홀뿐、아니오其未來를豫期호눈事도全혀意

識生活의根本的事實이니라

第六節　叙事的判斷의普通性과局部性

第四章　觀念

叙事的判斷에는其表言ᄒᆞ는바가同種類됨에對ᄒᆞ야는過去一切의經驗을盡是網羅

ᄒᆞ야此에反對ᄒᆞᆯ經驗이曾無ᄒᆞᆫ事를意味ᄒᆞᆯ時ᄂᆞᆫ其判斷의性質을稱ᄒᆞ야普通性이라

ᄒᆞᄂᆞ니假令「二個에二個를加ᄒᆞᆫ時의結果ᄂᆞᆫ恒常、四個라」云ᄒᆞᆷ이是也ー라此에反

ᄒᆞ야叙事的判斷이同種類事實中의唯其一部ᄂᆞᆫ表言ᄒᆞ야其以外의事實도該判斷의

意味ᄒᆞᆫ바로不洩ᄒᆞᆫ與否에對ᄒᆞ야全然히此를不問으로置之ᄒᆞᆯ時에ᄂᆞᆫ此를局部

的이라ᄒᆞᄂᆞ니「假令某人은慈善家라」「某英雄은酒를嗜ᄒᆞᆫ다」ᄒᆞᆷ이是也이니라

心理學敎科書

第七節　豫期的判斷의必然性과蓋然性

豫期에는强弱이有ᄒᆞ니判斷에伴隨ᄒᆞ는豫期가最强ᄒᆞᆯ時에는其豫期에反ᄒᆞ는事ー

決無ᄒᆞᆫ感을生ᄒᆞᄂᆞ니如斯ᄒᆞᆫ感이隨伴ᄒᆞᆫ豫期的判斷을必然的이라ᄒᆞᄂᆞ니假令「二

에二를加ᄒᆞ면四라判斷ᄒᆞ는時에吾人은「二에二를加ᄒᆞ면반다시四가、되는事ー無

疑ᄒᆞ다」感ᄒᆞᆷ이是也ー라若其判斷에伴隨ᄒᆞ는豫期가弱ᄒᆞᆯ時에는其豫期는、반다시

適中으로倍치못ᄒᆞᄂᆞ, 蓋、適中되겟다ᄂᆞᆫ感을生ᄒᆞᄂᆞ니然ᄒᆞᆫ時에는其判斷을蓋然的

이라ᄒᆞᄂᆞ니假令「明日에雨가降ᄒᆞ깃다」判斷ᄒᆞᆯ時에吾人은「반다시降ᄒᆞᆫ다保證기

五二

不能ᄒ야도或은降ᄒ깃다」感ᄒᄂ等이是ㅣ니라

第八節　豫期의强弱을規定ᄒᄂ條件

豫期感의强弱을可히規定ᄒᆯ意識的原因을三種으로分ᄒᄂ니라

〔一〕叙事的判斷의外延性　豫期的判斷의强弱의爲主되ᄂ其理由ᄂ叙事的判斷外延

의廣狹에關ᄒᄂ니假令「人은可死的이라」ᄒᆯ時에ᄂ吾人이此에對ᄒ야必然ᄒᆷ을

感ᄒᆷ은「從來의人은、다死ᄒᆫ다」云ᄒᄂ니叙事的判斷의普通的됨을因ᄒ며「正直

은成功의母라」ᄒᆯ時에ᄂ吾人이此에對ᄒ야蓋然을感ᄒ고必然을感치、아니ᄒᆷ은過

去經驗에對ᄒ야「某正直者가失敗ᄒ얏다」云ᄒᄂ니叙事的判斷을能히得ᄒᄂ故ㅣ

니라

〔二〕他判斷의論理的連絡　一種豫期的判斷이他必然性의强ᄒ豫期的判斷과論理的

으로連絡ᄒᆯ時에ᄂ該判斷의豫期ᄂ甚히强ᄒᄂ니假令、物理學者의所謂에ㅣ델과如

ᄒ假想物은此를經驗ᄒ기不能ᄒ며兼ᄒ야吾人은此에對ᄒᄂ何等叙事的判斷이

던지行키不能ᄒ지라然이나、에ㅣ델의刺激은「光感覺을生ᄒᆫ다」ᄂ判斷은此에對ᄒ

第四章　觀念
　第七節　豫期的判斷의必然性과蓋然性
　第八節　豫期의强弱을規定ᄒᄂ條件

五三

心理學敎科書　　　　　　　　　　　　　　　　　　　　　五四

는叙事的判斷이無흠을不拘흐고更히多少의豫期性을具有흐니此는全然히其判斷

이光現象에關흐는　欲念의豫期가强흔豫期的判斷과論理的連絡을有흔所以니라

〔三〕欲念의調和　欲念의要求를滿足케흐는事를因흐야判斷이其豫期性을增加흐는

事는甚히注意흘事實이라實로人은自由라自己欲念에適合흔事는此를信흐는傾向

을具有흔지라科學的精神이薄弱흔人의豫期的判斷은大槪此種類에屬흘지니此는

俗人에는迷信이多흔所以라然이느其欲念의要求를滿足케、흐는事를因흐야其豫

期를强케흐는判斷으로、반다시迷信이라흐야惡皆排斥흘것이、아니라蓋欲念은人

類의眞實흔意義너人은理論을先立흔然後에此를信흐는者ㅣ、아니오其欲念의要

求를爲先滿足케흘바를信흐고後에理論을因흐야其不合理되는바를破壞흐야訂正

進行흐는者ㅣ라然이느、此를如何히破壞흐야도此를撲滅흐기不能흐니此

논全宇宙가皆是理論一偏을因흐야完全히必然的으로盡是證明된時에는不知흐거

니와不然흐면欲念의力을因흐는信仰은可히滅치、못흘지라如何흔哲學者科學者

던지欲念要求의毫末도加入치、아니흔理論을立기不能흘지니故로欲念要求의加

入호理論으로、반다시此를迷信이라排斥홈이不可호니迷信과正當호信仰의差別

은程度의差別에不外호느니라

第六章　推理

第一節　推理의 定義

推理라云홈은旣得혼敍事的判斷과又는豫期的判斷을因호야新豫期的判斷을得호

는作用이니假令

從來의人은、다死호느니라（敍事的判斷）

故로人은可死的이라（豫期的判斷）

云홈과如혼者는旣得혼敍事的判斷을因호야推理혼者ㅣ라然이느又

人은可死的이라（豫期的判斷）

渠는人이라（敍事的判斷）

故로渠는死홀지라（豫期的判斷）

云홈과如혼者는旣得혼豫期的判斷과敍事的判斷을因호야推理혼者ㅣ니라

第六章　推理　第一節　推理의定義　　　　五五

心理學敎科書

某心理學者는唯獨判斷ㅎ는事로써推理라稱ㅎ느然이느唯獨判斷ㅎ뿐으로는推理라云치、못ㅎ지니從來의人은、다死ㅎ다」云ㅎ는事가判斷에는相違ㅎ이無ㅎ느此느唯獨過去의事를槪括的으로만叙述ㅎ것이오推理가、아니며又、某心理學者는重複ㅎ判斷을稱ㅎ야推理라云ㅎ느唯獨重複ㅎ느事는推理의特性이、아니라重複ㅎ結果로、豫期的判斷을得ㅎ에至ㅎ으로써推理라云ㅎ이니故로推理의眞正ㅎ標識은豫期的判斷을得ㅎ는事ㅣ是也ㅣ니라

然이느、豫期的判斷을得ㅎ에至ㅎ作用이推理되느지不然ㅎ지此는其作用을喚想ㅎ는意識的原因의如何에關係ㅎ느니旣得ㅎ叙事的判斷과又는豫期的判斷을因ㅎ야新豫期的判斷을得ㅎ는時는其作用을推理라可히云ㅎ지라然이느旣得ㅎ判斷을因ㅎ는事ㅣ無ㅎ고오직其欲念의要求를因ㅎ야豫期的判斷을得ㅎ과如ㅎ者는推理라云치、못ㅎ지니라

第二節　理由와斷定

推理에서新得ㅎ豫期的判斷은斷定이라稱ㅎ고其斷定을得ㅎ에至케、ㅎ旣得의判

五六

斷은理由라稱ᄒᆞ나니假令

從來의人은、다死ᄒᆞ니라

故로人은可死的이라

云ᄒᆞ는境遇에前命題는理由며後命題는斷定이니라

生者必滅이라

渠는生者라

故로渠는可死的이라

云ᄒᆞ는推理에對ᄒᆞ야前의二命題는理由며最後의判斷은斷定이니라

第三節　直感的推理와論証的推理

斷定은大槪理由를因ᄒᆞ야恒常生ᄒᆞ는者는或은何等理由도無ᄒᆞ고斷定을得ᄒᆞ는事
一不無ᄒᆞ나一種의事를斷定ᄒᆞ는時에는此를、반다시斷定홈에至ᄒᆞ理由를過去에
서經驗ᄒᆞᆫ것이、될지라然이ᄂ該經驗은斷定ᄒᆞ는瞬間에는明白ᄒᆞ게意識으로發現
ᄒᆞ는事一無ᄒᆞ고、오직其斷定이直感的으로發現ᄒᆞᄂ니卽其理由는明瞭치、아니

心理學敎科書

ᄒ야도唯獨如斯히될지라고確實히斷定되ᄂ事ㅣ有ᄒ지라、다만如此ᄒᆫ境遇에ᄂ
過去의經驗은意識으로ᄂ發現치、아니ᄒᄂ更히潛在的理由로活動ᄒ야、써斷定을
喚起ᄒ者로見ᄒ지라實際家라稱ᄒ야議論은卑劣ᄒ야도實際事物에接ᄒ야精密ᄒ
議論으로、부터出ᄒᆷ과ᄀᆞ치正確ᄒ判斷을成ᄒᄂ人은一一히理由로意識ᄒ야判斷
을行ᄒᄂ者ㅣ라故로推理ᄂ二種으로分ᄒ지니一은理由가不明ᄒ斷定이오他ᄂ理
由가明瞭ᄒ推理라前者ᄅ稱ᄒ야直感的推理라云ᄒ며後者ᄅ稱ᄒ야論證的推理라
云ᄒᄂ니라

第四節　歸納推理、續繹推理及思辨推理

間接推理ᄅ更分ᄒ야歸納推理、續繹推理及思辨推理로定ᄒ지니多數의經驗的事
物에關ᄒᄂ叙事的判斷을理由로ᄒ야豫期的斷定을成ᄒ을歸納推理라ᄒ며旣定ᄒ
豫期的判斷을下ᄒᄂ事物에應用ᄒ야豫期的判斷을成ᄒᆞᆷ을續繹判斷이라ᄒ고思辨
推理ᄂ旣得ᄒ豫期的이ᄂ又ᄂ叙事的判斷이容許ᄒᄂ範圍內에서可能的되ᄂ思像
的判斷을作ᄒ야此로、써旣得ᄒ豫期的判斷이ᄂ又ᄂ叙事的判斷을說明ᄒᄂ原理

五八

를立ㅎ는推理니라

第五節　歸納推理의目的

茲에 一事物이 有ㅎ야 吾人이 其原因이ㄴ又는 結果가 如何ㅎ에 對ㅎ며、又二事物이

有ㅎ야 其間의 互相原因 結果의 必然的 關係에 對ㅎ야 知코즌、ㅎ은 歸納推理의 目的

이라 然이ㄴ 其原因 結果의 關係가 旣知혼 豫期的 判斷을 因ㅎ야 곳 推理될 時는 此를 歸

納推理에 告쐜홀 必要가 無ㅎ니 其關係의 斷定을 旣知혼 豫期的 判斷으로 求ㅎ야 不得

홀時에 此를實際上經驗的事實을因ㅎ야 斷定홈이 歸納的推理의目的이니라

第六節　歸納推理에 對ㅎ는根本的原理

「各事變은、반다시 其原因이 有ㅎ다」는 豫期的判斷을 稱ㅎ야 因果律이라 云ㅎㄴ니

某論者는其原理가人類의先天的으로具有혼槪念이라論ㅎㄴ吾人은此를不信ㅎ노

라人은、반다시 各事變이 其原因을有홈으로思ㅎ는것이、아니오 或은自發的事變卽無

原因으로自發ㅎ는事變이有ㅎ다信ㅎ는人이有혼지라 古來學者가皆是因果律을信

ㅎ야不疑ㅎ는所以는精密히事物의過程을硏究ㅎ면如何혼事變이던지此에先立ㅎ

心理學敎科書

六〇

는事變이必有호호야曾其何等의先立事變도無호고自發호는事變이無홈은明白호니

라是以로因果律이라홈은畢竟「如何호事變이던지一定特殊호先立事變을從호야

生호다」云호느니除外例가無호最槪括的敘事的判斷을因호야生호者의最强호豫

期的判斷에不外호느니라故로豫期性은心意의先天的性質이, 되더라도非因果律의

形式을不取호고特히因果律의形式으로, 써實現호者는全然히經驗의結果로信호

는지라然이느其因果律이心意에一次確定호以上은心意外界에對호는態度는一變

호야一事變에接호야는其原因이던지結果가可히有홀것을豫期호고二事物에接호

야는其互相間에原因結果의連絡與否를思得홈에至호느니如斯히思得홈에至호야

歸納推理의目的이始有호故로因果律은歸納推理를因호야起호는根本原理니라

第七節　歸納推理의法式

歸納推理는過去의經驗的事實을理由로호고斷定호는作用이라然이느、오즉無規

律의各種複雜호經驗的事實을蒐集호것만호야斷定호기不能호니斷定을成호기

爲호야經驗的事實을選擇호고一定호方式에適合호는者를蒐集홀지라其方式을左

開호五種으로區分홀지니라

〔一〕一致方式　斷定을要호는甲事情을具有호多數經驗的事實을蒐集호야 此等의諸事實이（甲事情의外）如何호事情에一致호는지 此를比較點檢호라

如斯호야 此等事實이乙事情에互相一致호는事가發見됨에는吾人은次와、굿치斷定홀지니라

甲事情은乙事情의原因이、되는지或은結果가、되는지若其不然호면某因果的關係를因호야連絡호느니라

其方法使用에對호야蒐集된事實의數가多有호고又此에反對홀事實과相會치、아니홀스록斷定의豫期性은愈益強固호느니라

〔二〕差違方式　斷定을要호는甲事情을具有호經驗的事實과該事情을具有치、아니호經驗的事實을蒐集호야其兩事實이（甲事情에對호야相異호外）如何호事情에相異호지此를比較點檢호라

如斯호야其兩事實이諸般點에相同호는唯獨前事實은乙事情을具有호고後事實은

第六章　推理　第七節　歸納推理의法式

六一

心理學敎科書

六二

此를具有치、아니호事에差異가有호事가發見됨에는吾人은甲事情에對호야次와、

又치斷定홀지라

甲事情은乙事情의原因이、되는지或은結果가、되는지若其不然호면某因果的

關係를因호야連絡호느니라

[三]結合方式　此는一致方式과差違方式을結合으로、부터成호는者ㅣ니卽斷定을

要호는甲事情을具有호多數經驗的事實과該事情을具有치、아니호多數經驗的事

實을蒐集호야其前後兩部의事實은(甲事實의有無外)如何호點에相異호지此를比

較點檢호라

如斯호야其二部事實中에前事實은乙事情을具有호事에셔一致호고後事實은其乙

事情을具有치、아니호事에셔一致호는事가發見됨에는吾人은甲事實에對호야次

와又치斷定홀지라

甲事情은乙事情의原因이、되는지或은結果가되는지若其不然호면某因果的

關係를因호야連絡호느니라

〔四〕共變方式　此方式은結合方式과其意義가稍同ᄒᆞ니卽斷定을要ᄒᆞᄂᆞᆫ甲事情을具有ᄒᆞᆫ多數經驗的事情을蒐集ᄒᆞ야該事情의分量的으로變化홈을從ᄒᆞ야其事實中如何호事情이分量的으로變化ᄒᆞᄂᆞᆫ지此를點檢ᄒᆞ라

如斯ᄒᆞ야甲事情의分量的變化와同伴ᄒᆞ야、반다시乙事情의分量的으로變化ᄒᆞᄂᆞᆫ事가發見됨에ᄂᆞᆫ吾人은甲事情에對ᄒᆞ야次와ᄀᆞᆺ치、斷定ᄒᆞᆯ지라

甲事情은乙事情의原因이、되ᄂᆞᆫ지或은結果가、되ᄂᆞᆫ지若其不然ᄒᆞ면某因果的關係를因ᄒᆞ야連絡ᄒᆞᄂᆞ니라

〔五〕殘餘方式　甲事情을具有호經驗的事實中에該事情을除去ᄒᆞ야甲事情의結果로知ᄒᆞ고乙事情을具有호經驗的事實中에該事情을除去ᄒᆞ며又其殘餘호바事實을點檢ᄒᆞ라

如斯ᄒᆞ야甲事情을除去호殘餘ᄂᆞᆫ丙事情이며乙事情을除去호殘餘ᄂᆞᆫ丁事情되ᄂᆞᆫ事가發見됨에ᄂᆞᆫ吾人은次와、ᄀᆞᆺ치斷定ᄒᆞᆯ지니라

丙事情은丁事情과因果的關係를有ᄒᆞ니라

第六章　推理　第七節　歸納推理의法式

心理學敎科書

第八節　歸納推理에要ㅎ는事實蒐集法

歸納方式은右와如ㅎ고次에要ㅎ者는其方式에可히適合ㅎ材料的事實의蒐集이是
也ー라吾人의日常經驗은甚히錯雜混亂ㅎ야歸納推理의理由로는甚히精確치、못
ㅎ뿐아니라其中에精確ㅎ者ー有ㅎ는吾人은此를通常看過ㅎ야不知ㅎ이常例라故
로歸納推理의理由가、될材料事實을蒐集ㅎ기爲ㅎ야特히特別ㅎ方法을要ㅎ느니
特別ㅎ方法이라云ㅎ은觀察과經驗이是也ー니라

[一]觀察　觀察이라ㅎ은單一ㅎ經驗이、아니오經驗中에는歸納方式에適合ㅎ者도
有ㅎ며不適合ㅎ者도有ㅎ니假令適合ㅎ者라도吾人이此를看過ㅎ는憂慮가有ㅎ며
經驗中에서歸納方式에適合ㅎ者에게向ㅎ야特히注意ㅎ야、써此를蒐集ㅎ을觀察
이라ㅎ는지라故로觀察이라ㅎ은一種의有意ㅎ注意니라

[二]經驗　斷定을要ㅎ는事實이自然成行은吾人의要ㅎ는歸納方式에適合치、아니
ㅎ야도一定ㅎ事實을有意的으로作爲ㅎ야該事實을其下에置ㅎ時는其成行은吾人
의要ㅎ는歸納方式에適合ㅎ에至ㅎ는事ー有ㅎ니如斯히吾人所欲의一定ㅎ事情을

六四

有意的으로作爲ᄒ고斷定을要ᄒᄂ事實을其下에置ᄒ야、써其成行을觀察ᄒᆷ을稱ᄒ야實驗이라ᄒᄂ니라

第九節　繹推理의目的

縯繹推理ᄂ爲先玆에一事物이有ᄒ야其事物은何者、何者며又ᄂ何者、何者가、아니라ᄂ疑問으로、써始ᄒᄂ者ㅣ니假令玆에一個菓子가有ᄒ야其菓子가有毒ᄒ지或은無毒ᄒ지疑問이有ᄒ다定ᄒ라縯繹推理ᄂ其疑問을解釋ᄒᆷ目的으로、써開始되ᄂ者ㅣ니玆에菓子가有ᄒᄂ只是、有ᄒᆯ뿐이오此에對ᄒ야何等疑問도起치、아니ᄒ時ᄂ卽何等의推理도起치、아니ᄒᄂ지라論理學에ᄂ縯繹推理가唯其所與ᄒ二前提를根原으로定ᄒ고斷定을要ᄒᄂ者ㅣ니其二前提가如何ᄒ게設立됨에對ᄒ야ᄂ更히此를說論치、아니ᄒᄂ此ᄂ唯其縯繹의一部分뿐이라縯繹推理의全進行은爲先、一事物에關ᄒᄂ疑問을解釋코져、ᄒᆯ目的으로、써起ᄒ나此를解釋ᄒ에必要ᄒ判斷、卽前提를出ᄒ고此를因ᄒ야最初疑問을解釋ᄒᄂ判斷、卽斷定을得ᄒ야止ᄒᄂ者ㅣ니라

心理學敎科書

第十節 演繹推理의論式

演繹推理는通常、三種의判斷으로부터成ᄒᆞᄂᆞ니假令、次와如ᄒᆞ니라

人은可死的이라

渠는人이라

故로渠는可死的이라

然而其三種의判斷은其性質을從ᄒᆞ야此를大前提、小前提斷定이라云ᄒᆞᄂᆞ니라

〔一〕小前提 斷定을新要ᄒᆞᄂᆞᆫ事實에關ᄒᆞᄂᆞᆫ既定의判斷을稱ᄒᆞ야小前提라云ᄒᆞᄂᆞ니
但其判斷은叙事的이되ᄂᆞᆫ事ᅵ有ᄒᆞ고又、豫期的이되ᄂᆞᆫ事ᅵ有ᄒᆞ며過去의記憶을喚想
ᄒᆞᄂᆞᆫ事를因ᄒᆞ야成ᄒᆞᄂᆞᆫ事도有ᄒᆞ며又、斷定을下ᄒᆞᆯ時를臨ᄒᆞ야觀察實驗ᄒᆞ야新立
되ᄂᆞᆫ事도有ᄒᆞᆫ지라但其判斷에關ᄒᆞᄂᆞᆫ既定의判斷을立ᄒᆞ기만、ᄒᆞ면如何ᄒᆞᆫ判斷을
立ᄒᆞ야도此는小前提를成치못ᄒᆞᄂᆞ니라吾人이新發明코져、ᄒᆞᄂᆞᆫ豫期的判斷即斷
定에達기爲ᄒᆞ야必要ᄒᆞᆫ判斷의成立을要ᄒᆞᄂᆞ니蓋、吾人은該事實에對ᄒᆞ야各種數
多ᄒᆞᆫ既定判斷을記憶ᄒᆞ고又、此를觀察實驗ᄒᆞᄂᆞᆫ事를因ᄒᆞ야多數의判斷을能히立

六六

호지라然이ᄂ此等數多호判斷이悉皆吾人所要의斷定에達기爲호야必要호지、아

니호지라但吾人所要의斷定에達기爲호야必要호判斷을喚想호고或은成立홈을因

호야小前提가、되ᄂ니라

〔二〕大前提　小前提ᄅ輔助호야所要의斷定에達호ᄂ進行을催促호ᄂ豫期的判斷을

稱호야大前提라云호ᄂ니라其判斷은既定判斷이라호야既是吾人의記憶호ᄂᄂ

吾人은此外에도各種數多호豫期判斷을記憶홀지니其中에、오직小前提ᄅ輔助호

야所要의斷定을得홈에至호ᄂ者ᄂ喚想되야大前提가되ᄂ니라

大前提와小前提ᄅ比較호야見호면〔一〕小前提ᄂ叙事的判斷과或은豫期的判斷되ᄂ

事ㅣ有호ᄂ大前提ᄂ恒常豫期的判斷이며〔二〕小前提ᄂ恒常斷定을要호ᄂ事實에直

接으로關호ᄂ判斷이ᄂ大前提ᄂ直接으로該事實에關호ᄂ判斷이、아니오、오직其

小前提에對호야該事實을規定호ᄂ思想을因호야間接으로該事實에關係호며〔二〕小

前提ᄂ或은推理코져、호ᄂ瞬間에成立되ᄂ事ㅣ有호며或은其以前브터既定호事ㅣ

有호ᄂ大前提ᄂ概是既定判斷으로恒常記憶되ᄂ者ㅣ니라

　　第六章　推理　第十節　演繹推理의論式

六七

心理學敎科書　　　　　　　　　　　　　　　　　　六八

此大前提에 對ᄒᆞ는 豫期性은 演繹推理에 對ᄒᆞ는 中堅이며 斷定의 豫期性은 實로 大前

提의 豫期性으로、부터 派出ᄒᆞᆫ 者라 云ᄒᆞᆯ지니라

〔三〕斷定　此는 演繹推理의 目的이니 大前提와 小前提에 共通ᄒᆞ는 思想(所謂中名辭)

을 媒介ᄒᆞ야 兩前提에 各別히 發現되는 兩名辭의 關係를 豫期的으로 判斷ᄒᆞᆫ者ㅣ니 前

例의「渠는 可死的이라」云ᄒᆞᆷ이 是也ㅣ니라

第十一節　　前提를 出ᄒᆞ는 順序

「此菓子는 有毒ᄒᆞᆫ지」其疑問을 解釋ᄒᆞ는 目的으로써 推理를 開始ᄒᆞᆯ時에 爲其第一

着手는其菓子의 成分에 對ᄒᆞ야 旣知ᄒᆞᆫ判斷을 喚想ᄒᆞᆫ던지又는實際上으로其成分을

서로 檢査ᄒᆞ야 此에 關ᄒᆞᆫ 敍事的 判斷을 立ᄒᆞᆫ事ㅣ是也ㅣ라 如何ᄒᆞᆫ던지其菓子의 成

分에 關ᄒᆞ야 數多ᄒᆞᆫ判斷이可히生ᄒᆞᆯ지니 假令「此菓子는A를含有ᄒᆞᆷ」「此菓子는

含有ᄒᆞᆷ」「此菓子는C를含有ᄒᆞᆷ」······等의判斷을生ᄒᆞᆯ지라 然인此等

菓子의 規定者中에 某物假令P가 旣知ᄒᆞᆫ 豫期的 判斷「P는 有毒ᄒᆞ다」을 連想的으로

喚起ᄒᆞᆯ진ᄃᆡ

P 는 有毒호다

此菓子는 P를含有홈

故로此菓子는有毒호다

의推理가生호며又若A가旣知호豫期的判斷「A는有毒호다」을連想으로喚起호면

A는有毒호다

此菓子는 A를含有홈

故로此菓子는有毒호다

의推理가生호며其他「此菓子」에關호야如何호規定者던지旣知호「何者、何者는有

毒호다」는豫期的判斷을喚起만호면玆에卽其斷定이能호고又若「此菓子」에關호

야如何호規定者던지皆是「何者、何者는無毒호다」홈을喚起호면玆에「此菓子는

無毒호다」는斷定을生호느니若、其中에此疑問을解釋홈에可히足홀旣知의豫期判

斷을喚起호는者ー無호면此는實驗을因호야決定홈에不外호나라

第十二節　思辨推理의目的

一定族部의事實을抽象槪括호야得혼判斷은該族部의事實을說明호는原理가、되

눈事ㅣ無論이라云홀지라然이ㄴ該原理눈他一定族部의事實原理와互相衝突호눈

事ㅣ或有호니此時에吾人은唯獨此룰事實로、호야取홀뿐이오其互相衝突與否에

對호야何等顧念이無호니此以上은卽吾人이事實을抽象槪括호야各種判斷을得홀뿐이

며又以上을希望치、못홀지라然이ㄴ吾人은事實을抽象槪括호야一般的判斷을得

홀뿐、아니오更히此等判斷이互相衝突홀時에ㄴ此等을融和호야其衝突을減코져

호눈事ㅣ少호야도其互相立홈을希望호눈者ㅣ라又二個의判斷이互相衝突홀時

에其衝突을融和호눈方法은其判斷의一便을眞實호다、호고他便을虛僞호다던지

又눈此兩者以外로第三의判斷을立호야써其兩斷判을統一호눈事ㅣ是也ㅣ라

叉此二判斷中一을否定호눈事던지又눈二判斷外에別로第三의判斷을立홈에此룰

直接으로事實을因호야抽象槪括호눈事룰得호면吾人은元來事實을因호야直截的

으로此룰可히決定홀지라然이나實際上事實로設立된經驗連例눈吾人의要호눈統

一的原理룰立호라면粗漏缺落홈이過多홀지라此經驗的連例눈吾人의觀察實驗이

進步홈과 共히 次로 精細훈者되는 此도 一定훈限界가 有ㅎ야 其程度以上으로 行기

不能ㅎ며 又其到達된精細의程度는 오히려 吾人이 要ㅎ는 判斷을 立홈에 過히 粗漏缺

落ㅎ지라然이나 經驗的事實이 粗漏缺落ㅎ야도 吾人의 要求는 屈치、 아니ㅎ는 故로

於是乎吾人은 直接經驗의 事實을 斥離ㅎ고 純粹훈營攝想을 因ㅎ야 吾人의 要求를

達코져、 ㅎ느니此는 純粹훈思辨推理의 目的이니라

第十三節　　思辨推理의 前提와 斷定

思辨推理의 前提는 多數의 旣知훈豫期判斷（叙事的判斷도 或有홈）이니 其判斷은 其

前提된多數의 判斷을 融和統一ㅎ는 判斷이라 前提가、 될判斷의 數에 는 一定훈限界

가無ㅎ야、 오직其多數될스록 其判定의 價値를 增加ㅎ느니라

第十四節　　思辨推理의 行程

己爲思辨推理의 目的을 旣定훌時는 吾人은 爲先現今에 融和를要ㅎ는 二個의 判斷外

에各種多數의 豫期的判斷을 喚想ㅎ며 如斯히 喚想된多數의 豫期判斷을 因ㅎ야 豫示

된可能範圍에서問題가、 된二個判斷을 可히融和홀可能的判定을 搜索ㅎ느니라 又

心理學教科書

如斯히、호야其目的에適合호可能的判斷을得호時는其判斷은卽思辨推理의斷定

이、되느니라

第十五節　三推理의比較

歸納推理와繹繹推理를比較홀時는前者는多數의經驗的事實을抽象概括호야事物에關호야斷定을立호고後者는旣知호豫期的判斷을應用호야該事物에關호야豫期的判斷을立호느니라繹繹推理와思辨推理를比較호면前者는其斷定은其理由를因호야說明되는者ㅣ오後者는其斷定은卽多數의旣知判斷을因호야提醒됨을不拘호고理由를說明호는原理가、되느니라思辨推理와歸納推理를比較호면前者는多數되는旣知判斷의豫期호는範圍內에서可能되는判斷을立호야써、此等旣知判斷을說明호는原理며後者는多數의事實을因호야此等事實을說明호는判斷을立호며又其判斷은依例히旣知호判斷의豫期호는비、아니니라

第六十節　三推理의共動

吾人이便宜上으로三推理를暫時分離호야論호야스느吾人의實際生活上으로行호

七二

논推理는此等三種中의唯一로、부터成ᄒᆞ는者ㅣ、아니오此等三推理의共動으로、

부터成ᄒᆞᄂᆞ니라研究事實이簡單호境遇에는오작其三推理內에何者던지一種을因

ᄒᆞ야所要의斷定에達홈을得ᄒᆞᄂᆞ多數의境遇ㅣ特히科學的研究의境遇에는事實이

甚히複雜홈으로三種推理의共動이、아니면所要ᄒᆞᄂᆞ斷定에達키不能ᄒᆞ며兼ᄒᆞ야

科學의研究에는其三推理는槪是、恒常共動ᄒᆞᄂᆞ者ㅣ라然而其共動으로、부터生ᄒᆞ

는推理進行은大體上으로左開四種에分ᄒᆞᆯ지니〔一〕歸納推理를因ᄒᆞ야大體의抽象槪

括을作ᄒᆞᄂᆞᆫ事와〔二〕此에思辨推理를加ᄒᆞ야大體上蓋然斷定卽假定을成ᄒᆞᄂᆞᆫ事와〔三〕此繼

旣定호蓋然斷定을前提로、ᄒᆞ야事實上에可히隨生ᄒᆞᆯ結果를繼繹ᄒᆞᄂᆞ事와〔四〕此繼

繹的結果를實驗的事實로徵ᄒᆞᄂᆞ事ㅣ是也ㅣ니라

第七章　情念

第一節　情念의融合

各情念間에能히互相調和ᄒᆞᄂᆞ者와調和치、아니ᄒᆞᄂᆞ者가有ᄒᆞ니互相調和ᄒᆞᄂᆞ境

遇에는化學上原素와原素가化合홈과、ᄭᅩ치全然히融合ᄒᆞ야渾然된一情念이되ᄂᆞ

七三

心理學敎科書　　　　　七四

니其中에彼此部分的差別을認識하는事ㅣ甚難하며互相調和치、아니하는情念은

其存立上에互相競爭하야不息하느니假令愛情과忿怒가同時에發現된境遇와又는

恐懼와忿怒가同時에發現된境遇와如함이是也ㅣ니라

第二節　情念의種類

情念의差別은實로無數하느各其自身에固有하고他에類似함이無호特性을有함으

로各情念은各其自身에孤立的狀態로此를分類하야少數되는部族으로分類함이最

困難하니此는古來로情念의分類를企호者ㅣ甚多하얏스느皆是失敗로歸하고于今

서지滿足호分類를未得하얏스며其中에可히稍見호分類는諸般情念을三分하야感

情、情緒、情操로定홀지라然이느此分類도甚히不完全호者ㅣ느此三者의差別을明

示하기甚難하며兼하야情念中에서此三者를何者에可히屬홀지決定키難호者ㅣ多

有호故로吾人은此三者의區別點을明示키不能하니但此三者에屬홀情念中重要호

實例를揭示하야、써讀者의自得을待홀뿐아라感情이라함은美味를食호時의快感

과惡臭를喚호時의不快感과嘔氣의不快感과疲勞호後에休息의快感과如호者ㅣ是

也ㅣ며情緖라흠은喜悅、忿怒、愛情、嫉妬、悲哀等의感情이오情操라흠은合理의感

과不合理의感과優美의感과高尙한感과道德的善의感과道德的惡의感等을云흠이

니라然이느此等各者느快的情調를帶흠과不快的情調를帶흠이差別이有하니卽美味를

를嗅한時의感情과悲哀의情緖와不合理의情操는不快的情調를帶한者ㅣ며美味를

食한時의快感과喜悅의情緖와合理의情操는快的情調를帶한者ㅣ라故로畢竟에情

念은三分하야感情、情緖、情操로定하고更히其各者를快的、不快的으로二分할者

ㅣ라但心理學者中에別로快치、아니하며又不快치도、아니한中性이有하다主張하

는者ㅣ有하느本書느多數의說을從하야情念의細分으로、써快치、아니하면不快한

者라하는說을從하노라

第三節　感情의敍述

通常感情은各種程度의單純한快感과又는不快感이오此外에何等質的差別이無한

다稱하느此를更히仔細研究할時느各種感情은決코各種되는程度의單純한快感과

又는不快感이、아니오同一한快的感情中에도其程度의差別外에各種差別이有함

第七章　情念　第三節　感情의敍述

七五

며同一호不快的感情中에도其程度의差別外에各種差別이有호지라砂糖을嘗호야

生호는快感의程度를如何히增減호야도此는炎暑에苦勞다가淸風에露面호時의

快感과同種類아니며白色을見호時의快感과綠色을見호時의黑色을見호時

의快感과冷호快感과暖호快感과運動의快感과疲勞호後에休息호는快感과辛味의

快感과苦味의快感等은各其固有호特質을具有호者ㅣ며又嘔氣의不快感의程度를

如何히增加호야도此切瘡痛感의不快感과同種類되는者ㅣ아니오不消化를因호

야生호는不快感과暑氣의不快感과銳호音響의不快感과船暈의不快感과疲勞의不

快感과身體를不自由되는位地에置호는事를因호야生호는不快感等은、다各其固

有호特質을具有호者ㅣ라其心理學者는感情은總히同一호快感或不快感이오其質

的差別은但其伴隨호는感覺의質的差別에歸호다稱호는니吾人은此說을不當호다

노니感覺에伴隨호는感情은其自身에質的差別을有호者ㅣ오感覺의質的差別로歸

호는者ㅣ아니며嘔氣의不快感과疲勞의不快感이라호은恐懼와嫉妬의質的으로差

別홈과、굿치其自身에差別호는者ㅣ니但其感情의質的差別은其快不快點에甚히

七六

注意ᄒᆞ기易ᄒᆞ며其他ᄂᆞᆫ甚히隱微ᄒᆞ야注意기難ᄒᆞᆷ으로世人은通常()其快不快外에

何等質的差別이無ᄒᆞ다誤認ᄒᆞᆯᄲᅮᆫ이니라

第四節　感覺의强과感情의關係

一定ᄒᆞ야感覺은槪是某種類의感情을恒常同伴ᄒᆞᄂᆞ者ㅣᄂᆞ其感情은依例히感覺의質

만因ᄒᆞ야一定ᄒᆞᄂᆞ者ㅣ아니오又其强에도關係ᄒᆞᄂᆞ니感覺之强의變化에對ᄒᆞ야云

ᄒᆞ면

〔子〕其程度의强以下에ᄂᆞ快ᄒᆞᆫ感覺이라도其程度以上의强에ᄂᆞ不快ᄒᆞ니假令甘味

라도某程度의强ᄒᆞᆫ者ᄂᆞ快ᄒᆞ나其强ᄒᆞᆷ이甚히過多ᄒᆞᆫ時ᄂᆞ不快ᄒᆞᆷ과如ᄒᆞ니라

〔丑〕某感覺은其强度가甚弱ᄒᆞᆯ時에ᄂᆞ中性이되ᄂᆞ其强을小增ᄒᆞ면不快ᄒᆞ가、되ᄂᆞ니

詳言ᄒᆞ면某感覺은其强度를甚ᄒᆞ게減少ᄒᆞ야도快가、되ᄂᆞᆫ事ㅣ無ᄒᆞ니假令鬖多

ᄒᆞᆫ惡臭와船暈의感覺等이是也ㅣ니라

〔寅〕某一定度의感覺을最初에感ᄒᆞᄂᆞ時ᄂᆞ快가、되며此를連續ᄒᆞᆯ時ᄂᆞ中性이、되며

又感覺의强度를一定ᄒᆞᆯ時ᄂᆞ

第七章　情念　第四節　感覺의强과感情의關係

七七

心理學敎科書　　　　　　　　　　七八

更히暫時連續할時는不快가, 되는事ㅣ有하나假令, 一定度의甘味를甞한最初

는甚히快하는暫時後에는單一한中性의甘感覺이, 되다가終에는此를甞함이厭

惡하게, 되는等이是也ㅣ니라

〔卯〕某一定度의感覺은最初에는中性이며此를連續할스록不快한者ㅣ, 되느니假

令, 飮酒치, 아니하는人은最初에僅少한酒면此를飮하야但其酒味를感할뿐이느

此를同一한定量을漸次連續的으로飮하면終에는其臭만嗅하야도厭惡하게感하

는等이是也ㅣ니라

第五節　感情의脫却

某程度까지發達한意識生活을行하는吾人은中性的感覺을事實로, 하야經驗함을

得하느 如斯히發達치, 아니한意識生活을經營하는兒童은何等感覺이던지經驗함

을從하야此와融合하야不可離的으로同伴하는感情을經驗하며此를從하야中性的

感覺과如한者는彼等의夢에도經驗키不能함과如하나라故로水의動함과木葉의落

함과蟻의爬와人의走함는等은吾人에在하야는中性的事實이, 되더라도兒童에在

ᄒ야ᄂᆫ快치、아니ᄒᆞ혹即不快ᄒ經驗이、될지라然이ᄂ同一ᄒ感覺을反復經驗ᄒᆞᆺ

록其快或不快ᄒ感情은次第로脫却ᄒ야終에ᄂ中性되ᄂ感覺만殘留ᄒᆞᆷ에至ᄒᆞᄂ者

ᅳ니其次第의大體ᄂ次와如ᄒ니라

〔一〕快的感情의脫却　決的感覺은此ᄅ反復經驗ᄒᆞᆺ

全然히中性의感覺이、되ᄂ니假令、赤色과、ᄀᆺ치最初에ᄂ甚히快ᄒ者ᅳ되ᄂ此ᄅ

反復經驗ᄒᆞᆺ록次第로習慣이되야快的感情을失ᄒ고終에ᄂ全然히中性的의「赤

ᄒ〕感覺으로經驗됨에至ᄒᄂ等이是也ᅳ니라

〔二〕不快的感情의脫却　不快的感覺은反復經驗ᄒᆞᆺ록其不快的感情을脫却ᄒᄂ니

라然이ᄂ其不快的感情이脫却ᄒ면即時그ᄃᆯ로中性이되ᄂ事와一朝에快的感情이

此ᄅ代ᄒ야發現되고次에快的感情脫却의順序ᄅ從ᄒ야中性이되ᄂ事ᅳ有ᄒ니惡

臭의經驗은前者에屬ᄒ지라即惡臭의感覺은此ᄅ反復經驗ᄒᄂ事ᄅ因ᄒ야直接으

로中性이、되고其間에此ᄅ快ᄒᆷ으로感ᄒᄂ時期가無ᄒᆷ이常例며食習치、못ᄒ던食

物을食習ᄒᆷ에至ᄒᄂ經驗은後者에屬ᄒ지라食習치、못ᄒ던食物을初食ᄒᆯ時에ᄂ

第七章　情念　第五節　感情의脫却　第六節　情의緒叙述

七九

心理學敎科書

一種不快感情을生호는此를類食호면其不快感情이稍稍減少호되全然히消滅치아
니호는中에一種快味를感호고更히反復經驗은全然히消滅호야純
粹호快味가、되고愈益히此를反復經驗홀時는、맛춤늬中性의味感覺이、되느니라

第六節　情緒의敍述

情緒의標型的代表者는次와如호니라

[一]喜悅　喜悅이라홈은通常「깃부」다稱호는精神狀態라歸省호야父母의顔을見홀
時와重病이快癒호時等에發홈은此情緒니喜悅과甚似호며此보다稍히興奮發揚호
는性質을帶혼것은愉快라稱호는情緒니라蓋愉快는有機感覺과特히血液의流通이
良好홈과筋肉興奮의感覺에附帶호는快的感情의喜悅과混合혼者ㅣ되겟도다

[二]驚愕　驚愕은意外事物을遭遇홀時에生호는情緒라此는其遭遇혼事物種類를從
호야快的인者와不快的인者가有호니假令紛失호얏다斷念혼錢을意外處所에서發
現홀時에生홈은快的驚愕이며平常健壯호던父母가死去호얏다는電報를接홀時에
生홈은不快的驚愕이라或은曰驚愕其物은中性인感이오、오작其次에起호는快던

八〇

지或은不快의情緒와融合ㅎ느事를因ㅎ야快던지、或은不快로知홀뿐이라云ㅎ니

其說이似然ㅎ도다

〔三〕恐懼 恐懼느可히來홀危害의豫期를因ㅎ야生ㅎ느情緖니假令航海中暴風을遇ㅎ야船이顚覆코져、ㅎ느事를豫期홀時와近家의火災를遇ㅎ야我家가繼燒홈을豫期홀時에生홈은卽情緖라其情緖느特히下等動物에多ㅎ며最甚者느其情緖를因ㅎ야身體가凝縮ㅎ야一時運動키不能홈에至ㅎ느니彼昆虫類에셔多見홀지라所謂僞死를成ㅎ느者는死形을致裝ㅎ야敵을欺瞞코져、ㅎ느計略에出흔意志行動이、아니고全然히恐懼를因ㅎ야身體가凝縮홈을因흔者로見홀지라如斯흔恐懼는一般으로可히來홀危害의豫期를因ㅎ야生ㅎ느者ㅣ느或은別로危害의豫期가無ㅎ고、다만其單一흔危害의想像이던지或은事物의中性的知覺과又는觀念을因ㅎ야反射的으로恐懼의發ㅎ느事가有ㅎ니精神病者가見ㅎ는바當場苦悶과如흔者가其最著흔實例라患者는別로危害가可히來홀豫期를、感치아니ㅎ는何故인지眼界가廣흔處에出ㅎ면恐懼의所措가有ㅎ야一步도前進ㅎ는勇氣가無ㅎ며雖其常人이라도此와類似

第七章 情念 第六節 情緒의敍述

八一

心理學敎科書　　　　　八二

혼恐懼가或有ᄒᆞ니假令斷岸絕壁上에셔臨下ᄒᆞᆯ時ᄂᆞᆫ其落下ᄒᆞᆯ事가無ᄒᆞᆷ을確信ᄒᆞ되

一種恐懼의感에撲ᄒᆞᆫ者等이是也ㅣ니라

〔四〕憂愁　憂愁ᄂᆞᆫ喜悅과全然히反對로沉鬱ᄒᆞᆫ不快的情緖라父母妻子가死ᄒᆞᆫ時와自

己가不治의病에罹ᄒᆞᆫ時와名譽ᄅᆞᆯ失ᄒᆞᆫ時와事業을失敗ᄒᆞᆫ時等에ᄂᆞᆫ何人이던지憂愁

ᄅᆞᆯ不感ᄒᆞᄂᆞᆫ者ㅣ無ᄒᆞᆯ지라憂愁와甚似ᄒᆞ고此보다激越性인者ᄂᆞᆫ悲哀니喜悅에對

ᄒᆞ야愉快가有ᄒᆞᆷ과恰似ᄒᆞᆫ지라婦人이子ᄅᆞᆯ失ᄒᆞ고夫ᄅᆞᆯ別ᄒᆞᆫ後에死ᄅᆞᆯ求ᄒᆞ야尼가됨

과或은發狂ᄒᆞᆷ은此悲哀가激甚ᄒᆞᆫ結果라ᄒᆞ노라

〔五〕忿怒　忿怒ᄂᆞᆫ欲念을妨害ᄒᆞᄂᆞᆫ事物特히意識的存在者에對ᄒᆞ야發ᄒᆞᄂᆞᆫ發揚激越

性의情緖라故로假令吾人의欲念을妨害ᄒᆞᄂᆞᆫ事가大ᄒᆞᆫ者라도其妨害가天然自然의

事物이、되ᄂᆞᆫ時ᄂᆞᆫ忿怒ᄅᆞᆯ生ᄒᆞᄂᆞᆫ事ㅣ少ᄒᆞ지라又假令吾人의欲念을妨害ᄒᆞᄂᆞᆫ事ㅣ

比較的으로小ᄒᆞ야도其妨害者가他人의意志된時에ᄂᆞᆫ此에對ᄒᆞ야忿怒ᄅᆞᆯ發ᄒᆞᄂᆞᆫ事

ㅣ甚ᄒᆞ며又假令他人의意志가吾人의欲念을妨害ᄒᆞᄂᆞᆫ事ㅣ大ᄒᆞ야도一朝他人의意

志가吾人의欲念으로屈服ᄒᆞᆷ에至ᄒᆞᄂᆞᆫ時ᄂᆞᆫ忿怒ᄂᆞᆫ忽然消失ᄒᆞᆷ이常例라要之컨딘忿

怒ᄂᆫ欲念이他人의有意的妨害에對ᄒᆞ야自家ᄅᆞᆯ保護ᄒᆞᄂᆫ武器와如ᄒᆞᆫ者ᅵ며忿怒ᄒᆞ

ᄂᆫ時에忿怒의對者ᄅᆞᆯ即時에撲滅征服ᄒᆞᆷᄋᆞᆯ得ᄒᆞᄂᆫ時에忿怒ᄂᆫ一時의發作ᄋᆞ로消失ᄒᆞ

ᄂᆫ忿怒ᄒᆞᆷᄋᆞᆯ不拘ᄒᆞ고其對者가我보다有力優勢ᄒᆞ야此ᄅᆞᆯ撲滅征服ᄒᆞᆷᄋᆞᆯ不得ᄒᆞᆯ時에

忿怒ᄂᆫ凝結ᄒᆞ야心中에永存ᄒᆞᄂᆞ니如斯ᄒᆞᆫ時ᄂᆫ此ᄅᆞᆯ怨恨이라ᄒᆞᄂᆞ니라

[六]艱憫 自己가不幸히艱難ᄒᆞᆷ에陷ᄒᆞᆫ時에ᄂᆫ憂愁가發ᄒᆞᆷ과、ᄭᅩᆺ치他人이不幸히艱

難에陷ᄒᆞᆷᄋᆞᆯ見ᄒᆞ고起ᄒᆞᄂᆫ情緒ᄅᆞᆯ艱憫이라、ᄒᆞᄂᆞ니所謂「ᄯᅡᆨᄒᆞ게、여기ᄂᆫ것」과「矜

憫」ᄒᆞ다稱ᄒᆞᆷ에不外ᄒᆞᄂᆞ니라

[七]感恩 感恩은忿怒와全然ᄒᆞᆫ反對로吾人의欲念ᄒᆞᄂᆫ바ᄅᆞᆯ達케ᄒᆞᄂᆫ意識的存在者

에對ᄒᆞ야生ᄒᆞᄂᆫ情緒라其情緒의重要ᄒᆞᆫ意識的原因은但其吾人의欲念에有利ᄒᆞᆫ事

의自覺이、아니오我의要求其物ᄋᆞᆯ達케、ᄒᆞ고ᄌᆞ、ᄒᆞᄂᆫ他人의意志인故로假令他人

ᄋᆞ로부터受ᄒᆞᄂᆫ利益이如何히大ᄒᆞᆷᄋᆞᆯ不拘ᄒᆞ고他의一種意義假令吾人ᄋᆞᆯ利用코ᄌᆞ

ᄒᆞᄂᆫ意志로、부터出ᄒᆞᆫ事가自覺될時ᄂᆫ此에對ᄒᆞ야感恩의情緒ᄂᆫ不發ᄒᆞᄂᆫ者ᅵ니

라

第七章 情念 第六節 情緒의叙述

八二

心理學敎科書

〔八〕嫌忌　嫌忌란、或은俗에「시려ᄒᆞᄂᆞᆫ것」又ᄂᆞᆫ「싀려ᄂᆞᆫ것」이라稱ᄒᆞᄂᆞᆫ情緖라腐敗

ᄒᆞᆫ物의惡臭와「蜈蚣」과蛇와毛虫과音薔ᄒᆞᆫ人과卑屈ᄒᆞᆫ人等은常人의嫌忌ᄒᆞᄂᆞᆫ비며

無意的事物과又ᄂᆞᆫ無意的行動에對ᄒᆞ야生ᄒᆞᄂᆞᆫ嫌忌ᄂᆞᆫ單純ᄒᆞᆫ嫌忌라然이ᄂᆞ若其對

者가故意的行動을因ᄒᆞ야可히嫌忌ᄅᆞᆯ吾人에게施行ᄒᆞ면吾人은嫌忌와忿怒가

同伴ᄒᆞ야發現ᄒᆞᆷ이常例니라此嫌忌와忿怒가同伴ᄒᆞ야生ᄒᆞᄂᆞᆫ情緖ᄂᆞᆫ單純ᄒᆞᆫ嫌忌의情

緖와一種別異ᄒᆞᆫ者ㅣ니所謂憎惡의情緖가此에當ᄒᆞᄂᆞ니라

〔九〕愛好　愛好ᄂᆞᆫ嫌忌와全然ᄒᆞᆫ反對의情緖니總히吾人의欲念은挑發ᄒᆞᄂᆞᆫ事物에對

ᄒᆞ야生ᄒᆞᄂᆞ니美酒와玲饗과華麗ᄒᆞᆫ衣服과宏壯ᄒᆞᆫ家屋과山水明美ᄒᆞᆫ景勝과容貌가

妍美ᄒᆞᆫ人과自己ᄅᆞᆯ爲ᄒᆞ야利益을圖謀ᄒᆞᄂᆞᆫ人과心意가相合ᄒᆞᄂᆞᆫ人과名譽와位地와

財産은人이大抵愛好ᄒᆞᄂᆞᆫ者ㅣ라但其吾人이愛好ᄒᆞᄂᆞᆫ事物을得ᄒᆞᄂᆞᆫ事ᄅᆞᆯ因ᄒᆞ야生

ᄒᆞᄂᆞᆫ愉快와又ᄂᆞᆫ滿足의情念에對ᄒᆞ야全然히不同ᄒᆞ니愛好라ᄒᆞᆷ은吾人의

欲念에適合ᄒᆞᄂᆞᆫ事物과又ᄂᆞᆫ其觀念에對ᄒᆞ야生ᄒᆞᄂᆞᆫ一種特殊ᄒᆞᆫ情念이니라

愛好ᄂᆞᆫ其對象을因ᄒᆞ야此ᄅᆞᆯ二種으로大別ᄒᆞᆯ지니狹義에對ᄒᆞᄂᆞᆫ愛好와愛情이是也

ㅣ니라

〔一〕狹義에 對ㅎ는 愛好 此는 重히 人物以外의 事物이 若其人物이면 其心意에 關係가

無호 部分에 對ㅎ는 愛好로 唯獨「好ㅎ다」云ㅎ는바의 情緒가 是也ㅣ니 卽飮食物과 器

具와 家屋과 風景과 繪畵와 彫刻과 名譽와 財産과 地位와 人物의 美貌等에 對ㅎ는 愛好

가 是也ㅣ니라

〔二〕愛情 此는 人物의 心意에 對ㅎ는 愛好니 彼單純혼 愛好라ㅎ음은 甚히 其趣가 相異혼

者ㅣ라 蓋人은 其生存을 爲ㅎ야 衣食住를 要홀뿐、 아니오 又他人을 要ㅎ는 者ㅣ니 其

不平을 恕ㅎ며 其悲哀를 分ㅎ며 其恐懼를 減ㅎ며 其喜樂을 共ㅎ기 爲ㅎ야、 반다시 他

人의 心意를 要홈이라 自己를 愛ㅎ는 心意는 自己를 爲ㅎ야 能히 其不平의 恕을 聽ㅎ며

能히 自己의 悲衷를 分ㅎ며 能히 自己의 恐懼을 除ㅎ며 能히 自己의 喜樂의 同情을 寄付

ㅎ는 故로 自己를 愛ㅎㄴ 此에 反ㅎ야 自己를 愛ㅎ는 一心意를 得ㅎ면 一心意를 得ㅎ되 로

ㅎ야 幸福을 成ㅎㄴ 此에 反ㅎ야 自己를 愛ㅎ는 一心意를 失ㅎ면 其一心意의 生命은 成長

로 自己心意의 生命은 短縮ㅎ야 不幸을 成ㅎㄴ니라 故로 心意가 自己를 愛ㅎ는 他의 心

第七章 情念 第六節 情緒의 叙述

八五

心理學敎科書

意를求홈은依例히此를因ᄒ야物質的快感을得ᄒ기爲홈이、아니오只其單純히他
의心意로愛되는事를因ᄒ야幸福을感ᄒ는故ㅣ라如斯히各心意는自己의生存을幸
福으로、ᄒ기爲ᄒ야其生存을必要ᄒ다、ᄒ는他의心意에對ᄒ야 愛情을感ᄒ는者
ㅣ니라

第七節　情操의敍述

情操에는美的과論理的과倫理的等의差別이有ᄒ니라

〔一〕美的情操　美的情操는趣味라도亦云ᄒᄂ니某事物假令繪畵와彫刻과詩歌等을
見ᄒ는事를因ᄒ야生ᄒ는各種想像에附帶ᄒᄂ는精微ᄒ情操가是也ㅣ라然이ᄂ想像
에도各種程度가有ᄒ며又其簡單ᄒ想像과伴生ᄒᄂ는美的情操는次第로彼視覺과聽
覺等에伴生ᄒᄂ는快的情感에接近ᄒ야終에는此와全然히互相連續ᄒ야其間에一定
ᄒ分界線을見키不能ᄒ지라故로美的情操와快的感情은互相融合ᄒ야恒常發現ᄒ
ᄂ니唯其想像의動作이少ᄒ야所設의感覺만原因으로、ᄒᄉ록感情에近ᄒ고其所
設의感覺에想像의動作이加入ᄒᄂ事ㅣ多ᄒᄉ록愈益히美的情操의純粹ᄒ者에近

ᄒᆞ는者ㅣ라 彼文學美術에 最其重要ᄒᆞᆫ餘韻인者는 畢竟에 各種無量ᄒᆞᆫ想像을 喚發ᄒᆞ
는性質에 不外ᄒᆞ지라 但美的情操의 要素는 卽快的情操其物에서 彼想像은、 다만其
情操를 喚發ᄒᆞ는所以의 手段에 不外ᄒᆞᄂᆞ니 此後에 叙述ᄒᆞᆯ論理的情操와 相異ᄒᆞᆫ비라.
故로美的情操에 在ᄒᆞ야는 論理的情操에 對ᄒᆞᆷ과、 ᄯᅩ치其想像上의 觀念이 一定不變
ᄒᆞᆫ客觀的規矩를從ᄒᆞ야 發現ᄒᆞᆯ것을 不要ᄒᆞ고 觀者의 自性을從ᄒᆞ야 自由로想像ᄒᆞ는
바에 生ᄒᆞᄂᆞ니 美的情操는 所設의感覺的提醒에 存在치、 아니ᄒᆞ고所設의 感覺的提醒에 存在치、 아니ᄒᆞ고所設의 僅少ᄒᆞ感
覺的提醒을 因ᄒᆞ야 觀者自身이 天馬로空中을 行ᄒᆞᆷ과、 ᄯᅩ치自由로觀念界를原造ᄒᆞ
고又其中으로 逍遙ᄒᆞᄂᆞ니 單言ᄒᆞ면美的情操는 自由的觀氣遊와伴隨ᄒᆞ
는快的情念인故로美的情操를可히生ᄒᆞᆯ最良ᄒᆞ作物은唯其僅少ᄒᆞ提醒을與ᄒᆞᆷ에止
ᄒᆞᆯᄲᅮᆫ이며其後는自然히千萬無量의自由的觀念遊를能히成得ᄒᆞᆯ觀者에게與
ᄒᆞ는者ㅣ라又其自由的觀念遊를能히成得ᄒᆞᆯ觀念界가廣大無邊ᄒᆞᆯ時는目睹ᄒᆞ고俯ᄒᆞ야만
止限ᄒᆞ야 其底에 秘密ᄒᆞᆫ意義가 有ᄒᆞᆷ과、 ᄯᅩ치見ᄒᆞ야 此를窮極치、 못ᄒᆞᆯ感을生ᄒᆞᆷ에
何事던지其底에 秘密ᄒᆞᆫ意義가 有ᄒᆞᆷ과、 ᄯᅩ치見ᄒᆞ야 此를窮極치、 못ᄒᆞᆯ感을生ᄒᆞᆷ에

第七章 情念 第七節 情操의 叙述

八七

至호노니所謂神韻縹渺라、호믄此時의感이라此와反호야十分言盡호야可히探홀

與底물殘有치、아니호노者노自由的觀念遊물能히成得호야觀者물로束縛호노者ㅣ

니如斯호者노叙述과又說明으로明瞭호노此물美的方面으로見홀時노露骨無韻의

嫌을不免호노니라

美的情操卽趣味라고單云호노其中에無數호質的差別이有혼지라然이노此區別은

只是直感홀뿐이오能히說明치、못홀지니故로吾人은次에數個詩句물揭載호야其

一斑을例示홀뿐이로다

　千里鶯啼綠映紅水村山郭酒旗風南朝四百八千寺多少樓臺烟雨中　唐杜牧之

노單純美麗호趣味물表顯홈이오

荷香月色可淸宵更有何人乘玉簫十二曲欄無夢寐碧城秋思正迢迢　本朝鄭礦

은純粹淸潔호趣味물表顯홈이며

松巖山高半入空麗王基業亦豪雄知有精靈遊夜月更無父母泣春風　本朝　鄭壽銅

八八

은純粹호懷古의趣味룰表顯홈이오

宿昔靑雲志蹉跎白髮年　　漢張九齡

은槪嘆호趣味가痛切호며

昔聞洞庭水今上岳陽樓吳楚東南坼乾坤日夜浮　　唐杜甫

눈廣大無邊호感에倒殺됨과如호지라

右눈比較的으로單純호趣味룰例示호者ㅣ라然이ㄴ如何호詩句던지槪是二三趣味의融合으로、브터常成호者ㅣ니純粹單一호趣味가有호者룰求홈은困難호지라假

令

雨歇長堤草色多送君南浦動悲笳大同江水何時盡別淚年年漲綠波　　高麗

鄭知常

梨花月下讀書女

은寂寞호고悲哀호趣味룰表顯홈이오

日本蕪村

은美麗、婉妖、瀟洒룰兼顯홈이며

第七章　情念　第三節　情操의叙述

八九

九〇

枯枝烏止秋己暮　　　　　　　　　　　日本芭蕉

는寂寞、懷愴호趣味를表顯호야神韻이富大호고

洞庭西望楚江分水盡南天不見雲日落長沙秋色遠不知何處吊湘君　唐李白

과如호者는廣大、懷愴、寂寞、悲哀의趣味를兼顯호고恍惚호야神韻의襲來를直感

홀지니라

〔二〕倫理的情操　倫理的情操라홈은善惡과義務와責任과滿足의感이是也ㅣ라其情

操는欲念活動의結果로生호는者ㅣ니其欲念으로、브터分離호야此를叙述홈이困

難홈으로此를後章에讓호노라

〔三〕論理的情操　論理的情操라홈은豫期와合理와不合理의感이是也ㅣ니不合理의

感이라홈은各判斷이互相衝突홀時에生호는一種不快의不安易호情操라故로此感

은矛盾의感이라亦稱호고合理의感이라홈은各判斷의矛盾을除却호야此를調和호

時에生호는一種快美의安易호感이라人은不合理의感을脫却호야合理의感으로到

達코즈欲念호느니此欲念은所謂思辨이라稱호는作用을惹起호고又其思辨은衝突

ᄒᆞᄂᆞᆫ判斷을調和ᄒᆞᄂᆞᆫ原理的判斷을發見ᄒᆞᆷ에至ᄒᆞ야止ᄒᆞᄂᆞ니此原理的判斷으로互

相衝突ᄒᆞᆷ과ᄌᆞᆺ치見ᄒᆞᄂᆞᆫ各判斷을調和케、ᄒᆞᄂᆞᆫ作用을稱ᄒᆞ야說明이라云ᄒᆞᄂᆞᆫ故로

思辨의目的ᄋᆞᆫ說明에在ᄒᆞ고又其不合理를脫ᄒᆞ야合理에達코ᄌᆞ、ᄒᆞᄂᆞᆫ欲念은說明

코ᄌᆞᄒᆞᄂᆞᆫ欲念에不外ᄒᆞᄂᆞ니라

임의時時로遭遇ᄒᆞ야熟知ᄒᆞᆫ事實에關ᄒᆞᆫ判斷으로、써思辨의標準卽原理的判斷을

成ᄒᆞ며此를因ᄒᆞ야新經驗된事實에關ᄒᆞᄂᆞᆫ判斷을說明코ᄌᆞᄒᆞᄂᆞᆫ事와又旣知ᄒᆞᆫ判斷

이衝突ᄒᆞᄂᆞᆫ新事實을遭遇ᄒᆞᆯ時ᄂᆞᆫ旣知ᄒᆞᆫ判斷으로、써新事實과不合ᄒᆞ다感치、아

니ᄒᆞ고新事實로、써旣知ᄒᆞᆫ判斷과不合ᄒᆞᆫ事와旣知ᄒᆞᆫ判斷을異常ᄒᆞᆷ으로

感치、아니ᄒᆞ고新事實로、써異常ᄒᆞ다驚奇ᄒᆞᄂᆞᆫ事ᄂᆞᆫ人類一般의本性인즉最大多數

의境遇에說明코ᄌᆞᄒᆞᄂᆞᆫ要求ᄂᆞᆫ新知ᄒᆞᄂᆞᆫ事를實로旣知ᄒᆞᆫ判斷으로歸着ᄒᆞᄂᆞᆫ事로브

터成立ᄒᆞᆫ지라然이ᄂᆞ人은何故로旣知ᄒᆞᆫ判斷과衝突ᄒᆞᄂᆞᆫ事實과遭遇ᄒᆞᆫ時에不合理

를感ᄒᆞᄂᆞᆫ뇨此ᄂᆞᆫ無他라人은從來의經驗으로得ᄒᆞᆫ判斷을因ᄒᆞ야未經驗을豫期ᄒᆞᄂᆞᆫ

故ᅵ라詳言ᄒᆞ면敍事的判斷을變ᄒᆞ야豫期的判斷으로、ᄒᆞᄂᆞᆫ故ᅵ니라是以로不合

第七章　情念　第七節　情操의敍述

九一

心理學敎科書　　　　　　　　　　　　　　九二

理의感은豫期를豫想ᄒᆞ며過去의經驗에關ᄒᆞ야吾人은但其「何者何者ᄂᆞᆫ何者何者」

라고敘事的으로判斷ᄒᆞᆷ에止ᄒᆞᆯ時ᄂᆞᆫ何等不合理의感도生치아니ᄒᆞᆯ지라吾人은過去

의經驗에關ᄒᆞᆫ敘事的判斷을卽其未經驗에關ᄒᆞᄂᆞᆫ豫期的判斷으로, ᄒᆞᄂᆞᆫ故로於

是乎不合理驚奇의感을生ᄒᆞᄂᆞᆫ지라然이나吾人은更히一步를進ᄒᆞ야問코ᄌᆞᄒᆞ노니

人은何故로過去經驗에關ᄒᆞ야只其單純히敘事的判斷을成ᄒᆞᆷ에不止ᄒᆞ고豫期的判

斷을成ᄒᆞᆷ에至ᄒᆞ야吾人은旣爲此心理學的理由를見出기不能ᄒᆞ니吾人은只其如斯

히豫期ᄒᆞᄂᆞᆫ事로、써心意의根本的性質로見ᄒᆞᆷ에不外ᄒᆞᄂᆞ니라

第八章　欲念

第一節　欲念의屬性

欲念에二個屬性이具有ᄒᆞ니力性과我性이是也ㅣ니라

〔一〕力性　欲念의力性이라ᄒᆞᆷ은卽强度라欲念의强이何物됨은何人이던지直感的으

로自覺ᄒᆞᄂᆞᆫ事實로此를敘述ᄒᆞ기甚히困難ᄒᆞ지라花를求景코ᄌᆞᄒᆞᆷ보다旅行코ᄌᆞ願

ᄒᆞ며演劇塲에往코져ᄒᆞᆷ보다角戲(쓰름)를見코ᄌᆞ願ᄒᆞᄂᆞᆫ時에對ᄒᆞ야觀花코ᄌᆞᄒᆞᄂᆞᆫ

欲念보다旅行코ㅈㅎ는欲念이强ㅎ며演劇을見코져ㅎ는欲念보다角戱를見코져ㅎ

는欲念이强ㅎ事는何人이던지自覺ㅎ는비라如斯ㅎ感은卽力性의眞性을示ㅎ者ㅣ

니라然이나今에其欲念의强度가其對象되는觀念上으로브터論ㅎ

時는欲念의力性은其對象을保持ㅎ는事의强弱을因ㅎ야測定ㅎ는欲念은

其對象을意識界로保持ㅎ는事가强ㅎ고弱ㅎ欲念은此를保持ㅎ는事가弱ㅎ니라

〔二〕我性　何人이던지自己가其手를動코ㅈㅎ야其手를動ㅎ時에其手의運動과他人

을因ㅎ야被動된時에其手의運動을混同ㅎ야自己가動케ㅎ인지他人을因ㅎ야被動

된事인지誤認ㅎ이無ㅎ지니前運動에는自己가力의中心이、되야運動을惹起ㅎ感

이有ㅎ고後運動에는、다만其運動이有ㅎ뿐이오其運動을可히惹起ㅎ力의中心은

自己에게無ㅎ나라如斯히自己가力의中心이되야運動을惹起ㅎ는感은卽「運動ㅎ

다」는것이며自己가力의中心이、되지아니ㅎ고、다만運動이生ㅎ는感은「運動이

有ㅎ다」는것이라吾人이花를見ㅎ고此를「折코져」欲念ㅎ며食物을見ㅎ고

此를「食코져」欲念ㅎ는時에도、또ㅎ自己가力의中心이、되야活動ㅎ는感을經驗ㅎ

第八章　欲念　第一節　欲念의屬性

九三

느니 故로 欲念의 直感的 經驗은「感念이 有흠」이아니오「欲念흔다」눈 經驗이니라 如

斯히 欲念에 附帶흔 自己가 力의 中心이, 되야 活動ㅎ는 感을 稱ㅎ야 自家活動又는 自

律의 感이라 云ㅎ며 又 觀念이 自家活動又는 自律의 感을 帶흔 性質을 稱ㅎ야 我性이라

云ㅎ느니 蓋 欲念은 自家活動의 感이 具有흠을 因ㅎ야 我가, 되는 故ㅣ니라

　　第二節　　欲念의 對象(目的과 手段)

欲念은 其自身 孤立的으로 自發ㅎ는 事가 無ㅎ고 觀念에 常對ㅎ야 發現 活動ㅎ는 者ㅣ

라 吾人이 欲念흔다고 云ㅎ면 此는 旣是 欲念흔 何等의 事物과 事變의 觀念이 有흠을 豫

想ㅎ느니 即 爲何等의 事物과 事變의 觀念이 有ㅎ고 又 欲念은 其觀念을 實現코자ㅎ

야 發現 活動ㅎ는 者ㅣ라 如斯히 欲念이 此를 可이 實現ㅎ고 發現 活動ㅎ는 事物과 事變

의 觀念을 欲念의 對象이라ㅎ느니라

欲念의 對象을 目的과 手段으로 區別흘지니 其結果上으로 論ㅎ면 其實現이 欲念의 活

動에 其終을 與ㅎ는 對象을 稱ㅎ야 目的이라ㅎ며 其實現이 其終을 欲念의 活動에 與ㅎ

아니ㅎ야도 目的을 實現케ㅎ기 爲ㅎ야 爲先實現흔 對象을 稱ㅎ야 手段이라ㅎ고 更히

此를 其主觀的價値의 方面으로論ᄒᆞ면目的이라ᄒᆞᆷ은自身을爲ᄒᆞ야願ᄒᆞᆫ者卽依己的

價値를有ᄒᆞᆫ對象이며手段이라ᄒᆞᆷ은自身에게依己的價値를具有치아니ᄒᆞ고目的

에達ᄒᆞ기爲ᄒᆞ야必要ᄒᆞ으로價値가有ᄒᆞ되卽依他的價値를具有ᄒᆞ者ㅣ니라

但目的은其自身에注意를可히喚起ᄒᆞᆯ價値를有ᄒᆞᆯ可히喚

起ᄒᆞᆯ價値를不有ᄒᆞ고恒常其目的만爲ᄒᆞ야注意를喚起ᄒᆞᆯᄯᅮᆫ이라故로欲念生活의要

求로論ᄒᆞ면欲念을喚起ᄒᆞ기爲ᄒᆞ야必要不可無ᄒᆞᆯ者ᄂᆞᆫ、다만其目的의의意識ᄯᅮᆫ이오

手段의意識과如ᄒᆞ者ᄂᆞᆫ、다만其目的을可히達ᄒᆞᆯ行動을修練ᄒᆞ에만必要ᄒᆞ며旣爲

其目的의到達의行動으로十分修練됨에至ᄒᆞᄂᆞᆫ時ᄂᆞᆫ旣是手段의意識은不用에屬ᄒᆞ故

로欲念行動이修練을因ᄒᆞ야精確ᄒᆞᆯᄉᆞ록、다만其目的과此에對ᄒᆞᄂᆞᆫ欲念이有ᄒᆞᆯᄯᅮᆫ

이오手段의意識은心中으로、브터消失ᄒᆞ에至ᄒᆞᄂᆞ니라

第三節　目的과快不快의關係

此에對ᄒᆞ야可히注意ᄒᆞᆯ者ᄂᆞᆫ左開四種이니라

〔子〕大抵欲念은快感을繼續ᄒᆞ고或은快感의豫想的觀念을現實로ᄒᆞ야或은不快感

第七章 情念　第二節欲念의對象（目的과手段）第三節目的과快不快의關係　九五

心理學敎科書　　　九六

과又는其豫想的觀念의現實을避코즈ᄒᆞᄂ事를目的으로定ᄒᆞᆫ者ㅣ니此는通常境

遇니라

〔丑〕然이ᄂ欲念의强度와其目的된快感、不快感의强度間에ᄂ一定不變ᄒᆞᄂ比例

가無ᄒᆞ니라

〔寅〕或欲念은事物이ᄂ又ᄂ出來事의中性的知覺과或은觀念을目的ᄒᆞ야發現活動

ᄒᆞᄂ事가有ᄒᆞ니假令好酒家가酒를飮코저欲念ᄒᆞᆷ은先酒를飮ᄒᆞᄂ事를因ᄒᆞ야

生ᄒᆞᆯ快感을觀念ᄒᆞ고其觀念을現實코저、ᄒᆞ야欲念ᄒᆞᄂ者ㅣ아니라彼等은、다

만其酒가有ᄒᆞᆷ을知覺ᄒᆞ고此를旣爲願飮코저欲念ᄒᆞ머又知覺과欲念間에ᄂ何等

豫期的快感의觀念攙入도無ᄒᆞ니此ᄂ違常의境遇ㅣ니라

〔卯〕欲念에附帶ᄒᆞᆫ不快感은該欲念을避코저ᄒᆞᄂ目的이、아니오結果라求樂避苦

로、써欲念의唯一目的이라主張ᄒᆞᄂ論者ᄂ元來欲念을成치、아니ᄒᆞ고放置ᄒᆞ

ᄂ事는甚히不快ᄒᆞ니欲念을成ᄒᆞ면其不快ᄂ忽然히消失ᄒᆞᄂ故로欲念의活動은

畢竟에求樂避苦의目的을從ᄒᆞᄂ者ㅣ라主張ᄒᆞᄂ全然히目的의意義를誤解ᄒᆞᄂ

者ー라目的은恒常欲念의發現以前에既在혼觀念이될지라然이나欲念을成치아

니호는事를因호야生호는不快感은欲念혼結果로生호는者로欲念以前에既在키

不能혼지라是以로欲念에附帶호는不快感은欲念의目的이아니오欲念혼結果니

라

　第四節　欲念의顯在的活動과潛在的活動

欲念은恒常何等觀念을對象호야此를可히實現호고發現活動호는者ー는欲念은依

例히意識으로、自體를發現홈에止限호는者ー아니오大抵其欲念의對象만意識이

라호야發現호는與否는其對象에對호는活動이卽時隨生호며又欲念이意識으로發

現치、아니호는事ー有혼지라然이느其活動을妨害홈에至호면卽其欲念이意識으

로發現홈에至호느니此는欲念의活動이其時에始起홈이아니오、다만意識이라호

야始顯된뿐이라卽無意的으로活動호는欲念이妨碍를遭遇호야於是乎意識으로現

出호는故로如斯호行動은心意와全然히無關係인生理的反射作用이아니오實로心

意의欲念的活動이發表홈이라其「欲念혼다」는意識이顯出치아니홈은、오직其妨

　　第七章　情念　第四節　欲念의顯的活動과潛在的活動

九七

心理學敎科書　　　　　　　　　　　　　　　九八

害와相會치아니흠을因흠뿐이라是以로欲念活動을二種으로分흠지니一은無意識

活動이며他눈意識的活動이라前者롤欲念의潛在的活動이라稱흠며後者롤顯在的

活動이라稱흠느니大凡欲念은其抵抗을遭遇치、아니흐눈間은潛在的으로活動흐

고抵抗을遭遇흐면顯在的으로活動흐야「欲念흔다」눈意識的事實이되느니라

第五節　我性의推移

欲念의我性에對흐야最注意흘事實은我性의推移ㅣ라蓋各自의欲念을孤立的으로

見흐면其我性은我性이라흐야同等인者ㅣ되느만일甲乙의欲念이互相對抗흐눈時

눈其我性의所在에變遷을生흐느니假令酒롤飲코저欲念흘時던지生命을安全히保

持코저欲念흐눈時던지此롤分離的으로見흘時눈其我性은同等이나然이느今에酒

롤飲흐눈事와生命을安全히保持코저흐눈事가兩立치、못흘事롤發見흘境遇에눈

飲酒欲과生命欲이互相衝突흐며又其兩欲의對抗에對흐야多數흔人은如何흔事

롤經驗흐겟느요多數흔人이經驗흐눈事實은다만「飲酒欲과生命欲이互相反抗흠」이라

도、아니오又「生命欲을因흐야抵抗됨」도、아니며「飲酒欲을因흐야抵抗됨」이라

自家活動의感이生命欲에存ᄒᆞ고飮酒欲에不在ᄒᆞᆷ을意味ᄒᆞᆷ이니卽生命欲은我오飮

酒欲은彼되ᄂᆞᆫ事ᄅᆞᆯ意味ᄒᆞᆷ이라飮酒欲이라도孤立的으로動作ᄒᆞᆯ時ᄂᆞᆫ自家活動、卽

我라도其生命欲과互相對抗ᄒᆞᆷ에至ᄒᆞ면自家活動의感은消失ᄒᆞ야生命欲에存在ᄒᆞ

고生命欲인我에抵抗ᄒᆞᄂᆞᆫ彼가、되ᄂᆞᆫ지라然이ᄂᆞᆫ生命欲은飮酒欲에對ᄒᆞ야ᄂᆞᆫ、我

라도其國家에對ᄒᆞᄂᆞᆫ義務와相對ᄒᆞᆷ에至ᄒᆞ야ᄂᆞᆫ其我性을失ᄒᆞ고義務ᄂᆞᆫ我며生命欲

은彼가、되ᄂᆞ니如斯히欲念과欲念이互相對抗ᄒᆞᄂᆞᆫ事ᄅᆞᆯ因ᄒᆞ야他境遇ᄂᆞᆫ我된者가

彼되며、彼된者가我되ᄂᆞᆫ事實을稱ᄒᆞ야我性의推移라ᄒᆞᄂᆞ니라

右와ᄀᆞᆺ치二個의欲念이互相對抗ᄒᆞᄂᆞᆫ時에其我되ᄂᆞᆫ便을稱ᄒᆞ야我性이高ᄒᆞ며

彼되ᄂᆞᆫ便을稱ᄒᆞ야我性이低ᄒᆞ다ᄒᆞᄂᆞ니라

第六節　　未決定과決定과決心

其目的이相異ᄒᆞᆫ各種欲念이同時에發現ᄒᆞᆯ時에ᄂᆞᆫ他ᄅᆞᆯ互相排擠ᄒᆞ야自家의目的을

達코저ᄒᆞ야競爭ᄒᆞᄂᆞ니此ᄅᆞᆯ欲念의競爭이라ᄒᆞ며其欲念의競爭을左開三種으로分

ᄒᆞ지니라

心理學敎科書　　　　　　　　　　　　　　一〇〇

〔一〕未決定의狀態　互相競爭ᄒᆞᄂᆞᆫ各欲念이其我性에서高低의差別을不有ᄒᆞ事ㅣ有ᄒᆞ니此時에吾人은其競爭ᄒᆞᄂᆞᆫ欲念中何者던지我로感치、아니ᄒᆞ고此를從ᄒᆞ야其何者의目的이던지我의目的으로感치、아니ᄒᆞᄂᆞ니詳言ᄒᆞ면我의目的은、아즉定치、아니ᄒᆞᆫ지라故로此時의精神狀態를稱ᄒᆞ야未決定이라ᄒᆞᄂᆞ니라

〔二〕決定의狀態　欲念이互相競爭ᄒᆞᄂᆞᆫ中에其一欲念이自己보다高ᄒᆞ我性의欲念과其目的을相同케、ᄒᆞᄂᆞᆫ事가發見되ᄂᆞᆫ事ㅣ有ᄒᆞᆫ지라然ᄒᆞᆫ時ᄂᆞᆫ其欲念은其我性에서他의欲念과同等된位置를因ᄒᆞ야他를俄然히排擠ᄒᆞ야高ᄒᆞ我性의位置에上ᄒᆞ야我가、되고他의欲念을彼로、ᄒᆞᆷ에至ᄒᆞᄂᆞ니此瞬間에對ᄒᆞᄂᆞᆫ直接經驗은一種異樣의感을生ᄒᆞᄂᆞᆫ者ㅣ며我의目的이未決定ᄒᆞᆫ狀態를出ᄒᆞ야決定의感이라此感을稱ᄒᆞ야決定의感이라ᄒᆞᄂᆞ니라故로決定이라ᄒᆞᆷ은我의目的을見定ᄒᆞᄂᆞᆫ作用이니目的의選擇이라ᄒᆞ야도此ᄂᆞᆫ決定의別名에不過ᄒᆞ니라

〔三〕決心의狀態　我의目的을決定ᄒᆞᄂᆞᆫ事와我의目的을可히實現흘着手ᄂᆞᆫ全然히不

同ᄒᆞ니決定이라ᄒᆞᆷ은我의目的으로可히實驗ᄒᆞᆯ者가何者됨을見定ᄒᆞᆯ만ᄒᆞᆫ作用이며

其目的을可히實現ᄒᆞᆯ着手ᄒᆞᆫ은, 아니라世界에ᄂᆞᆫ其目的을自覺ᄒᆞ면서他欲

念을因ᄒᆞ야此ᄅᆞᆯ實現키不能ᄒᆞᆫ人이多ᄒᆞᆫ故로目的을可히實現ᄒᆞ라고着手

ᄒᆞ에ᄂᆞᆫ目的을決定ᄒᆞᄂᆞᆫ作用外에別로我의力을集合ᄒᆞ야, ᄡᅥ他欲念의抵抗을決然

排擠ᄒᆞᄂᆞᆫ心意狀態로入ᄒᆞᆷ을要ᄒᆞᄂᆞ니此時의心意狀態ᄂᆞᆫ亦是一種特別ᄒᆞᆫ性質이有

ᄒᆞ者ᅵ니此ᄅᆞᆯ決心이라ᄒᆞᄂᆞ니라

第九章 意志

第一節 意志의意義

意志라ᄒᆞᆷ은, 다만其强ᄒᆞᆫ欲念을云ᄒᆞᆷ이, 아니오互相競爭ᄒᆞᄂᆞᆫ欲念中에我性이最高

ᄒᆞᆫ欲念을稱ᄒᆞ야意志라ᄒᆞᄂᆞᆫ故로, 假令其强度가他欲念과不如ᄒᆞ야도其我性이優

勝ᄒᆞᆫ時ᄂᆞᆫ其意志된事ᄅᆞᆯ妨害치, 아니ᄒᆞ며又, 假令其强度가大ᄒᆞ야도我性이低ᄒᆞᆫ欲

念은意志가아니오意志ᄅᆞᆯ反抗ᄒᆞᄂᆞᆫ强迫力이라如斯히强迫으로感覺되ᄂᆞᆫ欲念을欲

心이라ᄒᆞᄂᆞᆫ故로意志라ᄒᆞᆷ은我로, ᄒᆞᆫ欲念이며欲心이라ᄒᆞᆷ은彼로ᄒᆞᆫ欲念이니라

心理學敎科書

然이나精密히論ᄒᆞ면意志ᄅᆞᆯ更히二種으로分ᄒᆞᆯ지니一은欲念競爭場裏에서爲先決

定狀態로入ᄒᆞ고更히決心狀態로入ᄒᆞᄂᆞᆫ者ㅣ며他ᄂᆞᆫ、오직決定狀態로入ᄒᆞᆷ에만止

限ᄒᆞ고決心狀態로入치、아니ᄒᆞᄂᆞᆫ者ㅣ라前者ᄂᆞᆫ狹義에對ᄒᆞᄂᆞᆫ意志며後者ᄂᆞᆫ特히

願望이라云ᄒᆞᄂᆞ니所謂意志가强ᄒᆞᆫ人이라、ᄒᆞᆷ은此狹義에對ᄒᆞᄂᆞᆫ意志ᄅᆞᆯ具有ᄒᆞᆫ人

이며意志가弱ᄒᆞᆫ人이라、ᄒᆞᆷ은願望에만止限ᄒᆞᆫ人을云ᄒᆞᆷ이니라

　第二節　欲念競爭의決著

欲念競爭의勝利ᄂᆞᆫ恒常最强ᄒᆞᆫ欲念으로歸ᄒᆞᄂᆞ니詳言ᄒᆞ면他欲念을排擠ᄒᆞ고自家

의目的을達ᄒᆞᆯ行爲에向ᄒᆞ야動機가、되ᄂᆞᆫ者ᄂᆞᆫ恒常競爭場裡에發現된欲念中最强

ᄒᆞᆫ者ㅣ니其行動을三種으로分ᄒᆞᆯ지니라

〔一〕意志行動．强度가最大ᄒᆞᆫ欲念과我性이最高ᄒᆞᆫ欲念이一致ᄒᆞᆯ時、卽、詳言ᄒᆞ면欲

念이行動의動機됨과同時에意志가、된時ᄂᆞᆫ此ᄅᆞᆯ因ᄒᆞ야發ᄒᆞᄂᆞᆫ行動은此ᄅᆞᆯ意志에

서發ᄒᆞᆫ行動卽意志行動이라ᄒᆞᄂᆞ니라

〔二〕反意志行動　然이ᄂᆞ最强ᄒᆞᆫ欲念이我性에對ᄒᆞ야低ᄒᆞᆫ事가有ᄒᆞ니詳言ᄒᆞ면行動

一〇二

의 動機로, 호欲念이 我, 即意志가, 아니오彼即欲心인事ㅣ屢有호니如此호境遇에

對호는行動은意志에셔發호는者, ㅣ아니오意志에對호야發호는者, 即反意志行動

이나假令偏向과理想의衝突에서如斯호行動을生호는事ㅣ有호며道德的修養이不

足호人은其理想이我性에對호야偏向이보덤優勝호는其強度에對호야는偏向만不如

호며又。其結果로偏向과理想이衝突호時에行動은偏向의目的을實現호도록活動

호느니此時에吾人이經驗호바直感的事實은「我는理想을照從홈」이, 아니오「我는

偏向을因호야服從홈이라」호는感이是ㅣ니라

[三]中性的行動　然이느或은互相競爭호는各欲念中에其何者던지我性上差別이無

호고從호야其何者던지意志가아니며何者던지欲心이、아닌境遇가有호니如此호

境遇에는各欲念이互相競爭호야其強호者가勝호기ᄭ지其何者가勝호야行動을惹

起호야도別로意志的도、아니며反意志的도、아니고、다만其成行에放任不顧호는

感이有호니如斯호行動을中性的動이라호느니라

第三節

第九章　意志　第二節欲念競爭의決着　第三節衝動的意志와熟慮的意志事實과理想
　　　　　　　　第二節　衝動的意志와熟慮的意志

一〇二

一欲念이發現ᄒᆞ이其意識界를獨占ᄒᆞ고他의欲念으로, 써發現ᄒᆞᆯ餘暇가無케ᄒᆞ며

又其可進ᄒᆞᆯ行路에對ᄒᆞ야十分熟慮ᄒᆞ야猶豫ᄒᆞᄂᆞᆫ事ㅣ不能ᄒᆞ고卽時意志가되야行

動을惹起ᄒᆞᄂᆞᆫ事ㅣ有ᄒᆞ니如斯ᄒᆞᆫ意志ᄅᆞᆯ衝動性意志라ᄒᆞᄂᆞ니라然이ᄂᆞ數種欲念이

互相競爭ᄒᆞ야其中一個가決心이, 되며又其決心을旣成ᄒᆞᆫ後에도其可進ᄒᆞᆯ行路에

對ᄒᆞ야熟考ᄒᆞᆫ後에一行動을初起ᄒᆞᄂᆞᆫ意志가有ᄒᆞ니如斯ᄒᆞᆫ意志ᄅᆞᆯ熟慮的意志라ᄒᆞ

ᄂᆞ니라

第四節　事實과理想

欲念의競爭은其力이强ᄒᆞᆫ者의勝利로常歸ᄒᆞᄂᆞ니我라ᄒᆞ야欲念, 卽意志가如何히

欲心을壓倒ᄒᆞ며其目的을達코져思ᄒᆞᄂᆞ實際上意志의力이弱ᄒᆞ고欲心의抵抗力이

强ᄒᆞᄂᆞᆫ時ᄂᆞᆫ意思가負ᄒᆞᆯ지라此ᄂᆞᆫ意識法則이然케ᄒᆞᆷ으로如此ᄒᆞᆫ以外에別案이無ᄒᆞᆷ

은事實이라然이ᄂᆞ此事實은我의目的에反對라目的을決定ᄒᆞᆫ人을事實上勝利ᄂᆞᆫ如

何ᄒᆞᆫ欲心으로歸ᄒᆞ야도恒常自爲ᄒᆞᆯ事가何者됨을明知ᄒᆞᆯ지며如斯히明知ᄒᆞᄂᆞᆫ者ᄅᆞᆯ

稱ᄒᆞ야理想이라ᄒᆞᆯ지니故로理想이라ᄒᆞᆷ은畢竟我의目的에不外ᄒᆞᄂᆞ니라

第五節　價值의感

價值의感과欲念은全然別物이라然이나價値는恒常、欲念을豫想ᄒᆞᄂᆞ니何故오ᄒᆞ면價値의感은恒常欲念ᄒᆞᆯ事物、卽目的에對ᄒᆞ야는欲念을挑發치아니ᄒᆞᄂᆞᆫ事物에對ᄒᆞ야는何等價値던지不感ᄒᆞᄂᆞ니라然이ᄂᆞ欲念에는强度의大小와我性의高低의屬性이有ᄒᆞ며兼ᄒᆞ야價値에도亦二種으로區別ᄒᆞᆷ을得ᄒᆞᆯ지니必要의感과善의感是也니卽强度를別로云ᄒᆞᆯ時에我性이高ᄒᆞᆫ欲念의目的은低ᄒᆞᆫ我性의欲念의目的보다善ᄒᆞᆷ으로感ᄒᆞᄂᆞ니假令義務와偏向이互相對抗ᄒᆞᆯ時에義務의目的이되ᄂᆞᆫ理想은偏向의目的보다善ᄒᆞᆷ으로感ᄒᆞᆷ과如ᄒᆞ니라

然이ᄂᆞ高ᄒᆞᆫ我性의欲念과低ᄒᆞᆫ我性의欲念이互相對抗ᄒᆞᆯ時에從者가前者보다其强度가大ᄒᆞᆫ時ᄂᆞᆫ其目的은前者의目的보다必要ᄒᆞᆷ으로感ᄒᆞᄂᆞ니假令、義務가偏向을因ᄒᆞ야壓倒된時에ᄂᆞᆫ吾人은「必要에逼迫되ᄂᆞᆫ」感을經驗ᄒᆞᄂᆞᆫ故로善이라ᄒᆞᆷ은自律的活動、卽意志目的의價値며必要라ᄒᆞᆷ은意志를壓倒ᄒᆞᄂᆞᆫ强烈ᄒᆞᆫ他律的活動、卽欲心目的의價値라ᄒᆞ노라

第九章　意志　第五節　價値의感　第六節　義務의感

心理學敎科書

第六節　義務의感

互相競爭ᄒᆞᄂᆞᆫ多數欲念中一欲念이我가、되야其目的이善、卽我의目的으로選擇
된以上에ᄂᆞᆫ我ᄂᆞᆫ其目的을、오작善타、ᄒᆞ야傍觀ᄒᆞᄂᆞᆫ者ㅣ아니오此ᄅᆞᆯ善ᄒᆞ다ᄒᆞ야選
擇ᄒᆞᆷ과同時에此ᄅᆞᆯ旣是實現코ᄌᆞ、ᄒᆞᄂᆞᆫ自律的要求ᄅᆞᆯ感ᄒᆞᄂᆞᆫ者ㅣ아니ᄂᆞᆫ此ᄅᆞᆯ實現코ᄌᆞ
ᄒᆞᄂᆞᆫ自律的要求의我가有ᄒᆞ면其目的은善이되야我의目的으로撰擇되ᄂᆞ니라如斯히善
ᄒᆞ다ᄒᆞ야選擇ᄒᆞᆫ을實現코ᄌᆞᄒᆞᄂᆞᆫ自律的要求의感을稱ᄒᆞ야義務의感이라
ᄒᆞᄂᆞᆫ故로如何ᄒᆞᆫ欲念의競爭이라도其競爭塲裏中、一欲念의我性이他者보담優勝
ᄒᆞ야我가될境遇에ᄂᆞᆫ其我ᄂᆞᆫ必然的으로義務의感을經驗ᄒᆞᆯ지라故로我되ᄂᆞᆫ者가心
意活動의根本的事實이、된以上에ᄂᆞᆫ其義務의感도根本的事實이、될지니義務ᄂᆞᆫ單
純ᄒᆞ約束ᄒᆞ을因ᄒᆞ야製作된者ㅣ아니니라

第七節　意志의自由

意志의自由ᄅᆞᆯ二種으로分ᄒᆞᆫ지니選擇의自由와實行의自由ㅣ니라

〔一〕選擇의自由　我性에對ᄒᆞ야同等되ᄂᆞᆫ二三의欲念이互相競爭ᄒᆞ야吾人은其中의

一〇六

何者를選擇호야「我의目的」으로定홀는지熟考홀時에其効를奏호야其中

一個가「我의目的」이라호야選擇됨은卽決定의作用에不外호니라然이는如斯히選

擇호야欲念中一個를取호는瞬間에吾人은如何혼事를經驗호고此時에吾人의經驗

호는直感的事實은「選擇됨」이,아니오,又「選擇이有홈」感이

是也니라詳言호면我는第三者로選擇을傍觀호는位置에在홈이,아니오實로我自

身이其選擇의活動에關與호는選擇호는外力을因호야他律的으로強迫됨이、아니오

我自身이我自身의自家活動을因호야選擇호는事를感호느니此는自律的遷擇이라

選擇의自由라홈은此自律的의活動의感에不外호니라

〔二〕實行의自由　善호다自認혼事物을選擇호야此를「我의目的」으로、홈은自由는

如斯히選擇혼바를能히實現호는與否는別問題라此는旣是選擇홈과同時에如斯히

選擇혼目的을實現코저、호는自律的의要求卽意志로起홈은自然이는更히其意志에

對호야各種欲心의抵抗이有혼故로意志는其目的을實現호기爲호야其反對되는欲

心과奮鬪홀지라奮鬪혼結果로、自由와不自由의差別이生호느니卽意志가欲心의

第九章 意志　第七節 意志의自由

一〇七

抵抗을排擠ᄒᆞ고其選擇ᄒᆞᆫ目的을得達ᄒᆞᆯ時에ᄂᆞᆫ「生覺ᄒᆞᆫ디로成ᄒᆞᆫ다」ᄂᆞᆫ感을生ᄒᆞ고反此ᄒᆞ야欲心의抵抗에壓倒되야其目的을達키不能ᄒᆞᆯ時에ᄂᆞᆫ「生覺ᄒᆞᆫ디로不成ᄒᆞ다」ᄂᆞᆫ感을生ᄒᆞᄂᆞ니「生覺ᄒᆞᆫ디로成ᄒᆞᆫ다」ᄂᆞᆫ感을稱ᄒᆞ야自由라ᄒᆞ며「生覺ᄒᆞᆫ디로不成ᄒᆞ

ᄒᆞᆫ다」ᄂᆞᆫ感을稱ᄒᆞ야不自由라ᄒᆞᄂᆞ니라其自由와不自由를稱ᄒᆞ야實行上自由와不自由라ᄒᆞᄂᆞ니其實行의自由와不自由ᄂᆞᆫ既是選擇ᄒᆞᆫ目的을實行ᄒᆞᆷ에在ᄒᆞᆫ故로其自由와不自由ᄂᆞᆫ意志가欲心의抵抗을勝ᄒᆞ고不勝ᄒᆞᆷ을因ᄒᆞ야定ᄒᆞ며兼ᄒᆞ야意志의力을因ᄒᆞ야定ᄒᆞᄂᆞᆫ者ㅣ니라

實行의自由와不自由ᄂᆞᆫ現實的과可能的으로分ᄒᆞᆯ지니現實的自由라ᄒᆞᆷ은現今에意志의力이强ᄒᆞ야欲心을能히征服ᄒᆞᆯ時의自由며現實的不自由라ᄒᆞᆷ은意志의力이弱ᄒᆞ야欲心에제征服되ᄂᆞᆫ時의不自由라然이ㄴ吾人은假令現實的으로不自由라도未來一世가如斯히不自由를成ᄒᆞᆯ理由가無ᄒᆞ니吾人은意志의力을修養ᄒᆞ면今에ᄂᆞᆫ現實的으로不自由라도未來ᄂᆞᆫ自由의境遇에達ᄒᆞᆷ을得ᄒᆞ리라豫期ᄒᆞᄂᆞ니如斯히達ᄒᆞᆷ을得ᄒᆞ깃다豫期된自由를可能的自由라ᄒᆞ며反此ᄒᆞ야今의現實的自由ᄂᆞᆫ依例히

末來의 自由를 不保ᄒᆞ고 或은 意志力의 衰弱을 因ᄒᆞ던지 或은 欲心의 增長을 因ᄒᆞ야 今

에ᄂᆞᆫ 現實的으로 自由라도 末來에ᄂᆞᆫ 不自由를 成ᄒᆞᆯ지 不知ᄒᆞᆯ지니 如斯히 末來에 可

히 豫期된 不自由ᄂᆞᆫ 可能的 不自由라ᄒᆞᄂᆞᆫ 故로 現實的 自由와 可能的 不自由ᄂᆞᆫ 兩立ᄒᆞᆯ

지며 現實的 不自由와 不可能的 自由도 兩立ᄒᆞᆯ지니라

第八節　責任의 感

吾人은 我의 行動을 惡ᄒᆞᆷ으로 自覺ᄒᆞᆯ 時ᄂᆞᆫ 該 行動에 對ᄒᆞᄂᆞᆫ 責罰을 甘受ᄒᆞ야 兼ᄒᆞ야 自

今으로ᄂᆞᆫ 該 行動을 改善ᄒᆞ야 善行動을 行치, 아니ᄒᆞ면 不美ᄒᆞ다 感ᄒᆞᄂᆞ니 其 責罰의

甘受와 行動改善의 要求ᄂᆞᆫ 責任의 感이라 然이ᄂᆞᆫ 我의 行動이 惡ᄒᆞ다 自覺ᄒᆞᆷ을 畢竟에

我ᄂᆞᆫ 自律的(卽自由)으로 目的을 選擇ᄒᆞ며 此를 實行키 不能ᄒᆞ事를 自覺ᄒᆞᆷ에 不外ᄒᆞ

니라 故로 責任의 感은 目的選擇의 自由와 實行의 現實的 不自由를 豫想ᄒᆞ며 兼ᄒᆞ야 意

志力이 弱ᄒᆞᆷ을 豫想ᄒᆞᆷ이니라 然이ᄂᆞᆫ 責任이라 ᄒᆞᆷ은 唯獨 惡行動에 對ᄒᆞᄂᆞᆫ 責罰을 甘受

ᄒᆞᆯᄲᅮᆫ, 아니오 更히 「自今으로 從來의 行動을 改善치, 아니ᄒᆞ면 不美」ᄒᆞ感으로써 其 重

要ᄒᆞᆫ 分子를 成ᄒᆞ되 行動이 惡ᄒᆞ事의 自覺은 善이라 自覺ᄒᆞᆫ 바를 實行키 不能ᄒᆞ事, 卽

第九章　意志　第八節　責任의 感

一〇九

意志力이弱혼事의自覺에 不外호나라 故로 行動改善의要求라홈은 畢竟如何혼欲心

의抵抗을遭遇호야도 此를排擠호고 반다시其目的을得達호도록其意志力을修養홈

이可호다호는要求에 不外혼지라 然이는其意志修養의要求는必然的으로實行의可能

的自由를豫想홈이니 然혼지라 然이는其意志修養의要求는不能혼事의

要求에 不外호나라 是以로責任은目的選擇의自由와實行의現實的不自由及實行의

可能的自由를豫想홈이며 責任이라홈은畢竟에現實的不自由, 卽事實을脫却호야

可能的自由, 卽理想으로到達코져, 호는向上的進步의要求에不外호나라

　第九節　愉快와滿足

愉快와滿足이라홈은共히心意의快的狀態며 不愉快와不滿足이라홈도共히心意의

不快的狀態라 然이는愉快와滿足이라홈은全히別種의快的狀態며 不愉快와不滿足

이라홈은全然히別種의不快的狀態나라 蓋愉快와不愉快라홈은共히欲念의結果가

아니며 又其發現上欲念以前에生호는事가多호며 滿足과不滿足은右와全然히不同

혼지라 吾人이某事를欲念호고 其目的이達치, 아니혼時, 卽實行上現實的으로不自

　　　　　　　　　　　　　　　　　　　　　　　　　　　　　一一〇

由홈時는一種特殊혼苦悶을感호노니此苦悶의感은正히不滿足의感이라、만일吾
人이最初브터某事件을欲念홈이無호얏스면、吾人은如期혼苦悶을感홈이無혼지
라故로不滿足이라홈은欲念을達치、못홀事、即實行上의不自由롤因호야生노는不
快感이노니吾人이欲念의目的을達호고不自由의境界롤去호야自由의境界로入홀時
에노先時의苦悶은全然히消去호야一種安易의感을生호노니此노正히滿足의感이
며、만일吾人이最初브터何事던지欲念、치아니호는時에노實行上自由로、브터生
호노快感을經驗기不能홀지라故로滿足이라홈은欲念이其目的을達호는事、即自
由호야生호는快感이라是以로滿足과不滿足은共히欲念혼結果니不滿足의境
界롤出호야滿足의境界로入홈은畢竟不自由의境界롤出호야自由의境界로入호는
事롤意味홈이니라

第十節　我

活動이活動홈과同時에自家롤活動으로認識혼時의活動狀態노活動其物이니活動
其物이何者임은活動自家가自家의活動을活動으로直覺홈外에노可히知홀道가無

心理學敎科書

一二一

흔지라故로活動自家가自家의活動을活動으로、흐야自覺흔바活動은活動의實相이라「欲念흔다」『意志흔다』는意識的事實은卽、活動이는自家의活動된事를直覺흔狀態니詳言흐면自覺的活動이라故로「欲念흔다」『意志흔다』흠은活動의實相이

니라

然이는活動은何故로唯其無覺的活動됨에止限치、아니흐고自家를自覺흐야「欲念흔다」『意志흔다』는狀態로入흐는뇨此는抵抗을遭遇흔故ㅣ라活動은「欲念흔다」『意志흔다』는意識的事實을因흐야自家의存在를自覺흐는活動其物은此「欲念흔다」『意志흔다』는事實로、써起始흔者라고見치、못흘지니活動이無흐면抵抗을遭遇는事ㅣ無흐며抵抗이無흐면「欲念흠」『意志흠』도無흔故로爲先、活動이有흐며活動이有흐고「意志흔다」「欲念흠이有흐니「欲念흔다」「意志흔다」흠은活動의自覺態라此自覺態의活動은欲念의顯在的活動이며其無覺態의活動이有흐다고推定흘지라此自覺態의活動前에는無覺態의活動은欲念의潛在的活動이니라(第八章第四節을參照흘지니라)

然이ᄂ活動이抵抗을遭遇ᄒ다云ᄒᄂ事實의底에ᄂ更히尤甚ᄒ意義가有ᄒ니若其

活動이他의何物로、던지可히代償치、못ᄒ特別固有ᄒ進行力向、卽目的을實現ᄒ

기爲ᄒ進行을具有ᄒ이、아니면活動이取ᄒᄂ進行路ᄂ偶然的의成事뿐이오其進

行路前에當ᄒ야何等의遮塞이有ᄒ던지此를因ᄒ야活動은何等의痛痒이던지感치

아니ᄒ지라然이ᄂ其進行路前을遮塞된意志가大痛痒을感ᄒ은意志ᄂ人이自證

ᄒᄂ直覺的의事實이、아니라「意志ᄒ다」ᄂ活動은他의何物로、던지代償치못ᄒ特

別固有ᄒ目的을有ᄒᄂ此目的은活動其物에特別固有ᄒ야他에ᄂ無ᄒ者ㅣ되ᄂ故

로此目的의追求ᄂ活動自家가力의中心을自成ᄒ야運爲ᄒᄂ비、될지니假令、此進

行에要ᄒᄂ「에네기」ᄂ欲念外로브터來ᄒ다、ᄒ야도此「에네기」를取ᄒ야、써其目

的에可히到達ᄒ特別固有進行路로向ᄒᄂ動作은卽、此目的을自家의目的으로

ᄒᄂ欲念自家가力의中心을自成ᄒ야營ᄒᄂ비、될지라此ᄂ欲念活動의自覺的事

實은「欲念됨」이아니오「欲念이有ᄒ」이、아니며正히「欲念ᄒ다」ᄒ이、되ᄂ所以니

라

第九章 意志 第十節 我

心理學敎科書　　　　一二四

如斯히「欲念됨」이아니오「欲念이 有흠」이아니며 特히「欲念흐다」흠이 되는性質을

稱흐야我性이라云흐느니其理는卽、我의我된所以는正히力의中心을自成흐야活

動흐는自覺이存在흔故로ー라是以로我性을具有흔活動은卽、我ー니라

我性을具有흔活動이라云흠은他의何物로、던지可히代償치、못흘特別固有흔目的

을具有흔活動이니「欲念흐다」「意志흐다」흠은正히是也ー라故로「欲念흐다」「意

志흐다」흠은我니라然이느「欲念흐다」「意志흐다」는前에、아쥭欲念흐다」「意志흔

意志흔다」흠인故로此無覺的活動이有흐니此無覺的活動의自覺態가卽「欲念흐다」「

다고自覺치、아니흔無覺的活動이亦是我된다고云흘지라然이느我의我性에느

高下의差別이有흐므로今에我性推移의順序를因흐야我를配列흘時는其中의何者

我던지自己보다低흔我性이我에對흘時는我로自成흐야其對者를彼로、흐느自己

보다高흔我性이我에對흘時에는彼가、되느니如斯히我를稱흐야相對我又는假我

라云흐느니라然이느某人에在흐야는如何흔我와對흐던지恒常我가、되야決코彼

가되는事ー無흐고唯一個의最高我性의我가有흐니如斯흔我를稱흐야絶對我又는

眞我라云ᄒᆞᄂᆞ니라

第十一節　自我實現

我ᄂᆞᆫ他의何物로、던지可히代償치、못ᄒᆞᆯ特別固有ᄒᆞᆫ目的을有ᄒᆞᆫ故로其目的에可히
到達ᄒᆞ야取ᄒᆞᆯ進行路ᄅᆞᆯ遮塞ᄒᆞᄂᆞᆫ抵抗을遭遇ᄒᆞ면我ᄂᆞᆫ此遮塞을排擠ᄒᆞ야其進行路
ᄅᆞᆯ可히開ᄒᆞᆯ抵抗과格鬪ᄒᆞᄂᆞ니我의生命은其目的에可히到達ᄒᆞ랴고進行ᄒᆞᄂᆞᆫ活動
이是也ㅣ라故로進行路ᄅᆞᆯ遮塞ᄒᆞᄂᆞᆫ抵抗은我生命의妨害니我의進行路ᄅᆞᆯ遮塞ᄒᆞᄂᆞᆫ
抵抗과格鬪ᄒᆞᆷ은其生命의妨害ᄅᆞᆯ排擠코ᄌᆞ、ᄒᆞᆷ이라是以로我의其抵抗과格鬪ᄒᆞᄂᆞᆫ
活動을稱ᄒᆞ야自我實現이라云ᄒᆞᄂᆞ니라其理ᄂᆞᆫ卽、我ᄅᆞᆯ實現이라云ᄒᆞᆷ은畢竟에妨
害ᄅᆞᆯ排擠ᄒᆞ야其生命을延ᄒᆞᄂᆞᆫ事에不外ᄒᆞᄂᆞᆫ故ㅣ니라
我의我된所以ᄂᆞᆫ他의何物로、던지可히代償치、못ᄒᆞᆯ特別固有ᄒᆞᆫ目的을有ᄒᆞᆫ事ㅣ存
在ᄒᆞ니此目的에到達ᄒᆞ랴고進行ᄒᆞᄂᆞᆫ活動은我의生命이有ᄒᆞᆫ故로我의我로ᄒᆞ야存
在ᄒᆞᆫ限內ᄂᆞᆫ其抵抗을遭遇ᄒᆞ면必然的으로自我實現을成ᄒᆞᆯ傾向을具有ᄒᆞ니旣是我
라고云ᄒᆞ면其中에旣是、自我實現의意義ᄅᆞᆯ含有ᄒᆞ고로自我實現은我의必然的活

一一五

心理學敎科書　　　　一二六

動이라人生의目的은自我實現에不外ᄒᆞ고義務ᄂᆞᆫ自家實現의自覺에不外ᄒᆞᄂᆞ니是

以로責任은自我實現의怠慢에對ᄒᆞᄂᆞᆫ自家譴責에不外ᄒᆞᄂᆞ지라自由라云ᄒᆞᆷ은自我

實現을果成ᄒᆞᆫ境界에不外ᄒᆞ며滿足이라云ᄒᆞᆷ은此境界에入ᄒᆞ야得ᄒᆞᆫ心意의安易에

不外ᄒᆞᄂᆞ니라

第十二節　實踐的懷疑

事物의說明에對ᄒᆞ야一定確信ᄒᆞᆯ理論을確定치、아니ᄒᆞᆷ을稱ᄒᆞ야理論的懷疑라云

ᄒᆞᄂᆞ니라然이나懷疑ᄂᆞᆫ理論上에止限ᄒᆞᄂᆞᆫ者ㅣ아니오又其意志上에도在ᄒᆞᆫ지라絶

對我를具有ᄒᆞᆫ人은如何ᄒᆞᆫ事件에接ᄒᆞ며如何ᄒᆞᆫ境遇에居ᄒᆞ던지恒常、人生의目的

과最上善과自爲ᄒᆞᆯ事가何者됨을明知確信ᄒᆞ며此에對ᄒᆞ야疑迷ᄒᆞᄂᆞᆫ비曾無ᄒᆞᄂᆞ此

ᄂᆞᆫ甚히稀少ᄒᆞᆫ事ㅣ니라多數의人은絶對我를具有치、아니ᄒᆞ니詳言ᄒᆞ면二三의最

上我性의欲念을具有ᄒᆞ며又其互相對抗ᄒᆞᆯ時에其何者로써我라고感치、못ᄒᆞ며彼

라고感치、못ᄒᆞᄂᆞᆫ지라此二三의最高我性의欲念이互相衝突치、아니ᄒᆞ면其體로依

然存在ᄒᆞᄂᆞᆫ若、此等이互相衝突ᄒᆞᆫ境遇에ᄂᆞᆫ彼ᄂᆞᆫ其自爲ᄒᆞᆯ事가何者인지人生의目

的이何者인지最上善이何者인지此에迷感ᄒᆞ며此를從ᄒᆞ야其欲念中의何者가勝ᄒ

며何者가頁ᄒᆞ던지彼ᄂᆞᆫ唯獨其中의一欲念이勝ᄒᆞ고他欲念이頁ᄒᆞᆷ을感ᄒᆞᆯ뿐이오更

히「自爲ᄒᆞᆯ事를果成ᄒᆞᆷ」을感치、아니ᄒᆞ고又「自爲ᄒᆞᆯ事를果然不能ᄒᆞᆷ도」感치아니

ᄒᆞᄂᆞ니如斯ᄒᆞᆷ을稱ᄒᆞ야實踐的懷疑라云ᄒᆞᄂᆞ니라倫理主義가確定치、아니ᄒᆞᆫ人과

宗敎的安心을不得ᄒᆞᆫ人은다懷疑者ㅣᄂᆞ니라

第十三節　人格의意義

意識界의狀態ᄂᆞᆫ社會의狀態와如ᄒᆞ니主權이無ᄒᆞᆫ社會ᄂᆞᆫ只其人衆이亂雜羣集ᄒᆞᆫ團

塊라其人衆은個人으로各其自由行動ᄒᆞᆯ뿐이오全體로社會一般이共通ᄒᆞᄂᆞᆫ目的을

爲ᄒᆞ야共動活動ᄒᆞᆷ이無ᄒᆞ니我를因ᄒᆞ야統一되지아니ᄒᆞᆫ意識界ᄂᆞᆫ、다만亂雜無規

律로出沒往來ᄒᆞᄂᆞᆫ諸意識狀態의羣集이라各意識狀態ᄂᆞᆫ、다만支離滅裂的으로出

沒往來ᄒᆞᆯ뿐이며全體로一種의目的에適合ᄒᆞᆫ活動을成ᄒᆞᄂᆞᆫ事ㅣ無ᄒᆞ야一個의主權

上에在ᄒᆞ야社會에臨ᄒᆞᆷ時ᄂᆞᆫ其人衆은個人으로自由行動ᄒᆞᆷ을止ᄒᆞ고主權의目的을

可히實現ᄒᆞ며社會의一員으로行動ᄒᆞᄂᆞ니於是乎社會ᄂᆞᆫ主義가有ᄒᆞ고目的이有ᄒᆞ

第九章　意志　第十二節　實踐的懷疑　第十三節　人格의意義　一一七

心理學敎科書

며此에向ᄒ야全體로統一的行動을成ᄒᄂ狀態로入ᄒᄂ니一個의最高我가有ᄒ야

意識界에發現ᄒᆯ時ᄂ意識界活動의中心을自成ᄒ야諸般意識狀態로、써無規律亂

雜히出沒往來ᄒᆷ을止ᄒ고其目的理想의實現을向ᄒ야協心戮力ᄒ야活動을成케ᄒ

ᄂ니於是乎、意識에躊躇ᄒᆷ이無ᄒ며狐疑ᄒᆷ이無ᄒ고全體로同一方針을取ᄒ야進

行ᄒᄂ統一的狀態로入ᄒᄂ지라一個의主權下에立ᄒ야其目的을向ᄒ야統一ᄒᆫ活

動을成ᄒᄂ社會를稱ᄒ야國家라云ᄒ며一我下에立ᄒ야其目的을向ᄒ야統一ᄒᆫ活

動을成ᄒᄂ바意識狀態를稱ᄒ야人格이라云ᄒᄂ니主權이盛ᄒ면亂民이伏ᄒ고衰

ᄒ면亂民이起ᄒ며我가强ᄒ면欲心이鎭ᄒ고弱ᄒ면欲心이猛ᄒᄂ故로人格의健不

健은我力을因ᄒ야定ᄒᄂ니라

　第十四節　人格의種類

人格에ᄂ各種의差別이有ᄒ니其大體ᄂ次에揭載ᄒᆷ과如ᄒ니라

〔一〕懷疑的人格　一定ᄒ絶對我가不定ᄒᆷ으로、브터生ᄒᄂ人格을稱ᄒ야懷疑的人

格이라云ᄒᄂ니此人格의人은人生目的이何者됨을解釋치、아니ᄒ고何等의主義

一八

도無ᄒᆞ며何等의理想도無ᄒᆞ고事變을際ᄒᆞ야自己가可爲ᄒᆞᆯ事가何者됨을自覺치、

아니ᄒᆞ고恒常、他人의決心을見ᄒᆞ야此를倣則ᄒᆞ며其行動이他人의賛成ᄒᆞᄂᆞᆫ비、

되면甚히滿足ᄒᆞ고他人의非難ᄒᆞᆫ비、되면忽然히憂愁ᄒᆞ야少毫라도其所信을斷行

ᄒᆞ야他人의毁譽褒貶을不顧ᄒᆞᆷ과如ᄒᆞᆫ自倍自負를不有ᄒᆞ니라

〔二〕弱志的人格　絶對我ᄂᆞᆫ有ᄒᆞ더라도其力이弱ᄒᆞ야恒常欲心을因ᄒᆞ야壓倒됨의其

目的을實行ᄀᆡ不能ᄒᆞᆫ人格을稱ᄒᆞ야弱志的人格이라云ᄒᆞᄂᆞ니此人格의人은人生의

目的이何者됨을解釋치、아니ᄒᆞᆷ이아니오主義가無ᄒᆞᆷ이아니며理想이無ᄒᆞᆷ이아니

오事變에際ᄒᆞ야自爲ᄒᆞᆯ事가何者됨을明知치아니ᄒᆞᆷ도、아니라然이ᄂᆞ其意志가薄

弱ᄒᆞᆷ을因ᄒᆞ야名譽와財産과位置等에眷戀ᄒᆞ야其所信을斷行ᄒᆞᄂᆞᆫ精神과氣力이無

ᄒᆞᆷ의恒常欲心을因ᄒᆞ야壓倒되며苦悶懊惱의不本意的으로行動ᄒᆞᆷ이有ᄒᆞ니라

〔三〕强志的人格　頑强ᄒᆞᆫ絶對我가如何ᄒᆞᆫ欲心의抵抗도排除ᄒᆞ야、반다시其目的을

果成치、아니ᄒᆞ면不止ᄒᆞᄂᆞᆫ人格을稱ᄒᆞ야强志的人格이라云ᄒᆞᄂᆞ니此人格의人은

人生의目的이何者를明知ᄒᆞ고主義를有ᄒᆞ며理想을有ᄒᆞ고事變을臨ᄒᆞ야自爲ᄒᆞᆯ事

第九章　意志　第十四節　人格의種類

一二九

心理學敎科書

가何者됨을明知홀뿐、아니오其意志力이健剛不屈이되ᄂᆞᆫ니此ㅣ我의可爲홀事라

고一次確信호以上은如何호威力이던지此를動케호지못호고如何호誘惑이던지此

를迷케、호기不能호야、반다시此를排擠호고其所信을實行호ᄂᆞᆫ지라如斯호時人格을

具有호人은其絕對我의目的이何者됨을不拘호고此를主觀的으로見홀時ᄂᆞᆫ皆是豪

傑로他人類에卓越호ᄂᆞᆫ者ㅣ라然이ᄂᆞ此를客觀的方面으로、브터批評홀時ᄂᆞᆫ其內

에自然히差別이無기不能홀지니此差別의大別을次와、굿치揭載호노라

〔子〕通常的人格　其絕對我가其時의時代精神과十分相合호며其時의世態、風俗、

趣味와能히調和홀時ᄂᆞᆫ此를通常的人格이라云호ᄂᆞᆫ니健全호常識을具有호人이

라云홈은此種의人을云홈이니라

〔丑〕違常的人格　其絕對我가其時의時代精神과背戾호야時의世態、風俗、習慣

과調和치、아니홀時ᄂᆞᆫ此를違常的人格이라云홀지니此人格은更히次의二種으

로區分호노라

一、病的人格　迷信妄想을因호야背理의事를是호다、호고文明의進步와相

二〇

容치、아니ᄒᆞᄂᆞᆫ事에向ᄒᆞ야確執不動ᄒᆞᆯ時ᄂᆞᆫ此ᄅᆞᆯ病的人格이라云ᄒᆞᄂᆞ니라

ᄂᆞᆫ其影響은死後에殘餘ᄒᆞ고人心에浸染ᄒᆞ야、써未來의時代精神을産出ᄒᆞᄂᆞᆫ

二、非凡的人格　其理想이高尙遠大에甚過ᄒᆞ야其當時의時代精神과背戾ᄒᆞ

者ᅵ、될時ᄂᆞᆫ此ᄅᆞᆯ非凡的人格이라云ᄒᆞᄂᆞ니大詩人、大宗敎家、大道家ᄂᆞᆫ、다此

人格에屬ᄒᆞᄂᆞ니라

第十五節　敎育上의標準的人格

敎育의目的은人格의養成이라然이ᄂᆞ、此ᄂᆞᆫ如何ᄒᆞᆫ人格으로、써其養成上人格이라

ᄒᆞᆯ고此ᄂᆞᆫ懷疑的人格도、아니오弱志的人格도、아니며強志的人格도、아니라然이

ᄂᆞ強志的人格中에도三種이亦有ᄒᆞ니敎育은其何者로써標準을ᄒᆞᆯ고此ᄂᆞᆫ病的人格

이、아니라然則非凡的人格이、될고非凡的人格을希望ᄒᆞᆷ은何人이던지此ᄅᆞᆯ否認ᄒᆞᆯ

者ᅵ無ᄒᆞᄂᆞ如斯ᄒᆞᆫ人物은實로數千歲에一二人을可히見ᄒᆞᆯ天與의偉材니敎育을因

ᄒᆞ야此ᄅᆞᆯ能히養成ᄒᆞ야得ᄒᆞᆯ者ᅵ、아니라故로敎育上에可히養成ᄒᆞᆯ標準的人格은

다만通常的人格、卽常識을具有ᄒᆞ야意志가强固ᄒᆞᆯ者ᅵ是也ᅵ니라

第九章　意志　第十四節　人格의種類

一二一

心理學敎科書

第十章　注意

第一節　注意의意義

意識界는能히視界에比宮지너視界에는各種複雜宮物象이有宮는此等各種의物象
은皆是同等으로明瞭宮者ㅣ、아니오其某部分、卽直接視의部分은甚히明瞭宮고其
他部分卽間接視의部分은明瞭치、못宮지라意識界도此와同一宮야其某部分의狀
態는甚히明瞭宮고其他部分은甚히明瞭치、못宮狀態에在宮니如斯히意識界中의
某部分이他部分에比宮야甚히明瞭宮狀態에在宮時는該狀態를意識의注意狀態라
稱宮고此明瞭宮部分을注意된部分이라云宮느니라此에反宮야意識界中의何部分
이던지明瞭宮事ㅣ無宮고其全體가茫然宮狀態에在宮時는此를意識의散意狀態라
云宮느니라

第二節　意識의範圍와注意의範圍

通常遇境에在宮야는注意가意識界中의某一部分에對宮야起宮는者며此를從宮야
意識界에는注意된部分과注意되지아니宮는部分이有宮者ㅣ라故로此境遇에在宮

一三一

야는意識의範圍가注意의範圍보다大ᄒ야此를其中에包容혼者ㅣ라然이는意識의

範圍는依例히恒常、注意의範圍보다廣홈에止限ᄒ는者ㅣ、아니오注意의動作이强

홀ᄉ록意識의範圍는次第로狹小ᄒ다가其極點에達ᄒ면意識의範圍와注意의範圍

가互相一致홈에至ᄒᄂ니如斯혼狀態를稱ᄒ야忘我라云ᄒᄂ니라

　第三節　注意의種類

注意의種類는二方面으로、브터區別홀지니二方面이라云홈은其對象의方面과其

作用의方面이是也ㅣ니라

〔一〕對象의方面으로、브터區別　其對象의方面으로브터、見ᄒ면注意는感覺性과觀

念性의二種類로能히區別홀지니라

感覺性注意라云홈은感覺的經驗을對象으로ᄒ는者ㅣ니라

觀念性注意라云홈은觀念을對象으로ᄒᄂ는注意니라

〔二〕作用의方面으로、브터區別　其作用模樣의方面으로브터見ᄒ면注意는無意的

과有意的의二種類로能히區別홀지니라

第十章　注意
第一節注意의意義　第二節意識의範圍와注意의範圍
第三節　注意의種類

一二三

心理學敎科書　　　　　　　　　　　　一二四

無意的注意라云홈은注意者自身의便에別로如斯如斯흔者라고注意코져、흐는意

志가無흐고只其對象이惹起흐는딕로惹起되야生흐는注意가是也ㅣ니라

有意的注意라云홈은注意者自身이如斯如斯흔者로注意코져意志흐야注意흐는者

ㅣ라此境遇에在흐야는注意者에一定흔目的이有흔故로其注意흐는對象은依例히

他의對象보다刺激性이强흐고又、明瞭흔程度가大흔者에만止限치、아니흐느니

吾人의意志는刺激性이强흐며又는甚히明瞭흔對象이吾人의注意를惹起흐야行코

져흠에抵抗흐야他의刺激性이弱흐고不明瞭흔一定對象에注意코져、흐야努力흐

는事ㅣ間行흐느라

　　第四節　　注意를生흐는條件

注意의動作을惹起흐는條件은大體가次와如흐니라

第一、客觀的條件

〔一〕對象의强흔事　此는感覺性과及其觀念性의無意的注意를生흐는條件、이되는

者ㅣ라吾人은低흔音響보다高흔音響에向흐야自然히注意흐며弱흔光보다强흔光

에向ᄒ야自然히注意ᄒᄂ니此ᄂ即感覺的의無意的注意라又、觀念의中에도意識·

으로發現되기易ᄒ者의發現되기難ᄒ者가有ᄒ니其發現되기易ᄒ者ᅵ甚ᄒ음에至ᄒ

야ᄂ此ᄅ忘却코져、ᄒ야도忘却키不能ᄒ야强迫的으로現出ᄒᄂ者ᅵ라如斯ᄒ者

에注意ᄒ라면意志ᄅ要ᄒᄂ事ᅵ無ᄒ니此ᄂ即、觀念性의無意的注意니라

〔二〕對象의大ᄒ事　此ᄂ感覺性無意的注意ᄅ惹起ᄒᄂ條件이、되ᄂ者ᅵ니吾人이

小ᄒ者보다大ᄒ者에向ᄒ야注意ᄒ음은自然히傾向이라云ᄒᄂ니라

〔三〕對象의運動ᄒᄂ事　此ᄂ感覺性의無意的注意ᄅ惹起ᄒᄂ條件이、되ᄂ者ᅵ니

靜止ᄒᄂ事物과運動ᄒᄂ事物이有ᄒ時ᄂ吾人은無意的으로運動ᄒᄂ事物의便으

로注意ᄒ며此ᄅ從ᄒ야運動이無ᄒ時에ᄂ注意ᄅ惹起치、아니ᄒ事物도其運動ᄒ음

에至ᄒ야ᄂ忽然히注意ᄅ惹起ᄒᄂ者ᅵ니라

第二、主觀的條件　甲과乙의對象이有ᄒ니假令、其客觀的條件으로、브터見ᄒ면

甲이乙보다注意ᄅ惹起기易ᄒ事情을具有ᄒ더라도若其吾人의心意가甲보다乙을

感受키易ᄒ主觀的狀態에在ᄒ다、ᄒ면即注意ᄂ甲을向ᄒ야動치、아니ᄒ고乙을向

第十章　注意　第四節　注意ᄅ生ᄒᄂ條件

一二五

호야動호는事ㅣ多호니今에其主觀的條件의大體를擧호면次와如호니라

〔一〕新奇호感이有호事　注意는新奇를感호는對象을向호야自然히動作호는者라故

心理學敎科書

로如何히注意를惹起기易혼客觀的條件을具有혼對象이라도吾人이此에習慣호야

新奇를不感홈에至홀時는吾人의注意는此를捨去호야、써假令、其客觀的條件에서

눈右의對象에優勝호는其新奇의感을生호는主觀的條件에서此보다優勝혼他對象

의便으로移行호는者ㅣ라故로無變化單調되는事物은長久히注意를惹起홈에不足

호니라

〔二〕期待의狀態에在혼事　此는感覺性의無意的注意를惹起호는條件이라元來、吾

人이外界事物을認知호고又는身體內部의有機感覺을能히感홈은唯獨此等事物이

던지又는自體內의生理的作用이存在호다고云호는事의結果뿐이아니오又、甚히

吾人의心意가此等事物變에對호는期待的觀念을有홈을因홈이라假令、此等의

事物事變은有호더라도吾人의心意가此等에對호는期待的觀念을有치、아니홈에

는卽、吾人은此를感知치、아니호는事가間有호니라

一二六

〔三〕既有혼知識과關係가有혼事 其客觀的條件에서눈同等으로注意를惹起기易혼

二事物이有혼다云혼더라도若其吾人이其一方과關係가有혼知識을既有혼고他方

과關係가有혼知識이有치、아니혼主觀的狀態에在혼時눈吾人은自然히前者에

注意혼고後者에注意을既有치、아니혼눈니此눈感覺性과及其觀念性의無意的注意의條

件이、되눈者ㅣ니今에更히此를次에二種으로分혼야論혼노라

〔甲〕論理的關係 新來의事物事變이吾人의兼有혼理論을證明혼고又눈此를因혼야

能히、說明되눈種類인者가、될時에假令、此事物事變의客觀的條件은注意를惹

起홈에形勢가不善혼者ㅣ、되더라도吾人의注意를能히惹起혼눈者ㅣ눈吾人이既

有혼理論과一向關係가無혼者ㅣ、될時눈吾人은此에注意치、아니홈이常例니라

〔乙〕種類上의關係 既有혼知識과種類上同一族에屬혼눈바新來의事物事變은興味

를有혼며此를從혼야無意的으로吾人의注意를惹起혼눈者ㅣ니假令、某歷史上의

書籍을讀혼더라도此事가悉皆吾人의舊來既有혼歷史的知識과連絡이無혼時눈吾

人은此를讀혼더라도過히興味를感치、아니혼눈니若其中의某一部分이吾人의前

第十章 注意 第四節 注意를生혼눈條件

一二七

心理學敎科書

知ᄒᆞ던빗、될時ᄂᆞᆫ吾人은自然히此部分을注意의中心으로ᄒᆞ야此와直接關係가有

ᄒᆞ他部分에도注意홈에至ᄒᆞᄂᆞ니라

〔四〕情念에觸ᄒᆞᄂᆞᆫ事　人을可憎ᄒᆞ다고感ᄒᆞᆯ時ᄂᆞᆫ平常에心意가附着치、아니ᄒᆞ던惡

點도能히注意에入ᄒᆞ며人을可愛ᄒᆞ다고感ᄒᆞᆯ時ᄂᆞᆫ平常에心着치、아니ᄒᆞ던善點도

能히注意에入ᄒᆞᄂᆞᆫ者ㅣ니라

〔五〕欲念에觸ᄒᆞᄂᆞᆫ事　若、吾人이觀念에對ᄒᆞ야何等의欲念도感치、아니ᄒᆞᆯ時에ᄂᆞᆫ各

種複雜ᄒᆞᆫ觀念은何等一定ᄒᆞᆫ目的을向ᄒᆞ야進行ᄒᆞᄂᆞᆫ事ㅣ無ᄒᆞ고唯其接近과類似ᄒᆞᆫ

關係를因ᄒᆞ야紛糾錯雜ᄒᆞ야隱現出沒ᄒᆞᄂᆞᆫ者ㅣ라然이ᄂᆞ吾人이一定ᄒᆞᆫ觀念을見ᄒᆞᆯ

時에ᄂᆞᆫ此에對ᄒᆞ야何事던지欲念을時에該欲念은一種의選擇力을發現ᄒᆞ고接近、

又ᄂᆞᆫ類似의關係를因ᄒᆞ야紛糾錯雜ᄒᆞ야現出ᄒᆞᄂᆞᆫ諸觀念中에서其欲念을滿足케、

ᄒᆞᄂᆞᆫ者ㅣ有ᄒᆞᆯ時ᄂᆞᆫ此를固持ᄒᆞ고又其欲念의要求에不合ᄒᆞᄂᆞᆫ者ᄂᆞᆫ此를、다捨去ᄒᆞ

야不顧ᄒᆞᄂᆞᆫ故로欲念은觀念의撰擇者ㅣ라欲念이干涉치、아니ᄒᆞ連想은混淆錯雜

ᄒᆞ觀念의出沒往來로、브터成ᄒᆞ며欲念의干涉을受ᄒᆞ連想은整然히秩序가有ᄒᆞ고

一二八

規律이有ᄒᆞ며目的이有ᄒᆞᆫ、觀念進行이라夢想과又ᄂᆞᆫ將眠時에對ᄒᆞᄂᆞᆫ空想은重히

前者에屬ᄒᆞ고思考와推理와攝想等은後者에屬ᄒᆞᆫ지라故로欲念은有意的注意의唯

一條件이니라

第五節　注意의發達

注意發達의順序ᄂᆞᆫ其大軆가次와如ᄒᆞ니라

〔一〕感覺性注意로、브터觀念性注意에移ᄒᆞᄂᆞᆫ事　知識이發達치、아니ᄒᆞᆫ者가外界事

物에關ᄒᆞᄂᆞᆫ經驗이淺ᄒᆞ고見ᄒᆞᄂᆞᆫ者와聞ᄒᆞᄂᆞᆫ者에興味를感ᄒᆞᆷ이兒童과如ᄒᆞᆫ者에在

ᄒᆞ야ᄂᆞᆫ其心意中에注意를可히惹起ᄒᆞᆯ觀念이少ᄒᆞ며又假令觀念이有ᄒᆞ더라도外界

事物보다興味가少ᄒᆞᆷ을因ᄒᆞ야其注意ᄂᆞᆫ大抵、感覺性이오觀念性이、아니라然이ᄂᆞ

其知識이次第로發達ᄒᆞᆯᄉᆞ록一方에ᄂᆞᆫ外界事物의經驗은新奇의感을減却ᄒᆞ며他方

에ᄂᆞᆫ各種의觀念에興味를感ᄒᆞᄂᆞᆫ故로其注意ᄂᆞᆫ感覺性에서觀念性으로移行ᄒᆞᄂᆞ니

라

〔二〕無意的注意에서有意的注意로移ᄒᆞᄂᆞᆫ事　有意的注意의條件은心意에一定ᄒᆞᆫ心

心理學敎科書

籌(目的)을有호는事—니心意가發達혼人의心籌은深遠호니遠혼지라未來에關호며心

意가發達치、아니혼人의心籌은淺近호니近혼未來에關혼지라又其未發達의極度

에至호면心籌이殆無호다고云호더라도可홀程的이、되며有意的인者—면愈益히

有意的이되느니라

〔三〕有意的注意가容易히、되는事　有意的注意가動作홀時에意識界로發現호는對

象은心籌에適合홈이或有호며適合치、아니홈이或有호니或은適心치、아니혼者—

될뿐아니라心籌의追求進行에妨碍를成호는者—有혼故로有意的注意가其目的을

達홈에는吾人의意志가此妨碍의抵抗을可히排擠홈에努力홀지니其妨碍의抵抗이

大홀수록大혼努力을要호고其大혼努力이、될수록强固호을意志를要호는지라故로

努力에能히堪耐호는程度는意志强固의如何를因호야定호는者—ㄴ假令最初는抵

抗과爭鬪호는事—甚히困難호더라도屢次忍耐호야爭鬪홈에習慣홀時는次第로意

志가優勢를成호야抵抗을勝홈이容易히、되다가終에는唯獨決心홀뿐이오何等의

努力을用호는事—無호고抵抗을卽其撲滅홈에得호느니라

一三〇

第六節　注意의 敎育的 價値

注意는 知識發達과 品性陶冶의 上에 大한 關係를 有하니 次와 如한 理由를 因하느니라

〔一〕注意와 知識發達의 關係　視感覺을 養成하는 心理的 方法은 視的 事物을 向하야 注意하는 事며 聽感覺을 養成하는 心理的 方法은 通常辨別기難한 音響을 辨別하야 通常聽入기難한 音響을 聽入하랴고 注意하는 事是也ㅣ라 其他感覺에서도 亦然하고 觀念上의 養成도 亦然하니 總히 專門的 職業에서 專門家가 他人의 認知기不能한 精細隱微의 事由로 容易히 認知함은 皆是彼等이 其職業의 事에 向하야 長久히 注意한 結果니라

又把住에서 如何한者 가記憶에 最能하게 留止하며 又一次把住한 事를 換想하는 境遇에서 能히 反對意識에 가最能하게 記憶에 留止하는 目的의 便으로 注意하야 換想하는 事의 程度를 因하야 換想에 制止하야 其喚想코저하는 事를 得하는

能不能이 有한故로 注意는 智識發達의 基本이니라

〔二〕注意와 品性陶冶의 關係　屢次反復하야 注意된 觀念은 現出하기 易한지라 或注意된 觀念은 現出하기 難할뿐아니라 此兩觀念이 同時에 發現되야 注意의 中心을 爭하는 境

第十章　注意　第六節　注意의 敎育的 價値

一三一

心理學敎科書

一三二

遇에 는前의 觀念은 後의 觀念을 排擠ᄒ야 注意를 奪ᄒᄂ 傾向에ᄂ 次第로

情念과 欲念을 伴隨ᄒ야、 써 我의 所有物이 될 傾向을 有ᄒ 故로 一定ᄒ 觀念으로ᄂ 反復

注意ᄒ다云ᄒᄂ事ᄂ 唯獨 智識上의 發達意義만 有ᄒ者아니 오 又其 品性陶冶上의 意

義를 兼有ᄒᄂ 故로 人은 惡人과 交際ᄒ이 不可ᄒ니「余가 彼와 交際ᄒ은 唯其表

面뿐이오 心으로 彼와 交際ᄒ이 아니며 決코 彼人을 因ᄒ야 感化되ᄂ事ᅵ 無ᄒ다」고

稱ᄒ야 惡人과 交際ᄒᄂ者ᅵ 往有ᄒ니 此ᄂ 最其 誤解ᄒ 危險이라 吾ᄂ 彼人을 因ᄒ야

感化되지아니ᄒ도록 注意ᄒ드리도 彼人과 交際ᄒ야 其 不良ᄒ 行爲와 言語等을 日日

見聞ᄒᆯ時ᄂ 其見聞ᄒᄂ바를 因ᄒ야 生ᄒᄂ 觀念이 何時의間에 情念과 欲念을 附帶ᄒ

야 我의 物이 되며 不知中에 我ᄂ 彼의 感化ᄒᄂ빅되ᄂ니 此ᄂ 善良ᄒ 家庭 朋友가 緊切

ᄒ 所以라 及此와 反對ᄒ야 假令 不良ᄒ 人이라도「小人이 閑居에 不善을 行ᄒ다」ᄂ金

言과 ᄀᆺ치 其獨居ᄒ야 他에게 注意를 奪ᄒ者ᅵ 無ᄒ時에ᄂ 其常習的으로 發現ᄒ드리

도 惡觀을 浮ᄒ야 終에ᄂ 此를 實行ᄒ에 至ᄒᄂ事ᅵ 有ᄒᄂ 彼를 恒常 善人의間에 置ᄒ

야 獨居ᄒᄂ 閑暇를 不與ᄒᄂ時ᄂ 彼人이 其交際에 注意를 被奪ᄒ야 惡觀念을 可浮ᄒ

閑暇가 無훌지라 如斯히 長久훈 時日을 經호는 間에 善觀念이 長久히 反復注意됨에 次

第로 情念慾念을 附帶호야 我物이 되고 此와 反호야 從來의 惡觀念은 其發現호는 期가

無홈을 次第로 我物된 性質을 失홈에 至호다가 終에 눈 善觀念이 惡觀念을 排擠호는 力

을 得호야 惡人으로 善人이 되는 事ㅣ 有홀지니라

第十一章　行動

第一節　生理的運動과 心理的運動

人의 身體運動에 눈 二種이 有호니 生理的運動과 心理的運動이 是也ㅣ라 生理的運動

이라 云홈은 生理的 作用을 因호야 發호는 者ㅣ니 假令 欠伸과 憤嚔와 咳嗽와 呼吸과 運

動과 血行運動과 胃腸運動 等이며 心理的運動이라 云홈은 意識을 動機로 호야 發호는

者ㅣ 少호드리도 旣是 進行호 生理的運動이 意識을 因호야 變化호는 者ㅣ니 假令 吾人

의 日常호는 飮食運動과 起居와 步行과 書記와 談話 等이 是也ㅣ라 此後로 論호는 者는

此 心理的運動이니라

第二節　心理的運動의 分類

心理學敎科書 　　　　　　　　　　　　　　　　　　　　　　一三四

運動은二方面으로부터分홀지니一方은其發達方面으로부터此를分홀지고他方面은其動機된意識의種類로부터此를分홀지라此를其發達方面으로부터區別홀時는本能的行動及習慣的行動이되느니此를其動機意識으로부터區別혼時는觀念運動과情念運動及欲念運動이되느니라

　第三節　本能的運動

一定혼意識과一定혼運動이라云홈은生來的으로互相連結ㅎ고該意識의發現與否는必然的으로該運動을惹起ㅎ는事ㅣ有ㅎ니如斯혼行動을本能的運動이라稱ㅎ는지라假令赤兒가饑餓에感ㅎ야自然히其母의乳房을探ㅎ고注意홀時에는自然히呼吸을制抑ㅎ며事物을見ㅎ야興味를感홀時에는自然히此에接近ㅎ야此를捕握ㅎ는運動과憤怒의時에對ㅎ는顔面手足의運動과悲哀의時에對ㅎ는顔面手足의運動과愉快혼時에對ㅎ는微笑等과如혼者는다吾人神經이此等의意識을因ㅎ야如斯히運動ㅎ도록先天的으로構造ㅎ야在홈을因ㅎ는者ㅣ니라

　第四節　習慣的運動

某原因을因ᄒᆞ야一定ᄒᆞᆫ意識이有ᄒᆞᆷ을從ᄒᆞ야一定ᄒᆞᆫ運動이實現ᄒᆞᄂᆞᆫ事ㅣ有ᄒᆞᆯ時ᄂᆞᆫ其後에該意識이有ᄒᆞ면반다시該行爲를惹起ᄒᆞᆯ傾向을發現ᄒᆞ고又此傾向을妨害ᄒᆞᄂᆞᆫ者ㅣ無ᄒᆞᆷ을因ᄒᆞ야該運動을惹起ᄒᆞᄂᆞᆫ事ㅣ數回에及ᄒᆞᆯ時에ᄂᆞᆫ該意識은必然的으로該運動을惹起ᄒᆞᆷ에至ᄒᆞᄂᆞ니如斯ᄒᆞᆫ運動을稱ᄒᆞ야習慣的運動이라稱ᄒᆞᄂᆞᆫ지라假令吾人의日常飲食ᄒᆞᄂᆞᆫ行動、禮義、作法의行動、言語의使用ᄒᆞᄂᆞᆫ模樣手工職業、遊戲上의運動과如ᄒᆞᆫ者ᄂᆞᆫ다反復鍊習의結果로習慣을成ᄒᆞᆫ運動이라但習慣運動은依例히長時間의反復과經驗을因ᄒᆞ야成ᄒᆞᄂᆞᆫ者ㅣ아니오或은二三四의反復과或은實로一回의經驗을因ᄒᆞ야終生토록矯正기難ᄒᆞᆫ强固의習慣이되ᄂᆞᆫ事ㅣ有ᄒᆞ며特히何等의傾向도不定ᄒᆞᆫ小兒等에서然ᄒᆞᆷ을見ᄒᆞᄂᆞ니라

第五節　本能的運動의變化

世人은本能的運動이先天的으로人類에具有ᄒᆞᆫ者ㅣ多ᄒᆞᆫ즉其人의境遇如何에不關ᄒᆞ고一定ᄒᆞᆫ形式으로써發見ᄒᆞᄂᆞᆫ者라고思惟ᄒᆞᄂᆞ니此ᄂᆞᆫ誤謬라本能은各種의事情을因ᄒᆞ야各種으로變化ᄒᆞᄂᆞᆫ者ㅣ有ᄒᆞ니各種事情이라云ᄒᆞᆷ은其大要가次와如ᄒᆞ니라

第十章　行動　第三節　本能的運動　第四節　習慣的運動　第五節　本能的運動의變化

心理學敎科書

〔一〕本能을可히誘發事情의缺乏 人에는各種의本能이具有ᄒᆞ니其本能은其發現ᄒᆞ

一定의時期를有ᄒᆞ고又此를可히誘發ᄒᆞᆯ一定의事情을要ᄒᆞᄂᆞᆫ者ㅣ라故로假令吾人에

ᄂᆞ一定ᄒᆞᆫ本能이具有ᄒᆞᄂᆞᆫ若其本能이共發現ᄒᆞᆯ時期에서其要ᄒᆞᄂᆞᆫ바誘因事情을遭

遇ᄒᆞᆯ事가無ᄒᆞᆷ에ᄂᆞᆫ該本能은終에其體로發現ᄒᆞᄂᆞᆫ事ㅣ無ᄒᆞ야終結ᄒᆞᆷ이無ᄒᆞ니라

〔二〕習慣의影響 數多ᄒᆞᆫ人은本能의先天的ᄋᆞ로一定ᄒᆞᆫ形式ᄋᆞ로써發現ᄒᆞᆫ者ㅣ라고思

惟ᄒᆞᄂᆞ此誤解라本能의先天的分子ᄂᆞᆫ唯其後天的事情을因ᄒᆞ야甲運動이되고或은

乙運動이되며或은丙運動이되야大體上의傾向에不過ᄒᆞ며又此大體上의先天的傾

向ᄋᆞ로써實際上에甲運動이되게ᄒᆞᆯ던지乙運動이되게ᄒᆞᆯ던지丙運動이되게ᄒᆞᆯ던지

此를決定ᄒᆞᄂᆞᆫ後天的事情은實로人이其本能의發現ᄒᆞᆯ時期에서立ᄒᆞᄂᆞᆫ境遇가是也

ㅣ니라

〔三〕欲念의抵抗 一朝에一定ᄒᆞᆫ形式ᄋᆞ로써發現ᄒᆞᆫ本能的運動은其何等慾念의抵抗

에던지相會치아니ᄒᆞᄂᆞᆫ間은恒常無變化로其進行을成ᄒᆞᄂᆞᆫ者ㅣᄂᆞ一朝慾念을因ᄒᆞ

야抵抗될時ᄂᆞᆫ多少의變化를受ᄒᆞᆷ에至ᄒᆞᄂᆞᆫ者ㅣ라假令今에A事物의意識이本能的

一三六

로〇運動을惹起ᄒᆞᆫ다고定ᄒᆞ라若其吾人이此〇運動에對ᄒᆞ야何等의不便事도見치

아니ᄒᆞᆫ間은A事物이有ᄒᆞᆷ을從ᄒᆞ야〇行動은恒常進行ᄒᆞᆯ지라然이ᄂᆞ今에A事物의

現出B事物의現出의豫告가되고此B事物의意識은〇運動과兩立치못ᄒᆞᆯP運動을

本能的으로惹起ᄒᆞᄂᆞᆫ傾向을生ᄒᆞᆫ다고定ᄒᆞ라然ᄒᆞᆯ時ᄂᆞᆫ〇運動으로出ᄒᆞᆯ지P運動

으로出ᄒᆞᄂᆞᆫ지互相競爭ᄒᆞᆷ이有ᄒᆞᆯ지니如斯ᄒᆞᆯ時ᄂᆞᆫ此兩本能中에其一은他를因ᄒᆞ야

制止ᄒᆞᆯ지니라

第六節　習慣運動의變化

習慣的運動에變化가有ᄒᆞᆷ은何人이던지知ᄒᆞᄂᆞᆫ바ㅣ니其變化를惹起ᄒᆞᄂᆞᆫ條件은本

能的運動을變化ᄒᆞᄂᆞᆫ第三事情과同一ᄒᆞ니라

第七節　觀念運動

數多ᄒᆞᆫ觀念은各其一定ᄒᆞᆫ運動을習慣的으로惹起ᄒᆞᆷ動機가되ᄂᆞᆫ者ㅣ니如斯ᄒᆞᆫ

運動을觀念運動이라稱ᄒᆞᄂᆞ니라假令「圓ᄒᆞ다」고云ᄒᆞᄂᆞᆫ觀念은兩手의指로圓形을

作ᄒᆞ며又ᄂᆞᆫ兩手로圓形을畵ᄒᆞᄂᆞᆫ運動을習慣的으로惹起ᄒᆞ며「食ᄒᆞᄂᆞᆫ」觀念은食事

運動을 習慣的으로 惹起ᄒ고 熱心으로 打ᄒᄂᆫ 事를 思惟ᄒᆯ 時ᄂᆫ 打ᄒᄂᆫ 行動을 實現ᄒ
지라 故로 數多ᄒᆫ 觀念은 다 各其 一定ᄒᆫ 運動習慣的 動機라 然이ᄂ 數多ᄒᆫ 境遇에서 唯
其 觀念만 在ᄒ고 何等의 運動도 實現치 아니ᄒᆷ은 該 觀念에 何等 運動을 惹起ᄒᆯ 傾向이
無ᄒᆷ이 아니오 唯 獨此에 通常 反對ᄒᆯ 他 多數의 觀念이 同時에 發現되야 唯 其 運動으로
써 實現케 ᄒ기 不能ᄒᆷ을 因ᄒᆷ이라 故로 一個의 觀念이 有ᄒ야 此를 妨害ᄒᆯ 他의 觀念이
無ᄒᆯ 時ᄂᆫ 自然히 一定ᄒᆫ 運動을 惹起ᄒᆷ에 至ᄒ지니다

第八節　情念運動

情念이 發動ᄒᄂᆫ 時에 對ᄒ야 身體의 變化ᄂᆫ 其 一部의 生理的 基礎를 成ᄒ드리도 他의 一
部가 情念을 動機로ᄒ야 生ᄒᆫ 本能的 運動이라 此를 稱ᄒ야 情念運動 又ᄂᆫ 表出이라 云
ᄒᄂᆫ니 假令 喜悅ᄒᆯ 時에 笑聲을 發ᄒ고 手를 拍ᄒ야 躍動ᄒᆷ과 恐怖ᄒᆯ 時에 身體가 萎縮
ᄒ고 口와 目을 開ᄒ며 眉를 擧ᄒ고 呼吸을 留止ᄒᆷ과 憤怒ᄒᄂᆫ 時에 身體를 直立ᄒ고 肩
을 聳ᄒ며 口를 結ᄒ고 齒를 切ᄒ며 眼을 張ᄒ고 拳을 固케ᄒᄂᆫ 等이 皆是 情念을 因ᄒ야
本能的으로 發ᄒᄂᆫ 運動이니라

一三八

第九節　欲念運動

各個의 欲念은 其目的을 可히 達홀 行動을 習慣的으로 惹起하는 動機니 此運動을 稱하

야 欲念運動又는 手段運動이라 稱하는지라 此運動은 其動機된 欲念이 意志됨과 欲心

됨을 因하야 更히 此를 二種으로 分홀지니 意志運動과 反意志運動이 是ㅣ라 又諸般

의 欲念運動은 其完全히 習慣的의 됨과 不然홈을 因하야 次와 如한 差制을 生하느니라

〔一〕欲念運動이 十分習慣的의 되지아니홀間은 數多한 不要分子를 含有하야 復雜不確

實이되는 其十分習慣的의 됨을 從하야 其不要의 分子는 除去되고 簡單確實이되느니

假令「樂器」를 初習하는 人은 其手를 動하는 同時에 不要한口와 頭의 運動을 行하고 月

其必要한 必要한指의 運動은 甚히 確實히 되고 次第로 熟鍊홀스록 不要한口와 頭의 運動을 休止

하고 唯其必要한指만 簡單하며 且其確實히 運動홈에 至하느니라

〔二〕欲念運動이 十分習慣치아니홀間은 此를 實行하기 爲하야 運動에 對하야는 甚히 注

意하는 必要가 有하느 其十分習慣됨에 及하야는 此注意가 次第로 不必要를 成하다가

終에는 唯其欲念만 用하면 何等의 加作도 無하고 手段運動과 直接과 隨生홈에 至하느

心理學敎科書　　一四〇

니假令今에∨를欲念ᄒᆞᄂᆞᆫ境遇에서此目的을達ᄒᆞ기爲ᄒᆞ야 A.B.C.D.E.F 等一列의 運動을要ᄒᆞᆷ으로定ᄒᆞ라若此運動이未熟ᄒᆞᆫ吾人은爲先∨를欲念ᄒᆞ고次에ᄂᆞᆫA.B.C.D.E.F의明瞭ᄒᆞᆫ運動觀念을盡ᄒᆞ고此를實現ᄒᆞᆷ을從ᄒᆞ야前後로注意ᄒᆞ고錯誤의有無를見ᄒᆞ야써益益히運動을進行ᄒᆞᆷ지니라然이ᄂᆞᆫ此運動을反復ᄒᆞ야習慣的이될ᄉ록次第로吾人은運動에對ᄒᆞᄂᆞᆫ注意를減ᄒᆞ다가終에ᄂᆞᆫ唯其∨만向ᄒᆞ야運動만行ᄒᆞ면A.B.C.D.E.F의運動을觀念ᄒᆞᄂᆞᆫ事를不待ᄒᆞ고其運動을卽其實現ᄒᆞ야∨에卽達ᄒᆞᆷ을得ᄒᆞᆷ에至ᄒᆞᄂᆞ니라

第十節　習慣의養成法

旣論ᄒᆞᆷ과ᄀᆞᆺ치習慣은本能에一定ᄒᆞᆫ形을與ᄒᆞ고欲念運動을簡單確實케ᄒᆞᄂᆞᆫ効果를具有ᄒᆞᆫ故로人은唯其本能에一任ᄒᆞᆷ이不可ᄒᆞ며又其善良ᄒᆞᆫ欲念이有ᄒᆞ더라도此로發ᄒᆞᄂᆞᆫ運動을習慣的으로行치아니ᄒᆞᆯ時ᄂᆞᆫ實際의効果가無ᄒᆞᆫ지라是以로善良ᄒᆞᆫ習慣의養成은敎育上에甚히必要ᄒᆞᆷ은其論을不待ᄒᆞᄂᆞ니習慣의養成法은其大體가次와如ᄒᆞ니라

〔一〕新習慣法을作ᄒ고又ᄂ古習慣을破코저ᄒᆷ에ᄂ吾人은最强固ᄒᆫ意志로써事에

着手ᄒ고又ᄂ此意志를受助ᄒ기爲ᄒ야各種의事情을集合ᄒ야古習慣과互相兩立치

못ᄒᆯ事情下에立ᄒᆷ이可ᄒ니라

〔二〕新習慣이相當ᄒ게因定ᄒ기ᄭ지지ᄂ此에反對ᄒᆯ事情下에立ᄒᆷ을避ᄒᆯ지니朝에ᄂ

溫케ᄒ고夕에ᄂ冷케ᄒᄂ等은習慣養成에最大ᄒ妨害를成ᄒᄂ故로一個의習慣을

作코저ᄒᄂ事에着手ᄒᆷ을爲始ᄒ以上에ᄂ左右로傍觀ᄒᄂ事ㅣ無ᄒ고直進ᄒᆯ지니

規則이正ᄒ連續的鍊習ᄒ習慣養成의最大ᄒ要素니라

〔三〕養成코저ᄒᄂ習慣的行動이實行에適當ᄒ機會가有ᄒ면此細ᄒ者라도此를逃避

ᄒᆷ이不可ᄒ니人은善良ᄒ思想을有ᄒᆷ으로써善人을成치못ᄒ고其自己가善良으

로信ᄒ되此를實行키不能ᄒᆷ은數多ᄒ惡人의常例라故로善良ᄒᆷ으로信ᄒᄂ事ᄂ此

를卽其實行ᄒᆯ性能을養ᄒᆯ지라然이ᄂ此를養ᄒᆷ은其實行ᄒᆯ機會를見ᄒᆯ時에반

다시此機會를利用ᄒ야實行의習慣을養ᄒᆷ에在ᄒ니實行ᄒᆯ機會에接ᄒ되此를失ᄒ

ᄂ損害ᄂ獨其一機會의損失뿐이아니오甚히未來의習慣에影響이밈惡은小ᄒ더라

第十一章　行動　第十節　習慣의養成法

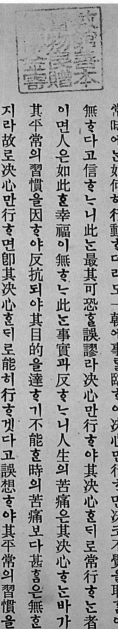

도此를容恕치못ᄒ고善은小ᄒ더리도捨去치못ᄒ다云ᄒ은倫理的習慣養成에對ᄒ

最大要素니라

〔四〕每日에鍊習을勤行ᄒ야善良ᄒ習慣運動의勢力을活潑케ᄒ지라多數ᄒ人은其平

常時에ᄂ如何히行動ᄒ더라도一朝에事를臨ᄒ야決心만行ᄒ면決코不覺을取ᄒ이

無ᄒ다고信ᄒᄂ니此ᄂ最其可恐ᄒᆯ誤謬라決心만行ᄒ야其決心ᄒᄃ로常行ᄒᄂ者

이면人은如此ᄒ幸福이無ᄒᄂ니此ᄂ事實과反ᄒᄂ니人生의苦痛은其決心ᄒᄂ바가

其平常의習慣을因ᄒ야反抗되야其目的을達ᄒ기不能ᄒ時의苦痛보다甚ᄒ은無ᄒ

지라故로決心만行ᄒ면卽其決心ᄒᄃ로能히行ᄒ겟다고誤想ᄒ야其平常의習慣을

不愼ᄒ과ᄀᆺ치大ᄒ害惡은無ᄒᄂ라吾人行動의過半은決心을因ᄒ야發現치아니ᄒ

고習慣을因ᄒ야發現ᄒᄂ故로人이某行動을成ᄒ이有ᄒ時ᄂ此行動은其時에만止

限ᄒᄂ意義를有ᄒᄂ者ㅣ아니오恒常未來에對ᄒᄂ吾人의性格을作ᄒᄂ者ㅣ니人

類된者ㅣ엇지一行動이라도慢忽케ᄒ리오

心理學敎科書 終

光武十一年七月二十日印刷

光武十一年七月三十日發行

版權所有

心理學教科書
定價金八拾五錢
郵稅八錢

譯述者　普成舘繙譯員　金夏鼎

發行所　京城礡洞　普成舘

印刷所　京城礡洞　普成社

發兌所　京城礡洞　普成舘

원문

심리학교과서